公文写作
案例集

郭志强 肖 影————编著

清华大学出版社

北 京

内 容 简 介

本书共8章，讲解了会务类、规章制度类、司法类、经贸类、礼仪类等100多种公文。针对每类公文，细致全面地讲解其分类、格式、注意事项等内容。书中列举了大量实例和模板，使读者能够快速掌握党政机关各类通用公文的写作方法，且能方便快捷地灵活套用，是公文写作及学习使用的指南。

笔者结合自身多年的公文写作经验，历时一年编写了本书。本书主要适合党政机关公务人员、企事业单位工作人员、各人民团体工作人员、司法领域工作人员、经贸领域从业人员、媒体领域从业人员学习使用。

图书在版编目（CIP）数据

公文写作案例集 / 郭志强，肖影编著 . —北京：清华大学出版社，2022.5
ISBN 978-7-302-60403-7

Ⅰ．①公… Ⅱ．①郭… ②肖… Ⅲ．①公文—写作 Ⅳ．① C931.46

中国版本图书馆 CIP 数据核字 (2022) 第 048629 号

责任编辑：张立红
装帧设计：方加青
责任校对：赵伟玉 梁 钰
责任印制：杨 艳

出版发行：清华大学出版社
    网   址：http://www.tup.com.cn
    地   址：北京清华大学学研大厦 A 座   邮   编：100084
    社 总 机：010-83470000   邮   购：010-62786544
    投稿与读者服务：010-62776969，c-service@tup.tsinghua.edu.cn
    质 量 反 馈：010-62772015，zhiliang@tup.tsinghua.edu.cn
印 装 者：大厂回族自治县彩虹印刷有限公司
经 销：全国新华书店
开 本：170mm×240mm   印 张：19   字 数：215 千字
版 次：2022 年 7 月第 1 版   印 次：2022 年 7 月第 1 次印刷
定 价：69.80 元

产品编号：095987-01

前言

公文，是各级党政机关、社会团体、企事业单位上传下达的纽带，是在我国各级党政、行政机关及各级社会团体、企事业单位公务实践活动中形成和使用的、正确处理各类工作事务的手段和工具。公文具有很强的行为约束性、格式规范性、态度鲜明性、工作指导性、语言简明性、观点严谨性等特点。正确使用公文，不仅是机关领导工作艺术、工作思想水平高低的风向标，而且能够有效地提高效率、规范行为、贯彻方针、宣传教育、联系群众、推进事业、维护稳定。

本书所讲的公文，是指各级党政机关、各社会团体、各企事业单位在日常工作中经常会使用到的各类公务文书，其不仅涵盖了 2012 年《党政机关公文处理工作条例》所规定的 15 种公文，还包括在日常工作中经常使用到的一些公务文书，比如，规章制度类、机关会议类、行政事务类、公务礼仪类、公检司法类等。

作为机关公文拟制撰写的主要实践者，每一名公务员都应当努力使自己成为这个行业的优秀人才，而要使自己具有这方面的优秀才能，就必须加强各方面的修养和锻炼，提高自身素质。本书从一名合格的公务员应当具备的基本素质讲起，从良好的心理素质、过硬的政治素质和扎实的基本常识展开，通过对这些基本素质的讲解，使大家首先明确我们目前日常工作中所涉及的公文的基本格式是什么，具体要求是什么，写好这些公文需要注意加强哪些方面的学习，怎样将现有知识合理巧妙地安排到相应的公文中，从而形成一篇高质量的公文等，而后，对日常工作中所涉及的各级各类公文的具体写法进行详解，从基本定义到特点分类，再到注意事项，最后从各个渠道搜集大量的、详尽的、真实的公文案例作为范例展示给大家，力争让大家一看就懂，可以直接套用。

可以说，公务文书处理的过程，是一个持续学习、不断提高的过程，这个过程有起点，但没有终点，需要在平时的工作中不断加强各方面能力的锻炼和提高自身素质，所谓"头悬梁锥刺股""三更灯火五更鸡""闻鸡起舞"等，说的正是这个为了提高自身素质而不断学习积累的艰苦过程。作为一名合格的公务员，在实际工作中要善于给自己加担子，有担子才会走得快。挑夫永远比游人走得快，正是这个道理。因为他肩上挑着担子，担子越重，他越觉得有压力，越有压力，他就越要快点走，以期尽快到达终点，而游人志在游山玩水，没有负担，自然就走得慢。同理，身处党政机关，想要走得快一点，就要学会给自己加担子，有担子才能走得更快。

希望本书能够对广大机关工作人员及公文写作爱好者有所帮助，最大限度地提高大家的写作水平和质量。当然，由于编者能力有限，书中难免存在疏漏和不足之处，真诚地希望大家能够多提宝贵意见。

目录

第 3 章

会务类公文写作要领及范例

第 4 章

规章制度类公文写作要领及范例

第 5 章

司法类公文写作要领及范例

第 6 章

经贸类公文写作要领及范例

第 7 章

礼仪类公文写作要领及范例

第 8 章

有关规定

附录 A（规范性附录）

标点符号用法的补充规则

附录 B（资料性附录）

标点符号若干用法的说明

第1章

写好公文的基本要求

公文，是各级党政机关、社会团体、企事业单位上传下达的纽带，是各类公务文书的简称。公文具有较强的政治性和政策性，因此，公文写作具有很强的权威性和规范性。公文写作质量的高低，不仅直接关系到相关公文的效用是否能够得到充分发挥，而且直接反映着党政机关领导的工作艺术和思想水平的高低。

作为机关公文拟制撰写的主要实践者，每一名公务员都应当努力使自己成为这个行业的优秀人才，而要使自己具备这方面的优秀才能，就必须注意加强各方面能力的锻炼和提高自身素质。具体来讲，一名合格的公务员应当具备良好的心理素质、过硬的政治素质和扎实的基本常识（这里所指的基本常识涵盖了公文写作的基本格式要求、内容要求、规范要求等）。

1.1 应当具备的基本素质

政策性强、理论性高是公文写作最大的特点，从某种程度上来讲，撰写公文的过程就是对政策正确理解、严格执行、完美表达的过程，公文撰写者对政策理论的掌控程度直接决定着公文写作的成败和公文质量的高低。因此，一名优秀的公务员必须具有较高的政策理论水平以及良好的政治修养、思想修养、知识修养和业务修养，并且能够把维护和执行政策理论融入自己的血脉和骨髓中，不停地进行学习和历练，只有这样才能完美胜任这项工作，而要达到这一点，就需要自觉做到以下几点。

1.1.1 较高的政策理论水平

没有较高的政策理论水平，就很难写出高质量的公文。作为一名公务员，要在平时自觉提高自身的政策理论水平，增强自身分析、判断、挖掘、归纳政治理论、探索、发现、鉴别是非曲直的能力。公文是表达我们党和国家各级行政机关与各级组织的权利和意志的工具。一份合格的公文必须能够充分表达和主张国家的各项政策主张；必须始终坚持跟随党和国家政策制度的运行环节，坚决不能与国家政策制度、意志思想等发生冲突。因此，只有树立起正确的政治观，不断提高自身的政策理论水平和基本素质，才能通过公文这种载体将我们要表达的方针政策、思想观点等完整传达下去，使之得到贯彻落实。

有的读者可能会有这样的疑问：政策理论纷繁复杂，而自己所从事的工作只是其中一部分，怎样才能结合实际工作，有针对性地加强政策理论的学习，从而提高自身的政策理论水平呢？

要想提高自身的政策理论水平，首先要加强对政策理论的学习。学习的过程中，要善于根据自身工作的性质，对有关政策理论进行分类学习研究，比如国家政策类文件、上级来文、本级职责、领导讲话指示、调研报告等。对关键性的内容做好笔记，特殊的内容需要不断加强记忆，将之印在脑海中，以便能够随时落实到笔端；对中央文件精神和有关政策性文件要特别加强学习、揣摩和记忆，并结合电视新闻、报纸杂志等新闻媒体，不断加强巩固和积累；对有关会议要认真参加、认真记录，尤其是领导在会议上的讲话指示，要认真揣摩，勤于思考，坚决做到在学习中成长、在成长中学习。

其次要注意加强积累。各级行政机关虽然都有特定的行政工作范围，但所谓"麻雀虽小，五脏俱全"，在日常工作过程中，各部门、各科室所涉及的大小事务往往会很复杂，财务、管理、党建、组织、宣传等无所不包，这就需要我们平时不断加强各方面资料的搜集和积累，如报纸杂志、领导讲话、会议记录、上下级文件、调研报告等，不仅要搜集积累与自身工作有关的资料，而且要搜集积累一些名人名言、诗词歌赋等，通过积累，不断提高自身的语言积累和审美高度。当然，搜集整理只是积累资料过程中的一个环节，更需要在搜集整理后，下功夫翻看揣摩。不断加以练习运用，特别要紧紧围绕自己所从事的工作，本着需要什么就找什么的原则，分门别类、扩大面积、突出重点、扩大深度，注意加强记忆和揣摩。为了方便查找和使用，可以在计算机中建立相应的文件夹，比如"组织""干部""宣传"等，再如"上级来文""本级领导讲话""通知通报"等，也可以用文件盒，将文件分门别类地存放在文件柜里面，在这些文件盒里，还可以进一步进行细化，比如党建工作文件盒里面可以设立"理论知识""政策制度""思想建设""作风建设"等类目，以便随时查阅。搜集归类的原则只有一个，那就是方便下一步查阅使用和学习记忆。

最后要多读书，多学习。读书是获得知识的最佳途径。作为一名合格的公务员，要博览群书，要善于在纷繁复杂、浩如烟海的书籍中，有针对性地寻找有益于自身工作开展和理论提高的书籍去读，读的过程中要注意避免陷入泛泛读书的误区，本着读懂、读透的原则，反复琢磨、反复咀嚼。俗话说，"书山有路勤为径，学海无涯苦作舟"，读书的过程中要充分发扬肯吃苦、能吃苦的精神，用心读、勤奋读。当然，一本书不一定要全部读完，要有选择性地读，同时做好笔记，能在一本书中得到一两条对工作非常有益的知识，就说明你的读书方法是正确的。当然，读书的过程中还需要加强思考，要带着思考去读书，在读书的过程中，潜移默化地把书中的知识内化并应用到实际工作中，这就达到了读书的真正目的，即丰富理论知识，推动实际工作。

1.1.2 过硬的政治素质

党的各项政策方针都是我们具体工作的指向标，了解国家政策方针是避免走弯路甚至走错路的前提条件，不了解国家的政策方针，写出来的东西就很难适应形势任务的需要。作为我党干部队伍的重要组成部分，公务员是党的路线、方针、政策的贯彻落实者、宣传教育者和维护执行者。任何时候、任何情况下，公务员都必须有坚定的政治立场和正确的政治方向，要具备敏锐的政治鉴别力和崇高的政治信仰，始终自觉在政治上同党中央保持高度一致，尤其是当今社会经济结构和社会面貌进行着深刻的变革，各种思潮涌动，国外敌对势力不断对我们进行着各种渗透和诱导，这一切都会在思想观念和行为方式上对我们造成深刻影响，没有敏锐的政治鉴别力和崇高的政治信仰，就很可能会在思想意识上发生变质。因此，面对改革开放所经历的各种新领域、新事物、新情况、新思潮，公务员必须具备过硬的政治素质和能力，才能更好地胜任自身的工作。而公文写作其实就是依靠政策、理解政策、表达政策、执行政策的过程。

首先，要对实现共产主义有正确的认识和坚定的信心。要从思想上坚定理想信念，从行动上践行理想信念，自觉树立共产主义远大理想和坚定正确的政治方向，在中国特色社会主义建设事业的宏伟征程中积极实践，从工作角度坚持践行全心全意为人民服务的宗旨，把密切联系群众、维护群众利益落实到每一项具体工作中，求真务实，遵纪守法，廉洁奉公，刻苦学习，勤奋敬业，时刻鞭策自己，脚踏实地地为实现党现阶段的基本目标不懈努力。

其次，要正确领会领导机关意图。正确领会领导机关意图、坚决执行领导机关意图是写好公文必须具备的前提条件。公文写作必须契合领导机关的意图和意愿，坚决服从领导，自觉维护团结，坚决杜绝自以为是、阳奉阴违等错误行为的发生。从某种意义上来讲，公文写作的过程就是以书面文字的形式，把领导机关在工作中对某项工作或某方面问题所产生的想法和要求表达出来、反映上去、贯彻落实下去的过程，公务员只有在思想和理论水平上始终与领导机关保持一致，紧密结合国家方针、政策和法律法规，以高水平的写作才能为辅助，才能正确领会领导机关的意图，才能写出高质量的公文，否则就会"失之毫厘，谬以千里"。因此，在接受领导公文写作意图之后，要紧密结合工作实际，对领导机关的意图静心思考、认真研究、归纳总结，以便能够准确领会、把握实质、突出中心，要全面领会，弄清本意，不能断章取义，片面理解，更不能只看领导脸色行事，违背工作实情。这种领会和把握主要应该包括领导意图的目的、主旨、基本观点、核心问题、受文对象等方面，对这些方面的理解和把握一定要做到条理清晰、具体深入，并分门别类、认真梳理，要把涉及这些方面的理论依据、观点论据等弄清楚，这样才能将领导意图转化为自身的实际思路，写出来的公文才能对现实工作具有良好的针对性和明确的指导性。当然，在写作的过程中，一定要坚持实事求是、理论联系实际的工作方法，坚持一切从实际出发、一切有利于工作、一切有利于群众的基本态度。同时，在文种的拟制上，也要特别注意，针对不同的受文对象，要选择恰当的文种进行表达，以便更好地表达领导意图。需要特别注意的是，同样的领导意图，在上行文和下行文的公文处理中，语言的表达形式就有本质的区别。

最后，要具有严格的保密意识。古人云："鱼不可脱于渊，国之利器不可以示人""将谋泄，则军无势；外窥内，则祸不制"，说的就是保守秘密的重要性。保密工作历来是党和国家的一项非常重要的工作，公务员处理的是我国党政机关的工作行文，这些工作行文绝大多数具有很强的涉密性，公务员每天所处理的工作直接与涉密紧密接触，稍不注意，就有可能发生泄密事件。因此，作为一名公务员，一定要结合工作实际，深刻学习领会保密工作的重要性，自觉培养坚定的保密意识和保密观念，不该说的坚决不说，不该听的坚决不听，不该问的坚决不问，不该做的坚决不做。在日常工作生活中，坚决杜绝卖弄小聪明、热衷于当小广播的错误行为；在公文写作过程中，一定要注意分析受文对象的特点和范围，措辞要合理、谨慎，并在文中提出相关保密要求。尤其是在通信异常发达的今天，在享受通信便捷和工作便利的同时，也要注意增强保密意识，涉密的移动存储设备要加强管理，与单位同事聊天、谈话过程中也不要放松警惕，不能因为对方是同一个单位的，或者是关系密切的，就放松保密的弦，要时刻保持清醒的意识，切实做到遵纪守法、严守秘密。

1.1.3　宽泛的知识结构

宽泛的知识结构是完成一切工作必须具备的最基本的素质要求，如果知识面窄，没有一个好的知识体系框架，或者缺乏应有的基础知识，那么撰写公文就会很吃力，甚至可能会闹笑话，在实际工作中，就会陷入被动，严重影响工作质量。一名合格的公务员除了要具备良好的语言理解与表达、语言文字的交流思考、准确理解文字材料内涵、归纳材料中心和主旨、判断领导态度意图和目的倾向、对文字材料的理解分析运用能力，还要具备自然科学、政治理论、社会科学、哲学思想、法律法规、公文写作、市场经济、历史地理、思想心理等方面的知识，要学会紧密结合自身工作环境和机关工作实际，努力拓宽知识面。丰富的知识面可以强化语言表达能力和文字功底，强化公文写作中说事明理、表情达意的能力，能够增加公文所蕴含的信息量，提高公文的广度和深度，能够使公文内容远离俗套空洞和繁杂冗长；能够使文章的表达依法依规；能够使文章主题鲜明、观点明确、论据充分，便于理解和执行。

要想扩大知识面、提高知识水平，首先要敏而好学，不耻下问。要自觉放低姿态，本着"三人行，必有我师"的态度，虚心向其他同志学习，向领导学习，向具有某方面特长的人学习，克服工作任务重、头绪多、学习时间少的困难，时刻把学习挂在心上。通过网络、报刊等媒体，挤时间学，找方法学，巧妙地学；看到好的文章或观点，就去复印下来，并分门别类地做好收藏，以备参考。

其次要以抓住救命稻草的心态去学习。要始终坚信，只要是学到的知识，总会在工作中发挥作用，怕就怕"书到用时方恨少"，遇到问题时才后悔没有好好学习这方面的知识，知识积累得越多，看问题就越全面深刻，公文写作也才会越有深度。当然，因为我们身在工作中，时间和精力都有限，不能像在校的学生一样全身心地投入学习，所以我们要善于使用观察、摘记、速记等方法，集腋成裘，就像蜜蜂采蜜一样，通过点滴积累，广采博取，多角度、多层次、多渠道地积累，不断提高知识含量，提高文字表达能力和政策理论水平，从而使自己的公文言之有物、新颖独特。

再次要有针对性地学习。要紧密结合工作实际，密切关注国家、其他单位在这方面的动态，利用各种时机收集各级领导在这方面的讲话和指示要求，紧跟领导思路，契合领导工作风格，这样才能兼容并蓄，采百家之长，成自身之彩。尤其是要学会借鉴，取其精华，去其糟粕，既要对自己曾经写过的类似的公文进行反复的回顾和比较，又要对领导修改过的内容进行仔细揣摩、加深领会，还要对其他单位类似的材料进行批判性的对比借鉴，提高自身的认识理解。

最后要善于在学习的同时加强思考。要带着思考去学习，才能把学到的知识真正内化于心，才能把别人的知识变成自己的东西，这是提高写作水平的重要途径，所谓"学而不思则罔，思而不学则殆"说的正是此意。勤于思考，善于思考，在思考中学习，在学习中思考，思考的过程中既要高瞻远瞩，善于发散性思考，又要确保围绕工作，把握规律，总结精华，争取从已知内容中挖掘出有价值的内容，丰富自己的知识宝库，要把每次写作都当成一次历练，专心致志、一丝不苟地精雕细琢。

1.2　正确掌握基本常识 ✐

本书所指的基本常识，涵盖诸如拟制标题需要注意的问题、汉字的正确使用、阿拉伯数字的正确使用等行文基本常识，这些是拟制高质量公文的基础，如果对这些基本常识不了解、不熟悉，在拟制公文过程中就很可能会出错，甚至会闹笑话。

1.2.1　公文的基本结构

从宏观上讲，公文的正文一般是由"开头—主体—结尾"这三个部分组成的，也就是我们常说的"总—分—总"的逻辑结构，有的人形象地把这种逻辑结构称为"凤头—猪肚—豹尾"。但是，从实际公文写作来看，为了达到说理明事、清晰易懂、指导性强、政策性强等目的，不同种类的公文结构不尽相同，需要按照行文需要和实际情况进行合理安排，这就需要公文撰写者熟悉不同种类公文的基本结构。公文的基本结构就像一个已经制作好的"柜子"，这个柜子的第一层需要装什么东西、第二层需要装什么东西、第三层需要装什么东西……怎么装才能更合理，已经有了相对固定的隔断空间。只有在心中有这个"柜子"，才可以将所要表达的内容恰到好处地装到这个"柜子"中，从而层次分明、轻重有别、恰到好处地表达出想要表达的意思；也只有心中有这个"柜子"，才能够顺利地将所希望表达的内容完整地表达出来，才可以避免啰唆纠缠等问题的出现。另外，如果对公文结构不熟悉，就很难清晰地表达领导意图，或者很难用清晰易懂、简短精练的语言表达出想要表达的意思，很难让受文对象有一目了然、直观易懂的感觉，当然，也无法达到公文写作所提出的层次清楚、主旨突出、观点鲜明的要求。比如，政府工作报告从上到下一般的行文结构是"以往工作情况回顾—以往工作所取得的成绩—以往工作中存在的问题—当前工作形势—下一步工作计划—提出希望和号召"，采用这一结构安排素材和撰写政府工作报告，就能够达到清晰直观、层次分明，说理性、指导性很强的目的。例如 2018 年 3 月 5 日李克强总理所作的政府工作报告。

📄 范例 ---

政府工作报告
——2018 年 3 月 5 日在第十三届全国人民
代表大会第一次会议上
国务院总理 李克强

各位代表：

现在，我代表国务院，向大会报告过去五年政府工作，对今年工作提出建议，请予审议，并请全国政协委员提出意见。

一、过去五年工作回顾

第十二届全国人民代表大会第一次会议以来的五年，是我国发展进程中极不平凡的五年。面对极其错综复杂的国内外形势，以习近平同志为核心的党中央团结带领全国各族人民砥砺前行，统筹推进"五位一体"总体布局，协调推进"四个全面"战略布局，改革开放和社会主义现代化建设全面开创新局面。党的十九大确立了习近平新时代中国特色社会主义思想的历史地位，制定了决胜全面建成小康社会、夺取新时代中国特色社会主义伟大胜利的宏伟蓝图和行动纲领，具有重大现实意义和深远历史意义。各地区各部门不断增强政治意识、大局意识、核心意识、看齐意识，深入贯彻落实新发展理念，"十二五"规划胜利完成，"十三五"规划顺利实施，经济社会发展取得历史性成就、发生历史性变革。

五年来，经济实力跃上新台阶。国内生产总值从 54 万亿元增加到 82.7 万亿元，年均增长 7.1%，占世界经济比重从 11.4% 提高到 15% 左右，对世界经济增长贡献率超过 30%。财政收入从 11.7 万亿元增加到 17.3 万亿元。居民消费价格年均上涨 1.9%，保持较低水平。城镇新增就业 6600 万人以上，13 亿多人口的大国实现了比较充分就业。

五年来，经济结构出现重大变革。消费贡献率由 54.9% 提高到 58.8%，服务业比重从 45.3% 上升到 51.6%，成为经济增长主动力。高技术制造业年均增长 11.7%。粮食生产能力达到 1.2 万亿斤。城镇化率从 52.6% 提高到 58.5%，8000 多万农业转移人口成为城镇居民。

…………

过去五年取得的全方位、开创性成就，发生的深层次、根本性变革，再次令世界瞩目，全国各族人民倍感振奋和自豪。

五年来，我们认真贯彻以习近平同志为核心的党中央决策部署，主要做了以下工作。

（一）坚持稳中求进工作总基调，着力创新和完善宏观调控，经济运行保持在合理区间、实现稳中向好。这些年，世界经济复苏乏力，国际金融市场跌宕起伏，保护主义明显抬头。我国经济发展中结构性问题和深层次矛盾凸显，经济下行压力持续加大，遇到不少两难多难抉择。面对这种局面，我们保持战略定力，坚持不搞"大水漫灌"式强刺激，而是适应把握引领经济发展新常态，统筹稳增长、促改革、调结构、惠民生、防风险，不断创新和完善宏观调控，确立区间调控的思路和方式，加强定向调控、相机调控、精准调控。明确强调只要经济运行在合理区间，就业增加、收入增长、环境改善，就集中精力促改革、调结构、添动力。采取既利当前更惠长远的举措，着力推进供给侧结构性改革，适度扩大总需求，推动实现更高层次的供需动态平衡。经过艰辛努力，我们顶住了经济下行压力、避免了"硬着陆"，保持了经济中高速增长，促进了结构优化，经济长期向好的基本面不断巩固和发展。

…………

各位代表！

过去五年，民族、宗教、侨务等工作创新推进。支持民族地区加快发展，民族团结进步事业取得长足进展。积极引导宗教与社会主义社会相适应。海外侨胞和归侨侨眷在国家现代化建设中作出了独特贡献。

…………

各位代表！

回顾过去五年，诸多矛盾交织叠加，各种风险挑战接踵而至，国内外很多情况是改革开放以来没有碰到过的，我国改革发展成就实属来之不易。这是以习近平同志为核心的党中央坚强领导的结果，是习近平新时代中国特色社会主义思想科学指引的结果，是全党全军全国各族人民团结奋斗的结果。我代表国务院，向全国各族人民，向各民主党派、各人民团体和各界人士，表示诚挚感谢！向香港特别行政区同胞、澳门特别行政区同胞、台湾同胞和海外侨胞，表示诚挚感谢！向关心和支持中国现代化建设的各国政府、国际组织和各国朋友，表示诚挚感谢！

…………

二、2018 年经济社会发展总体要求和政策取向

今年是全面贯彻党的十九大精神的开局之年，是改革开放 40 周年，是决胜

全面建成小康社会、实施"十三五"规划承上启下的关键一年。做好政府工作，要在以习近平同志为核心的党中央坚强领导下，以马克思列宁主义、毛泽东思想、邓小平理论、"三个代表"重要思想、科学发展观、习近平新时代中国特色社会主义思想为指导，全面深入贯彻党的十九大和十九届二中、三中全会精神，贯彻党的基本理论、基本路线、基本方略，坚持和加强党的全面领导，坚持稳中求进工作总基调，坚持新发展理念，紧扣我国社会主要矛盾变化，按照高质量发展的要求，统筹推进"五位一体"总体布局和协调推进"四个全面"战略布局，坚持以供给侧结构性改革为主线，统筹推进稳增长、促改革、调结构、惠民生、防风险各项工作，大力推进改革开放，创新和完善宏观调控，推动质量变革、效率变革、动力变革，特别在打好防范化解重大风险、精准脱贫、污染防治的攻坚战方面取得扎实进展，引导和稳定预期，加强和改善民生，促进经济社会持续健康发展。

…………

三、对 2018 年政府工作的建议

今年经济社会发展任务十分繁重。要紧紧抓住大有可为的历史机遇期，统筹兼顾、突出重点，扎实做好各项工作。

(一)深入推进供给侧结构性改革。坚持把发展经济着力点放在实体经济上，继续抓好"三去一降一补"，大力简政减税减费，不断优化营商环境，进一步激发市场主体活力，提升经济发展质量。

发展壮大新动能。做大做强新兴产业集群，实施大数据发展行动，加强新一代人工智能研发应用，在医疗、养老、教育、文化、体育等多领域推进"互联网+"。加快发展现代服务业。发展智能产业，拓展智能生活，建设智慧社会。运用新技术、新业态、新模式，大力改造提升传统产业。加强新兴产业统计。加大网络提速降费力度，实现高速宽带城乡全覆盖，扩大公共场所免费上网范围，明显降低家庭宽带、企业宽带和专线使用费，取消流量"漫游"费，移动网络流量资费年内至少降低 30%，让群众和企业切实受益，为数字中国、网络强国建设加油助力。

…………

各位代表!

进入新时代，政府工作在新的一年要有新气象新作为。要牢固树立"四个意识"，坚定"四个自信"，坚决维护习近平总书记核心地位，坚决维护党中央权威和集中统一领导，落实全面从严治党要求，加强政府自身建设，深入推进政府职能转变，全面提升履职水平，为人民提供优质高效服务。

…………

总的来说，我国现行的 15 种公文从结构上大体可以分为以下几种类型，同一文种的基本结构大体相同。

一是对下级来文进行答复表态或对下级所提出的相关问题进行解决的公文，如批复、指示、意见等。

二是对某些问题进行周知的公文，如通知、通报、通告、公告、公报、报告等。

三是对某些问题作出决定的公文，如决定、决议、命令（令）、议案等。

四是对某些问题进行请求批复的公文，如请示等。

五是不相隶属的单位进行沟通所用的公文，如函。

六是对相关会议或者工作的重要内容进行记录归档的公文，如纪要等。

1.2.2 公文的种类、要素和行文规则

近年来，我国颁布实施过多个机关公文处理的有关规定，如在 1996 年 5 月 3 日，中共中央办公厅发布了《中国共产党机关公文处理条例》；2000 年 8 月 24 日，对 1996 年发布的《中国共产党机关公文处理条例》进行了修订发布；2000 年 8 月 24 日，国务院以国发〔2000〕23 号印发了《国家行政机关公文处理办法》；2012 年 4 月 16 日，中共中央办公厅、国务院办公厅以中办发〔2012〕14 号文件的形式印发了《党政机关公文处理工作条例》，将党政公文和行政公文进行了合并，该条例分为"总则""公文种类""公文格式""行文规则""公文拟制""公文办理""公文管理""附则"共 8 章 42 条，自 2012 年 7 月 1 日起施行，之前的相关条例停止执行。

1. 公文种类

新修订颁布的《党政机关公文处理工作条例》中，公文种类更加丰富、科学、合理，2000 年 8 月发布的《国家行政机关公文处理办法》中，主要涵盖了命令（令）、决定、公告、通告、通知、通报、议案、报告、请示、批复、意见、函、会议纪要 13 种公文种类，而 2012 年修订发布的条例规定公文种类为 15 种，增加了"决议"（适用于会议讨论通过的重大决策事项）和"公报"（适用于公布重要决定或者重大事项），同时将"会议纪要"改为"纪要"，涵盖了决议、决定、命令（令）、公报、公告、通告、意见、通知、通报、报告、请示、批复、议案、函、纪要 15 个公文种类。

其中，决议适用于会议讨论通过的重大决策事项；

决定，适用于对重要事项作出决策和部署、奖惩有关单位和人员、变更或者撤销下级机关不适当的决定事项；

命令（令），适用于公布行政法规和规章、宣布施行重大强制性措施、批准授予和晋升衔级、嘉奖有关单位和人员；

公报，适用于公布重要决定或者重大事项；

公告，适用于向国内外宣布重要事项或者法定事项；

通告，适用于在一定范围内公布应当遵守或者周知的事项；

意见，适用于对重要问题提出见解和处理办法；

通知，适用于发布、传达要求下级机关执行和有关单位周知或者执行的事项，批转、转发公文；

通报，适用于表彰先进、批评错误、传达重要精神和告知重要情况；

报告，适用于向上级机关汇报工作、反映情况，回复上级机关的询问；

请示，适用于向上级机关请求指示、批准；

批复，适用于答复下级机关请示事项；

议案，适用于各级人民政府按照法律程序向同级人民代表大会或者人民代表大会常务委员会提请审议事项；

函，适用于不相隶属机关之间商洽工作、询问和答复问题、请求批准和答复审批事项；

纪要，适用于记载会议主要情况和议定事项。

2. 公文要素

新修订颁布的《党政机关公文处理工作条例》对公文的基本要素进行了详细的规定，条例中明确指出：一份合格的公文一般由份号、密级和保密期限、紧急程度、发文机关标志、发文字号、签发人、标题、主送机关、正文、附件与附件说明、发文机关署名、成文日期、印章、附注、抄送机关、印发机关和印发日期、页码等组成。

其中，份号指的是公文印制份数的顺序号，即当同一份公文需要印制若干份的时候，每份公文都应该有一个顺序编号，这个编号一般用阿拉伯数字标注在页面左上角，一般情况下，涉密公文应当标注份号，只要是标注了份数序号的，都是涉密文件，需要在合适的时候召回并销毁。

涉密公文应当根据涉密程度分别标注"绝密""机密""秘密"和保密期限，这种秘密等级标志一般用 3 号黑体字标注在页面右上角，并且，在两个字中间要空一个字符，也就是空两个格，如果需要在秘密等级后面加写保密期限，则秘密等级和保密期限中间应以"★"隔开。

一些公文需要紧急传递或者处理时，就应当根据公文的紧急程度，分别标注"特急""加急"等紧急程度标志，以便于和普通公文区别开来。需要注意的是，如果不是特别需要紧急办理的公文，不得加注此标志，紧急情况标志应当标注于页面右上角秘密等级标志的下方，同时对于紧急电报来说，应当分别标注"特提""特急""加急""平急"等标志。

发文机关标志就是我们常说的"红头"，由发文机关全称或者规范化简称加"文件"二字组成，也可以使用发文机关全称或者规范化简称，但是不得出现指向不明或者容易让人误解的名称。联合行文时，发文机关标志可以并用联合发文机关名称，也可以单独用主办机关名称。发文机关标志用套红的大字居中印在公文首页上部，以大方得体、醒目美观为原则。

发文字号由发文机关代字、年份、发文顺序号组成，联合行文时，使用主办机关的发文字号，位于发文机关标志正下方居中位置。发文机关代字是发文机关名称的最简练的缩写，但是必须让人能够识别，且不会产生歧义。比如，"国发"就是国务院发文的机关代字，"中发"就是中共中央发文的机关代字，这个代字就可以让人很容易地辨识出发文机关是哪里。年份是发文当年的年度，用阿拉伯数字书写，不能缩写，要写全。比如，不能把"2009"缩写为"09"，年份要加注六角括号，如"〔2018〕"。需要注意的是，这里的括号只能用这种六角括号。发文顺序号是机关发文的流水号，按照年度进行计算，当年所发的第一份文件为1号，以此类推，发文顺序号前面不需要编写虚位，如"9"号不能写成"009"号。另外，如果是命令（令）类公文，要在发文序号前加注"第"字，其他公文则不需要。发文字号的重要作用就在于方便查找和引用公文。

关于签发人，上行文应当标注签发人姓名，在"红头"右下方位置标注"签发人"三个字，在具体发文时，由签发人在"签发人"后面手写签发人姓名，签发人与发文字号在同一行排列。

公文标题由"发文机关名称＋相关介词＋事由＋文种"组成，黑色2号小标宋简体，位于分隔线下方，空两行书写。比如，"×××区政府关于做好2018年'五一'节安保工作的通知"，需要注意的是，拟制下行文时，要将标题写全，拟制上行文时，可以省略发文机关，直接写内容。比如，"关于……的请示""关于……的报告"等。一般情况下，标题尽量一行书写，尽量准确简要地概括公文的主要内容。如果标题过长，一行无法写全，则可以采用两行或者多行书写，但是最多不能超过三行。书写的时候可以采用上短下长或者上长下短的方法书写，以美观大方为主要原则，但是多行书写时要注意，固定词组不能断开。比如，不能把"做"和"好"分开，不能把"工"和"作"分开。在公文标题语言的措辞上也要特别注意，不要引起歧义。另外，标题中涉及法律法规、规章制度等词语的，需要加书名号。除此之外，标题中不用标点符号。还有一个需要注意的地方，就是标题要用 3 号字体的行间距进行间隔，不得过大，以免影响美观。总之，标题的拟制要规范、简练、明确。

公文的主要受理机关，也就是主送机关，位于标题下方，空一行，顶格书写，如果主送机关比较多、比较长，需要回行，则回行后仍然需要顶格书写。主送机关书写应当使用机关全称、规范化简称或者同类型机关统称。

公文的主体，也就是正文，用来表述公文的内容，用 3 号仿宋字体，按照正常行文格式进行书写，正文中涉及数字、年份等信息时，不能将数字、年份等中断回行。正文中的小标题一般按照以下方法进行编制，如一级为"一、"，二级为"（一）"，三级为"1."，四级为"（1）"。正文中的小标题要单独占一行，左面空两格，结尾不用标点符号。一级标题用 3 号黑体，不加粗；二级标题用 3 号楷体，不加粗；三级标题用仿宋体阿拉伯数字，加粗，阿拉伯数字后面只能用圆点，不能用顿号或者句号；四级标题用 3 号仿宋字体，加粗；如果三级和四级标题作为段落的引领句，应该在标题结尾用句号。

附件指的是公文正文的说明、补充或者参考资料，附件部分包含了附件说明和附件原文两大项内容。附件说明主要包括公文附件的顺序号和名称，有一些公文的附件非常重要，其重要性往往超过公文正文，如发布一些法规政策性的命令类文件、转发上级机关的通知、通报等文件。公文的附件说明应在正文下方空一行书写，书写格式按照正常的行文格式进行，"附件"两字后面用冒号，然后按照顺序将附件名称书写在后面，顺序号用阿拉伯数字，附件名称后面不加标点符号，用 3 号仿宋字体书写，如"1.××××××××"。附件原文应当置于公文正文之后，与正文装订在一起，并在附件左上角第一行顶格标示"附件＋序号"，如"附件 1"，附件原文的序号和名称应该与附件说明一致。

发文机关署名要署发文机关全称或者规范化简称，需要注意的是，同一个发文机关要在同一行内将发文机关名称写全；成文日期要署会议通过或者发文机关负责人签发的日期，联合行文时，署最后签发机关负责人签发的日期，公文的成文日期不能简写，要用阿拉伯数字将年、月、日写全，成文日期置于发文机关署名下方，结尾距正文右侧空四个字符，中间不空行，特殊类型的公文的成文日期要加括号，放在标题正下方，如决定、条例等文件。

公文中有发文机关署名的，应当加盖发文机关印章，并与署名机关相符，公章是公文生效的重要标识。如果是多个部门联合行文，则在加盖公章时还需要进行署名，署名用规范化简称或者全称，加盖的公章要"骑年盖月"，有特定发文机关标志的普发性公文和电报可以不加盖印章，如会议纪要和电报形式的公文不需要加盖公章，联合行文的上行文应该由主办机关加盖公章。

附注主要表达公文印发传达范围等需要说明的事项。

抄送机关指的是除主送机关外需要执行或者知晓公文内容的其他机关，应当使用机关全称、规范化简称或者同类型机关统称。

印发机关和印发日期指的是公文的送印机关和送印日期，印发日期是实际印制的日期，用阿拉伯数字标注。

3. 行为规则

新颁布实施的《党政机关公文处理工作条例》中明确提出："公文行文应当确有必要，讲求实效，注重针对性和可操作性。"在通常情况下，行文关系要根据隶属关系和职权范围来确定，一般不得越级行文。特殊情况需要越级行文的，应当同时抄送被越过的机关。

同时，新条例分别对上行文、下行文和平行文的行文规则进行了详细说明。

需要特别注意的是，新颁布实施的《党政机关公文处理工作条例》中规定的15 种公文类别，在拟制过程中，一律不用"此致敬礼"这样的字眼。

对于上行文来说，应当遵循以下规则：

一是原则上主送一个上级机关，根据需要，同时抄送相关上级机关和同级机关，不抄送下级机关。

二是党委、政府的部门向上级主管部门请示、报告重大事项，应当经本级党委、政府同意或者授权；属于部门职权范围内的事项，应当直接报送上级主管部门。

三是下级机关的请示事项，如须以本机关名义向上级机关请示，应当提出倾向性意见后上报，不得原文转报上级机关。

四是请示应当一文一事。不得在报告等非请示性公文中夹带请示事项。

五是除了上级机关负责人直接交办事项外，不得以本机关名义向上级机关负责人报送公文，不得以本机关负责人名义向上级机关报送公文。

六是受双重领导的机关向一个上级机关行文，必要时抄送另一个上级机关。

对于下行文来说，应当遵循以下规则：

一是主送受理机关，根据需要抄送相关机关。重要行文应当同时抄送发文机关的直接上级机关。

二是党委、政府的办公厅（室）根据本级党委、政府授权，可以向下级党委、政府行文，其他部门和单位不得向下级党委、政府发布指令性公文或者在公文中向下级党委、政府提出指令性要求。须经政府审批的具体事项，经政府同意后可以由政府职能部门行文，文中须注明已经政府同意。

三是党委、政府的部门在各自职权范围内可以向下级党委、政府的相关部门行文。

四是涉及多个部门职权范围内的事务，部门之间未协商一致的，不得向下行文；擅自行文的，上级机关应当责令其纠正或者撤销。

五是上级机关向受双重领导的下级机关行文，必要时抄送该下级机关的另一个上级机关。

对于平行文来说，应当遵循以下规则：

同级党政机关、党政机关与其他同级机关必要时可以联合行文。属于党委、政府各自职权范围内的工作，不得联合行文。党委、政府的部门依据职权可以相互行文。部门内设机构除办公厅（室）外不得对外正式行文。

1.2.3 公文的格式及其他要求

我国 2012 年颁布的《党政机关公文处理工作条例》有以下明确要求。

公文使用的汉字、数字、外文字符、计量单位和标点符号等，按照有关国家标准和规定执行。民族自治地方的公文，可以并用汉字和当地通用的少数民族文字。公文用纸幅面采用国际标准 A4 型。特殊形式的公文用纸幅面，根据实际需要确定。

也就是说，目前我们所处理的公文的纸张、行数、字数等一些格式是国家以条例的形式固定下来的，不得随意改动。作为一名公务员，一定要对公文的行文格式熟练到信手拈来的程度，具体的公文格式如下。

1. 纸张。就目前情况来看，我国公文用纸都是国际通用的、白色不透明的 A4 纸，印刷时要采用双面印刷。使用 A3 纸进行撰写的公文，装订的时候要将纸张对折，骑缝装订成 A4 纸大小。

2. 版式。页眉与页脚各 37 毫米 ±1 毫米，左边作为装订边，需要留出 28 毫米 ±1 毫米的空白，右侧按照正常格式预留，这样的话，正文部分的尺寸就应该是宽 156 毫米，长 225 毫米，美观大方。

3. 字体与字号。发文机关标识由发文机关酌情拟定，但不应该超过国务院机关发文标识的字号，一般用小标宋体。发文字体用仿宋体，"签发人"三个字用仿宋字体，正文一般用 3 号仿宋字体。

4. 字数与行数。正常情况下，每页排 22 行，每行 28 个字。但是有的时候，公文写到最后，没有地方进行落款，落款需要另起一页，这样一来，这一页上除了落款没有任何正文内容。为了避免出现这种情况，可以对字行、字距进行调整，也可以将每行改成 26 个字，每页改成 21 行，同时对行距进行调整，但是必须以美观大方为前提。如果实在不行，可以另起一页在左上角写明"此页无正文"，并用括号括起来，再进行落款。

第2章

15种公文的写作要领及范例

　　公文都是由"标题＋正文＋落款＋附件"组成的，但是，公文使用的范围、作用、要求、环境、特点等各不相同，因此，不同的公文在内容的安排上又有不同的要求。从这一章开始，我们就对我国《党政机关公文处理工作条例》规定的15种公文的具体写作要领进行讲解，并以实际案例进行示范，争取达到让大家一目了然、可以直接套用的目的。

2.1 命令（令）✎

我国最新颁布的《党政机关公文处理工作条例》中规定：命令（令）是"适用于公布行政法规和规章、宣布施行重大强制性措施、批准授予和晋升衔级、嘉奖有关单位和人员"的时候使用的公文，也就是说，这种文种是一种下行文，是上级机关对下级机关发布的，一经发出，下级机关必须无条件服从执行，具有强制性、权威性的公文。这种"上级机关"一般指国家一级机关、地方各级人民政府和人民代表大会及军队和公检法等领导机关，其他的机关和单位等均无权拟制下发此类文件。

2.1.1 命令的特征及种类

"命令"和"令"的实质是一样的，它们的使用范围、特点、环境基本一样，唯一的不同体现在，对一些文种的标题进行措辞的时候的拟制习惯和表达的流畅度方面，如通缉令、嘉奖令等。当涉及发布重大军事行动或者重大决策决定的时候，常常会使用"命令"，如《中国人民解放军驻澳门部队进驻澳门特别行政区的命令》《国务院关于授予×××荣誉称号的命令》等。

这一文种最大的特点就是具有很强的严肃性、强制性、权威性和专用性，它的这种强制性和权威性比任何一种下行文都要强烈，发文机关级别高、权力大是这一文种的显著特点，一旦作出该决定，下级必须无条件执行，没有丝毫商量的余地，也不容许有任何打折扣的可能。因此，这一文种在平时要慎用，不能随便拟制下发。

按照使用内容的不同，该文种可以分为以下几个种类：公布令、嘉奖令、惩戒令、动员令、任免令、通缉令、特赦令、通令、戒严令等。通常情况下，在拟制通缉令、特赦令、惩戒令等的时候，直接以文种作为标题即可。比如，《通缉令》《特赦令》等。

2.1.2 命令的写作格式

命令主要由标题、发文字号、主送机关、开头、正文、结尾、落款等部分组成。

1. 标题

根据发令机关、事由、发令人职务、使用目标等不同，命令的标题一般具有以下几种结构：

第一种是由"发文机关＋文种"构成。例如，《中华人民共和国国务院令》。

第二种是由"发文机关＋发令人＋文种"构成。需要注意的是，有的时候在标题中已经将这类标题设置为规范的专用版头，在这种情况下，这个标题就要与版头合二为一。例如，《中华人民共和国主席令》。

第三种是由"发令机关＋发文事由＋文种"构成。例如，《国务院、中央军委关于授予×××警衔的命令》。

第四种是由"事由＋文种"构成。例如，《×××动员令》。

2. 发文字号

只标顺序号，按发令机关或发令人在该届任期内所发的命令流水编序号。换届时重新编号。

3. 主送机关

因为命令（令）是一种普发性的、周知性的文种，适用范围是全社会或者整个集体，因此多数情况下不写主送机关，但有少部分例外，如赦免令、嘉奖令、惩戒令等可以在正文前写明主送机关。

4. 开头

命令（令）的开头主要以简明直观的语言说明发布命令（令）的原因、根据和意义，这部分在行文语言上一定要严格规范、依据合理，不要使用修饰性语言，以免引起歧义。

5. 正文

命令（令）的正文主要涵盖需要下级执行的事项和具体要求，在行文语言上一定要准确严谨、简明全面、强制性强。比如，在撰写任免令的时候，除了注意其用词的严谨性、规范性、权威性、强制性外，还要简明地写明任免的依据，被任免者的姓名、职务等。而在撰写通缉令的时候，不但要在规定的保密事项以外写明相关的案发时间、地点和简要案情，还要将被通缉者的姓名、性别、年龄、民族、机关、身份证号码、衣着特征等详细写清楚。同时，要将被通缉者的曾用名、绰号等写清楚，除此之外，还要附上被通缉者的免冠照片，以便受文者掌握被通缉者的详细信息。

6. 结尾

命令（令）的结尾主要涵盖对受文者的希望和要求，在这一点上，因为该文种种类很多，情况不一，所以这一部分可以按照行文的内容和实际需要有所取舍，没有强制性的要求。

7. 落款

命令（令）落款按照正常行文格式放在正文右下角，包括发文机关名称（如果是有关领导人签署的，还要有签署人的姓名和职务等信息）、成文日期。需要注意的是，如果标题中已经出现过以上内容，那么落款处就可以省略，成文日期用阿拉伯数字和汉字将年、月、日写全，不标虚位，如"2018 年 5 月 5 日"，不应该写成"2018 年 05 月 05 日"，也不能写成"二〇一八年五月五日"。

2.1.3 注意事项

1. 关于命令（令）这一文种的特殊发文字号的问题

鉴于这一文种的特殊性，由国家领导人发布的命令和由国家相应机关发布的命令所使用的发文字号有其特殊的编制规则，目前我国所使用的这一文种的发文字号分为两种。第一种是由国家领导人发布的命令（令），在这种情况下，发文字号需要以发令人的任期内所发布的命令（令）的流水号进行排序，当国家领导人任期届满后，由下一任国家领导人重新进行编号，如在关于《中华人民共和国企业所得税法》立法方面，我国就发布了《中华人民共和国主席令》第 63 号。第二种是由国家机关发布的，分两种情况：一种是发文机关按照其所发布的此类文件进行顺序编号，如《中华人民共和国国务院令》第 656 号；另一种是按照一般公文行义格式进行书写，也就是将发文字号放在标题下方正中位置，一般是在以有关机关的名义发布的时候使用。比如：

国务院关于加强地方政府性债务管理的意见

国发〔2014〕43 号

2. 关于用词

命令（令）是一种权威性的文种，因此在进行拟制的时候，一定要注意语言的严肃性和明确性，不要用修饰性文字，以免削弱其庄重性、权威性和严肃性。同时，在拟制的时候，一定要对行文语言进行严格的审查，严禁出现任何行文不规范、不合理甚至错误用词等问题，以防止受文者无所适从、发文者朝令夕改等现象。

3. 关于相关要素

命令（令）中所涉及的有关时间、地点、数量等相关要素一定要精确，坚决不能有任何错误、比如在有关晋职的命令中，如果把时间写错了，那么所造成的后果就绝不仅是这份公文的拟制问题，或者撤回重新下发的问题了，这会直接涉及被晋职人的任职时间问题，而任职时间问题又涉及很多问题，如所受的相关待遇等。因此，在相关要素信息上，要慎之又慎、精之又精。

2.1.4 发布令

范例 2—1

中华人民共和国主席令

第 ×××× 号

《中华人民共和国 ×××××××× 法》已由中华人民共和国第 ×× 届全国人民代表大会第 ×× 次会议于 ×××× 年 ×× 月 ×× 日通过，现予公布，自 ×××× 年 ×× 月 ×× 日起施行。

中华人民共和国主席　×××

×××× 年 ×× 月 ×× 日

2.1.5　行政令

〔三〕范例 2-2 --

国家版权局、国家发展和改革委员会令第 11 号

《使用文字作品支付报酬办法》已经 2014 年 8 月 21 日国家版权局局务会议通过，并经国家发展和改革委员会同意，现予公布，自 2014 年 11 月 1 日起施行。

国家版权局　局长：×××

国家发展和改革委员会　主任：×××

2014 年 9 月 23 日

使用文字作品支付报酬办法

第一条　为保护文字作品著作权人的著作权，规范使用文字作品的行为，促进文字作品的创作与传播，根据《中华人民共和国著作权法》及相关行政法规，制定本办法。

第二条　除法律、行政法规另有规定外，使用文字作品支付报酬由当事人约定；当事人没有约定或者约定不明的，适用本办法。

第三条　以纸介质出版方式使用文字作品支付报酬可以选择版税、基本稿酬加印数稿酬或者一次性付酬等方式。

…………

第十三条　报刊依照《中华人民共和国著作权法》的相关规定转载、摘编其他报刊已发表的作品，应当自报刊出版之日起 2 个月内，按每千字 100 元的付酬标准向著作权人支付报酬，不足五百字的按千字作半计算，超过五百字不足千字的按千字计算。

报刊出版者未按前款规定向著作权人支付报酬的，应当将报酬连同邮资以及转载、摘编作品的有关情况送交中国文字著作权协会代为收转。中国文字著作权协会收到相关报酬后，应当按相关规定及时向著作权人转付，并编制报酬收转记录。

…………

第十七条　本办法自 2014 年 11 月 1 日起施行。国家版权局 1999 年 4 月 5 日发布的《出版文字作品报酬规定》同时废止。

2.1.6　嘉奖令

范例 2-3

×××× 对 ××× 的嘉奖令

国发〔××××〕×× 号

　　×××× 年 ×× 月 ×× 日，中国 ××××××× 机组驾驶波音707飞机执行 ××××××× 航班任务，飞机从 ××××××× 机场起飞，当飞行至 ××××××× 上空时，一名腰缠自制爆炸装置的歹徒窜入一等舱，以炸机相威胁，企图劫持飞机。××××××× 机组全体成员为保护国家财产和旅客生命安全、维护社会主义祖国的神圣尊严，在机长 ××× 的沉着指挥下，群策群力，机智勇敢地与歹徒周旋了一个多小时，使飞机安全降落在 ××××××× 机场；××× 同志在机组其他同志的配合下，奋不顾身擒拿了歹徒，粉碎了这起劫机事件。

　　为了表彰这一英雄事迹，国务院决定：授予 ××××××× 机组"×××××××××"称号，授予 ××× 同志"×××××××××"称号。

　　国务院号召民航空勤人员和广大职工向英雄的 ××××××× 机组学习，努力做好本职工作，保证空防安全和飞行安全，为我国的改革开放和社会主义现代化建设作贡献。

国　务　院

×××× 年 ×× 月 ×× 日

2.1.7　惩处令

范例 2-4

××××× 最高人民法院执行死刑命令

刑 ×× 字第 ×× 号

××××××× 人民法院：

　　根据 ××××××× 通知的规定，本院已依法核准重大杀人犯 ××× 死刑。现命令你院自接到执行死刑命令之日起七日以内，将罪犯×××验明正身，核对犯罪事实无误，讯问有无遗言、信札之后，交付执行死刑，并将执行死刑情况报告本院。如遇有《中华人民共和国刑事诉讼法》第二百一十一条第一款或者第二百一十二条第四款规定的应当停止执行的情况，应当停止执行死刑，并立即报告本院审定。

此令。

×××××× 最高人民法院

院长：×××

××××年××月××日

2.1.8　通缉令

范例 2-5

通缉令

××××公安局：

××××年××月××日，××省××市××区××××发生一起强奸杀人案，犯罪嫌疑人×××奸污并杀死×××，并抢走现金×××万余元后潜逃。

×××（在逃人员编号：××××），绰号×××，男，××××年××月××日出生，××省××县××乡××村人。体态中等，方脸，身高×××厘米，××口音。身份证号码：××××××××××××。请接此通缉令后，立即部署查缉工作，发现该人即予拘留，并速告我局。

对提供线索的举报人、缉捕有功的单位或个人，将给予人民币××万元奖励，我局对举报人将予以保密。

附：犯罪嫌疑人×××照片。

×××××××

××××年××月××日

2.1.9 任免令

××省人民政府关于×××等同志的任免令

××省人民政府××××年××月××日决定，任免下列工作人员：

任命：

×××试任××省人民防空办公室副主任职务已于××××年××月期满，同意其按期正式任职；

×××为××省人民政府办公厅巡视员，免去其××省人民政府办公厅助理巡视员职务；

×××为××省科学技术厅助理巡视员。

××省人事厅

××××年××月××日

2.2 决定 ✎

我国最新颁布的《党政机关公文处理工作条例》中规定：决定是"适用于对重要事项作出决策和部署、奖惩有关单位和人员、变更或者撤销下级机关不适当的决定事项"的时候使用的公文，也就是说，这种文种也是一种下行文，是一种具有指挥性质的下行文，这种公文能够在关键事项或者关键问题上，使所涉及人员和单位统一思想、提高认识，强化约束、维护核心，从而进一步促进相关事项坚定不移地向着既定目标健康推进。当上级机关或者领导就某一事项作出重大决策部署，需要下级机关严格遵照执行的时候，就需要下发此类文件。当下级机关接到此类文件的时候，就意味着必须按照文件中的要求严格执行，不得随意违背或者随意更改。

2.2.1 决定的特征及种类

决定这种公文在国家党政机关及一些企事业单位和社会团体的日常公文处

理中都有涉及，都可以使用，当然，随着级别的提高，它的使用频率也越来越高。决定这种公文的特点显而易见，具有强烈的全局性、指令性和规范性，2012 年《党政机关公文处理工作条例》修订颁布前，决定这种公文在我国《国家行政机关公文处理办法》和《中国共产党机关公文处理条例》中有不同的描述，具体来讲，"奖惩有关单位和人员、变更或者撤销下级机关不适当的决定事项"更多体现在国家行政机关公文处理过程中，而在党政机关公文处理过程中则体现得并不明显，2012 年《党政机关公文处理工作条例》修订颁布后，将两个内容进行了合并，同时体现了国家行政、党政机关对此公文的重视程度。

根据用途和内容的不同，决定这种公文可以分为对法规政策性的决定、对某重大事项的指挥性决定、就某事对某人或者某单位的奖惩性决定、对某重大事项进行公布的决定、对某重大事项进行部署的决定、对相关人员进行任免的决定及对某人或者某单位进行惩处性的决定等。

2.2.2 决定的写作格式

决定的写作符合一般意义上公文的写作结构，即主要由标题、时间、主送机关、正文、落款等部分组成。

1. 标题

根据使用范围和目的不同，决定这一文种的标题一般有以下两种结构：

第一种是由"发文机关＋事由＋文种"构成。例如，《全国人民代表大会常务委员会关于设立上海金融法院的决定》。

第二种是由"事由＋文种"构成。例如，《关于对在××××中作出突出贡献的个人给予奖励的决定》。

2. 时间

根据使用范围、目的及行文需要不同，决定的时间也有不同的要求，通常情况下，需要在标题下方正中央位置写明作出决定的会议名称和时间，并用圆括号括起来。比如：

全国人民代表大会常务委员会关于设立上海金融法院的决定

（2018 年 4 月 27 日第十三届全国人民代表大会常务委员会第二次会议通过）

有时候需要按照一般的行文格式，在标题的正下方位置写明发文字号。比如：

市场监管总局关于对在查办利乐案中作出突出贡献的集体和个人给予奖励的决定

国市监人〔2018〕15 号

以上内容具体如何使用，需要根据行文需求和使用范围、目的、内容等进行选择。一般情况下，经过相关会议作出的决定，需要在标题正下方写明通过会议的机构和日期，日期要将年、月、日写全，并用圆括号括起来；如果是某机关就某问题作出的重大决定，则需要对公文进行编号，并在标题正下方位置按照正规格式写明发文字号，也就是要给此文件做好编号。

3. 主送机关

决定这一文种的使用范围比较广泛，情况也比较多。当决定是普发性公文的时候，一般不加主送机关；当具有明确的需要执行决定的下级单位时，需要在标题下方，按照正规格式顶格写明主送机关名称。

4. 正文

内容比较单一的或者内容非常重大的事项，一般用简明扼要的正文写清楚相关内容即可。

当决定的内容比较丰富的时候，就需要在决定的正文中涵盖作出决定的依据、目的、意义、原因、决定的内容、希望和要求等内容，并采取分段的方法，科学合理地将这些内容一一写清楚。通常情况下，在第一段说明作出决定的依据、原因等内容，并用"特作如下决定""现决定如下"等过渡语承接下一段。第二段要说明作出决定的事项，内容要详细准确，态度要鲜明，行文上忌用修饰语，避免造成歧义，以免削弱决定的权威性和严肃性，尽量用平铺直叙、浅显易懂的语言，就事论事，将决定的事项写清楚。第三段用简明扼要的语言提出相关要求和希望，篇幅不要太长，几句话即可。

5. 落款

决定的落款按照正常行文格式进行书写，安排在正文右下角位置。需要注意的是，如果在标题的正下方已经注明了作出决定的机构和时间，则决定的落款可以省略。

2.2.3　注意事项

1. 内容要严谨精确

根据最新颁发的《党政机关公文处理工作条例》中有关决定的相关定义，不难发现，决定这一文种具有很高的严肃性和权威性，一旦作出决定，下级机关就必须无条件执行，不得随意更改。因此在拟制决定的时候，内容一定要严谨、精确，杜绝使用过度修饰的词语，因为过度修饰的词语不但容易造成歧义，而且容易削弱决定这一文种的权威性。

2. 语言要简明扼要

在行文语言上，要力求用最简洁明了、庄重大方的语言，将事项表达清楚，杜绝使用模棱两可的语言。决定这一文种的内容无关乎长短，具体要写多少内容，要由所决定的事项来定。在拟制过程中，要本着就事论事的原则，用最简练、精确的语言将内容表达清楚。在写作过程中，要善于使用固定格式的语言。比如，"会议决定""经大会研究决定""一致决定"等。

3. 注意"决定"与"决议"的区别

在日常工作中，经常会遇到决定与决议无法区分的情况，那么，当遇到这种情况的时候，只要牢记一点：通常情况下，由大会表决通过的事项叫作"决议"，如果是由班子成员商量决定的事项就叫作"决定"。

2.2.4　任免类决定

📑 范例 2-7

全国人民代表大会常务委员会关于撤销 ××× 同志的 ××× 职务的决定

（××××年××月××日第×× 届全国人民代表大会常务委员会第×× 次会议通过）

第 ×× 届全国人民代表大会常务委员会第 ×× 次会议根据委员长会议的提请，决定撤销 ××× 同志的 ××× 职务。

2.2.5 奖惩性决定

范例 2-8

市场监管总局关于对在查办利乐案中作出突出贡献的集体和个人给予奖励的决定

国市监人〔2018〕15号

各省、自治区、直辖市工商行政管理局、市场监督管理部门：

近年来，全国工商、市场监督管理部门充分发挥反垄断执法职能作用，大力推进垄断案件查办工作，在完善反垄断办案法律程序、探索建立反垄断执法工作机制、培养锻炼反垄断执法队伍等方面发挥了重要作用，取得了良好的社会效果。2012年1月至2016年11月，原工商总局依法对利乐集团有关企业滥用市场支配地位行为立案查处，全国二十多个工商、市场监督管理部门及数百名执法人员为查办利乐案作出了积极贡献，主要办案人员迎难而上，攻坚克难，表现出严谨细致、一丝不苟的职业精神和勇于担当的过硬作风。

为表彰先进、鼓舞干劲，激励全系统广大干部职工立足本职、凝心聚力，更好地维护公平竞争市场秩序，市场监管总局决定对在利乐案查办过程中作出突出贡献的原工商总局竞争执法局利乐案件组等3个集体和刘烨等15名个人给予奖励。

希望受到奖励的集体和个人珍惜荣誉，再接再厉，在今后工作中不断开拓新局面，创造新业绩。全国各级工商、市场监管部门广大干部要以受奖励的集体和个人为榜样，深入学习贯彻党的十九大精神，坚持以习近平新时代中国特色社会主义思想为指导，不忘初心，牢记使命，开拓进取，奋发有为，为建立统一开放竞争有序的现代市场体系作出新的更大的贡献。

附件：在查办利乐案中作出突出贡献的集体和个人奖励名单

市场监管总局

2018年4月11日

2.2.6 重大事项类决定

📋 范例 2-9

全国人民代表大会常务委员会关于设立上海金融法院的决定

（2018 年 4 月 27 日第十三届全国人民代表大会常务委员会第二次会议通过）

为推进国家金融战略实施，健全完善金融审判体系，营造良好金融法治环境，促进经济和金融健康发展，根据宪法和人民法院组织法，特作如下决定：

一、设立上海金融法院。

上海金融法院审判庭的设置，由最高人民法院根据金融案件的类型和数量决定。

二、上海金融法院专门管辖上海金融法院设立之前由上海市的中级人民法院管辖的金融民商事案件和涉金融行政案件。管辖案件的具体范围由最高人民法院确定。

上海金融法院第一审判决和裁定的上诉案件，由上海市高级人民法院审理。

三、上海金融法院对上海市人民代表大会常务委员会负责并报告工作。

上海金融法院审判工作受最高人民法院和上海市高级人民法院监督。上海金融法院依法接受人民检察院法律监督。

四、上海金融法院院长由上海市人民代表大会常务委员会主任会议提请本级人民代表大会常务委员会任免。

上海金融法院副院长、审判委员会委员、庭长、副庭长、审判员由上海金融法院院长提请上海市人民代表大会常务委员会任免。

五、本决定自 2018 年 4 月 28 日起施行。

2.2.7 法律法规类决定

范例2-10

全国人民代表大会常务委员会关于修改《中华人民共和国会计法》等十一部法律的决定

（2017年11月4日第十二届全国人民代表大会常务委员会第三十次会议通过）

第十二届全国人民代表大会常务委员会第三十次会议决定：

一、对《中华人民共和国会计法》作出修改

（一）将第三十二条第一款第四项修改为："（四）从事会计工作的人员是否具备专业能力、遵守职业道德。"

（二）将第三十八条修改为："会计人员应当具备从事会计工作所需要的专业能力。

"担任单位会计机构负责人（会计主管人员）的，应当具备会计师以上专业技术职务资格或者从事会计工作三年以上经历。

"本法所称会计人员的范围由国务院财政部门规定。"

....

二、对《中华人民共和国海洋环境保护法》作出修改

（一）将第三十条第一款修改为："入海排污口位置的选择，应当根据海洋功能区划、海水动力条件和有关规定，经科学论证后，报设区的市级以上人民政府环境保护行政主管部门备案。"

第二款修改为："环境保护行政主管部门应当在完成备案后十五个工作日内将入海排污口设置情况通报海洋、海事、渔业行政主管部门和军队环境保护部门。"

（二）第七十七条增加一款，作为第二款："海洋、海事、渔业行政主管部门和军队环境保护部门发现入海排污口设置违反本法第三十条第一款、第三款规定的，应当通报环境保护行政主管部门依照前款规定予以处罚。"

三、对《中华人民共和国文物保护法》作出修改

（一）将第二十条第二款修改为："实施原址保护的，建设单位应当事先确定保护措施，根据文物保护单位的级别报相应的文物行政部门批准；未经批准的，不得开工建设。"

（二）将第四十条第二款修改为："国有文物收藏单位之间因举办展览、科学研究等需借用馆藏文物的，应当报主管的文物行政部门备案；借用馆藏一级文物的，应当同时报国务院文物行政部门备案。"

…………

本决定自 2017 年 11 月 5 日起施行。

《中华人民共和国会计法》《中华人民共和国海洋环境保护法》《中华人民共和国文物保护法》《中华人民共和国海关法》《中华人民共和国中外合作经营企业法》《中华人民共和国母婴保健法》《中华人民共和国民用航空法》《中华人民共和国公路法》《中华人民共和国港口法》《中华人民共和国职业病防治法》《中华人民共和国境外非政府组织境内活动管理法》根据本决定作相应修改，重新公布。

2.3　通知

我国最新颁布的《党政机关公文处理工作条例》中规定：通知是在"适用于发布、传达要求下级机关执行和有关单位周知或者执行的事项，批转、转发公文"的时候使用的公文，也就是说，这种文种兼具下行文和平行文两种文体的属性，它不仅可以转发直接上级机关的公文，也可以按照要求对不相隶属的平行机关的公文进行批转或者通知不相隶属的机关周知某事项、参加某活动等。当上级机关根据工作需要，要求下级机关遵照执行或者周知某事项而下发通知时，这时候的通知属于下行文；当通知不相隶属的平行机关周知或者参与某事项时，这时候的通知属于平行文。

2.3.1　通知的特征及种类

通知这种公文无论是在受众范围还是使用领域上，用途都非常广泛，我们每天的工作中几乎都会接触到这类公文。这种公文功能多样，既可以对下级机关就某事项起到指导性和批准性的作用，又可以通知下级单位对不相隶属的机关的先进经验做法等进行学习，还可以通知不相隶属的相关单位参与某事项，促进彼此之间的联系与沟通。通知的制发机关没有限制，大到国家级的党政机关，小到最基层的企事业单位，都可以在日常工作中使用这种公文，几乎所有的工作都可以通过这种公文进行布置、传达、周知、发布、批准、转发、批转等。同时，通知这种公文又具有很强的时效性，往往需要受文单位在规定的时间内完成相关的事项，因此通知的内容既具有广泛性又具有权威性，既具有公开性又具有严谨性，既具有时效性又具有强制性。我们需要在实际操作中注意总结，提高熟练度。

根据用途和内容不同，通知这种公文可以分为发布性通知、转发性通知、指示性通知、紧急情况类通知等。

2.3.2 通知的写作格式

通知的写作符合一般意义上公文的写作结构，主要由标题、主送机关、正文、落款等部分组成。

1. 标题

通知的标题有以下三种构成方式：

第一种是由"发文机关＋事由＋文种"构成，例如《住房城乡建设部 财政部 人民银行关于改进住房公积金缴存机制 进一步降低企业成本的通知》。

第二种是由"事由＋文种"构成，例如《关于催报有关情况的通知》。

第三种是直接写文种"通知"，这种格式一般情况下在本单位内部非正式行文时使用，如果事项比较紧急，还可以在"通知"前面加"紧急"二字。需要注意的是，采用这种方式行文时，一定要在正文结尾处写明发文机关名称，以便受众能够清楚发文机关的情况。

需要特别注意的是，一些特殊公文的标题会很长，如转发类的公文标题，如果全写上，既啰唆又容易闹笑话。例如，《××××区政府关于转发〈××××市政府关于做好 2018 年"五一"节安保工作的通知〉的通知》，这种标题就比较啰唆，而且如果是经过多个级别的机关转发下来的，那么就会出现很多个"关于""的通知"等字眼，这个时候可以将标题做艺术化处理，改为《××××区政府转发××××市政府做好 2018 年"五一"节安保工作有关文件的通知》，这样改就显得非常利落。因此，在处理这类公文的时候，不要特别纠结于标题必须出现转发文件全部标题的要求。另外要特别注意的是，转发文件的时候，只能转发直接上级的文件，不能越级转发文件。

2. 主送机关

主送机关按照正常公文格式进行书写即可，可以选用全称、规范化简称或者统称。当单个名称过长时，可以使用规范化简称，如"发改委"；如果主送机关比较多，则需要按照有关要求进行合理排列。比如，可以参照国务院发文所使用的排列方法，具体如下：

各省、自治区、直辖市人民政府，国务院各部委、各直属机构

也可以采取先下一级的各地方政府，后本机关的职能部门的办法，或者以党、政、军、群的顺序进行排列，需要注意的是，当主送机关名称比较长，一行放不下需要下一行延续的时候，同样要顶格书写。

3. 正文

正文是通知的最核心部分，要按照实际情况合理安排内容。通常情况下，为了达到使内容清晰易懂、简洁明了的目的，通知往往采用开头、主体、结尾三个部分进行书写，开头一般说明拟制通知的依据、原因、理由和目的等内容，主体说明需要下级机关周知或者执行的具体事项、方法步骤等内容，结尾提出相关要求和具体效果等内容，并以"特此通知"结束全文。

4. 落款

通知的落款按照一般的行文格式进行书写，安排在正文右下角位置，需要注意的是，如果在标题的正下方已经注明了作出通知的机构和时间，则通知的落款可以省略。

2.3.3 注意事项

1. 目的要清楚

在行文过程中，一定要将拟制通知的目的说清楚，这样既可以方便拟制者合理构思、科学安排内容，又可以使受文单位清楚下发通知的真正目的，便于执行。

2. 内容要严谨

在撰写通知的过程中，语言一定要严谨，尽量避免使用修饰性词语，避免产

生歧义和曲解，同时在拟制过程中，如果涉及相关的规章制度名称或者转发类公文的名称，一定要用书名号标注清楚。

3. 措施得当

通知中所涉及的有关措施一定要得当，要符合受文单位和有关工作的实际情况，不能天马行空、随心所欲、脱离实际地进行拟制，否则就会造成受文单位无法执行、使工作陷于被动的局面。

2.3.4 指示性通知

范例2-11

住房城乡建设部 财政部 人民银行
关于改进住房公积金缴存机制
进一步降低企业成本的通知
建金〔2018〕45号

各省、自治区住房城乡建设厅、财政厅，直辖市、新疆生产建设兵团财务局，中国人民银行上海总部、各分行、营业管理部、省会（首府）城市中心支行、副省级城市中心支行，直辖市、新疆生产建设兵团住房公积金管理委员会、住房公积金管理中心：

为贯彻落实党中央、国务院决策部署，降低实体经济成本，减轻企业非税负担，现就改进住房公积金缴存机制，进一步降低企业成本有关事项通知如下：

一、延长阶段性适当降低企业住房公积金缴存比例政策的期限

各地区2016年出台的阶段性适当降低企业住房公积金缴存比例政策到期后，继续延长执行期至2020年4月30日。各地区要对政策实施效果进行评估，并可结合当地实际进一步降低企业住房公积金缴存比例。

二、切实规范住房公积金缴存基数上限

缴存住房公积金的月工资基数，不得高于职工工作地所在设区城市统计部门公布的上一年度职工月平均工资的3倍。凡超过3倍的，一律予以规范调整。

三、扩大住房公积金缴存比例浮动区间

住房公积金缴存比例下限为5%，上限由各地区按照《住房公积金管理条例》

规定的程序确定，最高不得超过 12%。缴存单位可在 5% 至当地规定的上限区间内，自主确定住房公积金缴存比例。

四、提高降低住房公积金缴存比例和缓缴的审批效率

生产经营困难的企业，经职工代表大会或工会讨论通过，可申请降低住房公积金缴存比例或者缓缴。住房公积金管理委员会应授权住房公积金管理中心审批，审批时限不得超过 10 个工作日。

改进住房公积金缴存机制，进一步降低企业成本工作涉及面广，政策性强。各部门各单位要将思想和行动统一到党中央、国务院决策部署上来，按照职责分工，周密组织实施，加强政策解读，切实抓好落实。各省、自治区住房城乡建设厅和直辖市、新疆生产建设兵团住房公积金管理委员会要于 2018 年 6 月底前，将本通知落实情况报住房和城乡建设部。

中华人民共和国住房和城乡建设部

中华人民共和国财政部

中国人民银行

2018 年 4 月 28 日

▤ 范例 2-12

国务院办公厅关于做好政府公报工作的通知

国办发〔2018〕22 号

各省、自治区、直辖市人民政府，国务院各部委、各直属机构：

政府公报是刊登行政法规和规章标准文本的法定载体，是政府机关发布政令的权威渠道，在推进政务公开、加强政务服务、促进依法行政、密切党和政府同人民群众联系等方面发挥着重要作用。但也要看到，有的地方和部门公报工作还存在法定载体作用发挥不充分、工作机制不健全、部分规章文件发布不及时、查询使用不便捷等问题，难以适应新时代要求，不能很好满足公众对政府信息公开日益增长的需要。为全面贯彻习近平新时代中国特色社会主义思想和党的十九大精神，落实党中央、国务院关于全面推进政务公开工作的部署和要求，做好政府公报工作，着力将政府公报打造成权威、规范、便民的政务公开平台，经国务院同意，现就有关事项通知如下：

一、分级权威发布。建立以中央、省、市三级为主的政府公报体系，坚持

传达政令、宣传政策、指导工作、服务社会的办刊宗旨，形成行政法规、规章和规范性文件的权威发布平台。国务院公报应及时刊登行政法规和国务院文件，逐步实现统一刊登国务院部门的规章和规范性文件。省级人民政府和设区的市、自治州人民政府要办好本级政府公报，统一刊登本级政府规章和规范性文件以及所属部门规范性文件，逐步做到施行前刊登。其他市、县级人民政府可结合实际积极探索创办政府公报，地方政府所属部门以及乡镇政府、街道办事处不办政府公报。政府公报原则上不刊登上级政府及上级政府所属部门文件，不得刊登商业性广告。要加强对公报刊登内容的校对审核，杜绝责任差错，确保公报准确性；参照《党政机关公文格式》国家标准，统一公报编排格式，增强公报规范性；缩短出刊周期，优化出刊方式，提高公报时效性。

二、完善工作机制。各地区、各部门要建立健全规范性文件公开审查机制和督促约束机制，建立完善部门文件报送制度、联络员制度和报送刊登情况通报制度。发文机关应做好公开属性审查，将主动公开文件转送政府公报编辑部门在政府公报上刊登。国务院各部门要及时将部门规章和规范性文件送国务院办公厅，供国务院公报刊登；地方人民政府所属部门制发的规范性文件应及时送本级人民政府办公厅（室），供本级政府公报刊登。要完善政府公报编校审发等办刊工作规范和制度体系，优化流程，健全机制，严格管理，严把质量关口，实现政府公报工作科学化、规范化、制度化。

　　…………

六、加强组织领导。地方人民政府办公厅（室）是本地区政府公报工作的主管部门，要加强组织领导，明确责任分工，加强协调配合，把政府公报工作纳入政务公开工作统一部署、统一推进、统一考核。要指定专门机构和人员负责政府公报工作，加强业务培训、交流研讨和调查研究，不断创新工作方式，强化能力建设，打造一支政策水平高、责任意识强、文字编辑能力过硬、勇于开拓创新的政府公报工作队伍。要将政府公报工作所需经费列入财政预算，不得自筹或向企业、社会摊派。上级政府公报主管部门要加强督促检查和业务指导，推动政府公报工作规范有序开展。

国务院办公厅

2018 年 3 月 28 日

2.3.5　安排工作性通知

📖 **范例 2-13** --

关于全体员工述职的通知

各部门、全体员工：

为进一步提升员工整体素质，加强管理和监督，强化履职尽责的能力，促进全年工作任务圆满完成，经党委研究，决定组织全体员工开展一次述职报告，现将有关事项通知如下：

一、参与人员

公司副科级以上全体人员

二、时间安排

于××××年××月××日集中进行，各科室其他人员在本科室自行进行述职。

三、述职内容

…………

四、有关要求

…………

×××××

××××年××月××日

2.3.6　知照性通知

📖 **范例 2-14** --

国务院办公厅关于调整首届中国国际进口博览会

筹备委员会组成人员的通知

国办发〔2018〕25 号

各省、自治区、直辖市人民政府，国务院各部委、各直属机构：

根据工作需要和人员变动情况，国务院决定对首届中国国际进口博览会筹备委员会（以下简称筹委会）组成人员进行调整。现将调整后的名单通知如下：

一、筹委会组成人员

主任委员：

副主任委员：

委　　员：

二、筹委会办公室组成人员

…………

国务院办公厅

2018 年 4 月 14 日

2.3.7　转发类通知

范例2-15

国务院办公厅转发国家计委等部门关于
进口小汽车的处理和作价问题的报告的通知
国办发〔1981〕81 号

各省、市、自治区人民政府，国务院各部委、各直属机构：

国家计委等部门《关于进口小汽车的处理和作价问题的报告》，已经国务院批准，请照此严格执行。

国务院办公厅

一九八一年十月十四日

关于进口小汽车的处理和作价问题的报告

国务院：

去年以来，小汽车进口有大量增加。仅广东一省就进口各种小型汽车两万多辆，四川、北京、福建、黑龙江省、市以及其他一些地区和部门也都成百上千辆地进口……车辆由进口单位或经营单位就地妥善保管，不得隐匿、转移或造成损失，然后按以下规定处理：

一、各地区、各部门、各单位进口代销的小汽车，除广东、福建两省实行特殊政策可留下部分自用外，其余一律由国家物资总局按进口成本收购，然后纳入国家计划进行分配，并按国家规定的审批手续销售。违反的，各地工商管理、财政部门和审批机关有权予以没收，车辆交物资部门，价款上缴国库。

…………

以上报告如无不妥，请批转各地区、各部门执行。

国 家 计 委

国家机械委

国家物价总局

全 国 控 办

一九八一年九月二十八日

2.3.8　工作性通知

📄 范例 2-16

国务院办公厅关于开展涉及产权保护的规章、

规范性文件清理工作的通知

国办发〔2018〕29 号

各省、自治区、直辖市人民政府，国务院各部委、各直属机构：

依法平等保护各类产权，对增强市场主体创业创新活力和投资意愿、推动经济持续健康发展具有重要意义。为全面贯彻习近平新时代中国特色社会主义思想和党的十九大精神……经国务院同意，现就开展涉及产权保护的规章、规范性文件清理工作有关事项通知如下：

一、清理范围

此次清理的范围是省、自治区、直辖市、设区的市、自治州人民政府和国务院部门制定的规章，以及县级以上地方各级人民政府及其所属部门、国务院部门制定的规范性文件……

二、清理职责

清理工作坚持"谁制定、谁清理"的原则。国务院部门制定的规章、规范性文件和县级以上地方人民政府所属部门制定的规范性文件，由制定部门负责清理；部门联合制定或涉及多个部门职责的……

三、清理要求

各地区、各部门要依据《中共中央 国务院关于完善产权保护制度依法保护产权的意见》（以下简称《意见》）部署的各项任务和上位法修改、废止情况，逐项研究清理……

四、结果报送

县级以上地方人民政府要及时将清理结果报送上一级地方人民政府汇总……

五、组织实施

各地区、各部门要充分认识清理工作的重要性，加强组织领导，制定具体方案，明确责任分工和时限要求，抓紧开展清理工作。要强化监督检查，建立涉及产权保护的规章、规范性文件清理工作长效机制，根据完善产权保护制度工作进展动态清理……

附件：1. 规章清理情况统计表
　　　2. 规范性文件清理情况统计表

国务院办公厅
2018 年 5 月 5 日

2.4 公告

我国最新颁布的《党政机关公文处理工作条例》中规定：公告是指"适用于向国内外宣布重要事项或者法定事项"时使用的公文，很明显，这种公文的发文主体就是国家，这种公文就是就国内发生的某重大事件、重大事项、具有重要意义的法定事项，以国家的名义，向国内外进行宣布告知，以便于周知的文种。简单来说，就是要告诉全世界，我们国内发生了某事项，在受文对象上，这一文种没有固定的受文对象，发文者和受文者之间也没有特别明确的相互关系。因此，公告类似于平行文一类的文种。

2.4.1 公告的特征及种类

公告最主要的特征是公开性，同时具有非常强烈的庄重性和严肃性。比如，我国新出台了一项新的法律法规，需要国内外周知且在其规定范围内需要国内外相关人员严格遵守；国家领导人出国访问；国家领导人任免；我国在某个科研领域取得了领先世界的最新成果，需要全世界周知等。正是因为它具有这样一些非常特殊的用途，因此这种公文的制发机关的级别非常高，一般是由我国的国家级的行政或者党政机关、国家领导人、国务院、全国人民代表大会等机构进行制发。有时候经过特殊授权，一些特殊部门也可以代表国家对国内外发布公告，一些地方性的权力机构需要发布非常重要的事项时，也可以采用此公文，如省（市）人民政府、省（市）人民代表大会及常务委员会等。

就目前的使用情况来看，此类公文的使用范围并不十分规范，一些普通的机关、企事业单位需要向特定范围的人群公告自身所涉及的某重大事项时，也常常使用这种公文，但是，在使用时要注意自身的定位和所公告内容的严谨性。

根据用途和内容不同，公告可以分为事项性公告、强制性公告、周知性公告、发布性公告等。

2.4.2 公告的写作格式

公告的写作符合一般意义上公文的写作结构，即主要由标题、发文字号、正文、落款几部分组成。需要注意的是，有时候需要在标题正下方位置标明制发日期，并用圆括号括起来。另外，一些机关为了对所发布的公告进行存档以备查询，在制发公告时，需要在标题中注明公告编号。例如，《中华人民共和国工业和信息化部公告》2018 年第 19 号。

1. 标题

公告标题的构成一般有以下四种情况：

第一种是由"制发机关＋事由＋文种"组成。例如，《国务院关税税则委员会关于降低药品进口关税的公告》。

第二种是由"事由＋文种"组成。例如，《关于规范保健食品功能声称标识的公告》。

第三种是由"发文机关＋文种"组成。例如，《中华人民共和国全国人民代表大会公告》。

第四种是只写"公告"两字。当用这种形式的标题时，一定要在落款处注明制发机关名称。

2. 发文字号

公告的发文字号按照一般规则进行书写，多数情况下，如果需要进行连续公告，可以在标题正下方位置标明"第 × 号"。比如：

中华人民共和国全国人民代表大会公告

第三号

3. 正文

正文是公告的核心部分，由于这一文种规格较高，受众广泛，且受众的理解能力各不相同，因此在拟制时，一定要采用简洁明了的措辞，尽量不要用修饰语，避免引起歧义。通常情况下，公告的正文主要由缘由、依据和需要周知的内容三部分组成。为了最大限度地使公告的内容简明扼要，可以采用分段法进行书写，第一段写拟制公告的依据、缘由和目的等；第二段说明公告的事项、决定和要求，交代清楚为什么要制发这个公告、这个公告的主要内容是什么，关键性的人物、地点、时间、立场、态度等要明确、具体、准确地进行表达；第三段以"特此公告"或者"现予以公告"等结尾，以最简练的语言将事项表达清楚即可，多用叙述法，不要采用议论法，也不要采用各种修饰性写法。

4. 落款

公告的落款按照一般行文格式进行书写，安排在正文右下角位置，需要注意的是，如果在标题的正下方已经注明了作出公告的机构和时间，则公告的落款可以省略。

2.4.3　注意事项

1. 语言要简洁明了

公告所涉及的事项非常重大，而且是向国内外进行宣布，知照的范围非常广泛，受众非常多且理解能力各不相同。因此，为了避免产生不必要的疑义，拟制公告的语言一定要简洁明了，就事论事，平铺直叙，客观公正，将相关的人物、事件、地点、时间、态度、立场等表达清楚即可，不要掺杂议论性语言。

2. 内容要严谨

拟制公告的时候，一定要将公告的缘由表述清楚，防止产生歧义或者被受文者曲解。同时，公告的依据一定要准确，坚决不能将模棱两可的依据纳入公告内容中，以免削弱其权威性和严肃性。

2.4.4 知照性公告

📖 范例 2-17

国家税务总局

关于开展个人税收递延型商业养老保险试点有关征管问题的公告

国家税务总局公告 2018 年第 21 号

为贯彻落实《财政部 税务总局 人力资源社会保障部 中国银行保险监督管理委员会 证监会关于开展个人税收递延型商业养老保险试点的通知》（财税〔2018〕22 号，以下简称《通知》），现就个人税收递延型商业养老保险（以下简称"税延养老保险"）试点政策有关征管问题公告如下：

一、缴费税前扣除环节

按照《通知》规定，试点地区内可享受税延养老保险税前扣除优惠政策的个人，凭中国保险信息技术管理有限责任公司相关信息平台出具的《个人税收递延型商业养老保险扣除凭证》（以下简称"税延养老扣除凭证"），办理税前扣除。

（一）取得工资薪金所得、连续性劳务报酬所得的个人

取得工资薪金所得、连续性劳务报酬所得的个人，其购买符合规定商业养老保险产品的支出享受税前扣除优惠时，应及时将税延养老扣除凭证提供给扣缴单位。扣缴单位应当按照《通知》规定，在个人申报扣除当月计算扣除限额并办理税前扣除。扣缴单位在填报《扣缴个人所得税报告表》或《特定行业个人所得税年度申报表》时，应当将当期可扣除金额填至"税前扣除项目"或"年税前扣除项目"栏"其他"列中（需注明税延养老保险），并同时填报《个人税收递延型商业养老保险税前扣除情况明细表》（见附件）。

⋯⋯⋯⋯⋯

二、领取商业养老金征税环节

个人达到规定条件领取商业养老金时，保险公司按照《通知》规定代扣代缴"其他所得"项目（需注明税延养老保险）个人所得税，并在个人购买税延养老保险的机构所在地办理全员全额扣缴申报。

三、施行时间

本公告自 2018 年 5 月 1 日起施行。

特此公告。

附件：个人税收递延型商业养老保险税前扣除情况明细表

国家税务总局

2018 年 4 月 28 日

范例2-18

国务院关税税则委员会关于降低药品进口关税的公告

税委会公告〔2018〕2 号

根据《中华人民共和国进出口关税条例》相关规定，为减轻广大患者特别是癌症患者药费负担并有更多用药选择，自 2018 年 5 月 1 日起，以暂定税率方式将包括抗癌药在内的所有普通药品、具有抗癌作用的生物碱类药品及有实际进口的中成药进口关税降为零，具体税目及税率调整情况见附件。

特此公告。

附件：进口药品最惠国暂定税率调整表

国务院关税税则委员会

2018 年 4 月 23 日

范例2-19

中华人民共和国全国人民代表大会公告

第××号

第××届全国人民代表大会第一次会议于××××年××月××日选举×××为中华人民共和国××××××××××主任。

现予公告。

中华人民共和国第××届全国人民代表大会

第××次会议主席团

××××年××月××日于北京

2.4.5　事项性公告

▣ 范例2-20 --

中华人民共和国工业和信息化部公告 2018 年第 19 号

为贯彻落实《国务院关于印发盐业体制改革方案的通知》（国发〔2016〕25 号），规范食盐定点生产企业、多品种食盐定点生产企业和食盐定点批发企业生产经营行为，工业和信息化部依据《中华人民共和国行政许可法》《食盐专营办法》和相关国家标准，制定了《食盐定点生产企业和食盐定点批发企业规范条件》（附件 1）和《食盐定点生产企业和食盐定点批发企业规范条件管理办法》（附件 2），现予公告。

附件 1. 食盐定点生产企业和食盐定点批发企业规范条件
附件 2. 食盐定点生产企业和食盐定点批发企业规范条件管理办法

工业和信息化部

2018 年 4 月 12 日

2.4.6　发布性公告

▣ 范例2-21 --

中华人民共和国全国人民代表大会公告
第三号

第十三届全国人民代表大会第一次会议于 2018 年 3 月 17 日选举习近平为中华人民共和国中央军事委员会主席。

现予公告。

中华人民共和国第十三届全国人民代表大会

第一次会议主席团

2018 年 3 月 17 日于北京

📄 **范例 2-22** ....

国家粮食局公告（2018 年第 1 号）

为规范 12325 全国粮食流通监管热线举报处理工作，根据《粮食流通管理条例》和《中央储备粮管理条例》等有关法规政策，国家粮食局制定了《12325 全国粮食流通监管热线举报处理规定（试行）》，现予公告。

国家粮食局

2018 年 2 月 22 日

2.5　通告

我国最新颁布的《党政机关公文处理工作条例》中规定：通告是指"适用于在一定范围内公布应当遵守或者周知的事项"时使用的公文，按照字面意思来理解，通告就是"通知告诉"的意思，就是针对某一特定群体，普遍性地告知。所以，通告是一种知照性的下行文，这种公文在国家机关、社会团体、企事业单位等均可使用，在告知特定范围群体遵守某事项、周知某情况、统一社会言行等时具有很高的使用频率。这一文种具有较强的强制性，其所通告要求遵守的内容都是具有一定的法律效力和约束力的事项，但就通告本身来讲，并不具有法律约束力，它只是一种公文文种，通过这一文种，将具有法律约束力或者行政约束力的需要周知的某些事项告知特定群体，同时需要注意的是，拟制通告时不能越权发布。

2.5.1　通告的特征及种类

通告这种公文具有很强的周知性、政策宣告性、公开性和范围广泛性。一般情况下，这种公文都会在公共场所的宣传栏、报纸、网络等媒体进行发布，发布通告的目的是让社会周知某事项、了解新情况、遵守某规定或者就某情况统一言行等。比如，《民航局关于落实航班正常管理措施有关情况的通告》，这个通告就是针对航班正常管理措施实施过程中出现的新情况、新问题而向特定群体进行周知的知照性通告。

根据用途和内容不同，通告可以分为重大事项通告、专门工作性通告、法律法规性通告等。

2.5.2 通告的写作格式

通告的写作符合一般意义上公文的写作结构，即主要由标题、发文字号（或者发文时间）、正文、落款等部分组成。

1. 标题

通告标题的构成一般有以下四种情况：

第一种是由"制发机关＋事由＋文种"组成。例如，《工业和信息化部关于移动通信转售业务正式商用的通告》。

第二种是由"事由＋文种"组成。例如，《关于发布超声软组织切割止血系统注册技术审查指导原则的通告》。

第三种是由"发文机关＋文种"组成。例如，《食品药品监督管理总局通告》。

第四种是只写"通告"两字。当采用这种形式的标题时，一定要在落款处注明制发机关。

2. 发文字号

通告的发文字号按照一般规则进行书写，有时候在标题下方不写发文字号，而是写发文日期和编号，并用六角括号括起来。比如：

市场监管总局关于 4 批次食品不合格情况的通告

〔2018 年第 8 号〕

3. 正文

正文是通告的核心部分，其写法要依具体内容而定，一般情况下，要写明制发通告的依据、原因、目的、要求、事项等内容。同样，为了简明直观，可以采取分段式书写，第一段用简明的语言写明制发通告的依据、原因、目的；第二段写明通告的具体事项、要求等；第三段用"特此通告"等作为结束语。

4. 落款

通告的落款按照一般行文格式进行书写，安排在正文右下角位置，需要注意的是，如果在标题的正下方已经注明了作出通告的机构和时间，则通告的落款可以省略。

2.5.3 注意事项

1. 注意通告与通知的区别

通告具有强制性，它所告知的内容一般是比较重大的、需要大家共同遵守或者执行的，在写法上要求简明扼要，主要使用报栏张贴、报刊刊载、网络上传等方式进行公布；而通知则是一种安排工作、周知事项、要求执行任务等的普通公文，主要以明文方式进行印发。从这里可以看出，通告比通知更具有政策性和强制性，要求一定范围内的受众必须执行；而通知只是起到工作指导、帮扶等作用。

2. 注意通告与通报的区别

通告没有一定的感情色彩；而通报则明显具有一定的感情色彩，通报适用于表扬或者批评时，受众可以是人，也可以是某机关，而且通报是上级对下级使用的公文。

3. 注意通告与公告的区别

通告的适用范围一般为国内，制发机关没有严格的限制；而公告则适用于向国内外宣布重要事项或法定事项，制发机关级别具有严格的限制。

2.5.4 知照性通告

范例2-23

关于落实航班正常管理措施有关情况的通告

各运输航空公司、运输机场公司：

根据《民航局关于印发〈航班正常考核指标和限制措施〉的通知》（民航发〔2017〕156号）的相关要求，现做出如下决定：

一、暂停受理部分国内客运航空公司在时刻协调和协导机场新增或调整预先飞行计划申请（详见本通告附表）。

二、自4月27日起至7月31日，停止受理泰国亚洲大西洋航空、巴基斯坦沙欣航空、巴基斯坦航空的客运加班、包机和新增航线航班申请。奥凯航空、龙江航空、阿富汗航空、加拿大航空、塔吉克斯坦索蒙航空因 2 月数据不达标，自 4 月 27 日起至 6 月 30 日，停止受理其客运加班、包机和新增航线航班申请。

三、给予深圳航空、奥凯航空、九元航空、马尔代夫航空、阿富汗航空、巴基斯坦航空通报批评。

四、自 5 月 1 日起，恢复受理土库曼航空的客运加班、包机和新增航线航班申请。

五、自 5 月 1 日起，恢复受理航空公司在浦东机场的客运加班、包机和新增航线航班申请。

运 输 司

2018 年 4 月 28 日

📖 范例 2-24

市场监管总局关于 4 批次食品不合格情况的通告
〔2018 年第 8 号〕

近期，原国家食品药品监督管理总局组织抽检调味品、水果制品、乳制品和蛋制品等 4 类食品 474 批次样品，抽样检验项目合格样品 470 批次，不合格样品 4 批次，检测项目见附件。根据食品安全国家标准，个别项目不合格，其产品即判定为不合格产品。具体情况通告如下：

一、总体情况：调味品 108 批次，不合格样品 1 批次。水果制品 135 批次，不合格样品 1 批次。乳制品 166 批次，不合格样品 1 批次。蛋制品 65 批次，不合格样品 1 批次。

二、不合格产品情况如下：

（一）北国商城股份有限公司销售的标称鸡泽县天下红辣椒有限公司生产的牛肉焖香豆（油辣椒），防腐剂混合使用时各自用量占其最大使用量的比例之和检出值为 1.2，比国家标准规定（不超过 1）高出 20.0%。初检机构为中国检验检疫科学研究院综合检测中心，复检机构为河北省食品检验研究院。

（二）京东熊孩子食品旗舰店（经营者为广西南宁品亚商贸有限公司）在京东商城（网站）销售的标称广西南宁品亚商贸有限公司生产的山楂条，苯甲酸、山梨酸各自用量占其最大使用量的比例之和检出值为 1.3，比国家标准规定（不超过 1）高出 30.0%；苯甲酸及其钠盐（以苯甲酸计）检出值为 0.669g/kg，比国家标准规定（不超过 0.5g/kg）高出 33.8%。初检机构为福建省产品质量检验研究院，复检机构为广西出入境检验检疫局检验检疫技术中心。

…………

特此通告。

附件：1. 本次检验项目
      2. 部分不合格项目的小知识
      3. 调味品监督抽检不合格产品信息

…………

市场监管总局

2018 年 5 月 7 日

2.5.5　重大事项通告

范例 2-25

工业和信息化部关于移动通信转售业务正式商用的通告

工信部通信〔2018〕70 号

为鼓励移动通信业务和服务创新，提升移动通信市场竞争层次和服务水平，经总结评估，决定自 2018 年 5 月 1 日起，将移动通信转售业务由试点转为正式商用。有关事项通告如下：

一、在中华人民共和国境内依法设立的民营企业、国有企业、外商投资企业可以申请经营移动通信转售业务。

二、申请经营移动通信转售业务的企业，应当按照《中华人民共和国电信条例》《外商投资电信企业管理规定》《电信业务经营许可管理办法》等有关规定，向工业和信息化部或者省、自治区、直辖市通信管理局（以下统称电信管理机构）提交申请材料，申请相应电信业务经营许可证。

…………

五、试点企业有以下情形之一的，进入退出程序：

（一）因自身原因，决定不再经营的；

（二）基础电信企业与试点企业终止合作，试点企业不能继续经营的；

（三）自本通告发布之日起 2 年内未更换电信业务经营许可证的；

………

十六、转售企业违反《全国人民代表大会常务委员会关于加强网络信息保护的决定》《网络安全法》《反恐怖主义法》《电信条例》《电信业务经营许可管理办法》《关于防范和打击电信网络诈骗犯罪的通告》等相关法律法规以及本通告规定的，由电信管理机构依法进行查处；情节严重的，依法吊销电信业务经营许可证，对试点企业取消移动通信转售业务试点资格。

十七、电信管理机构应紧密跟踪、分析移动通信转售业务发展情况，及时解决市场问题，规范企业经营行为；加强市场监督检查，强化网络和信息安全监管，切实保障用户合法权益，为转售企业健康发展营造良好环境。

工业和信息化部

2018 年 4 月 28 日

范例 2-26

公安部关于规范电动车停放充电加强火灾防范的通告

为预防电动车引发火灾，保护人身财产安全，维护公共安全，根据《中华人民共和国消防法》等法律法规，现就加强电动车停放、充电火灾防范工作通告如下：

一、充分认识电动车火灾危害。近年来，我国电动车火灾事故频发，并呈逐年增长趋势，起火原因主要为电气故障。电动车大多在室内停放和充电，有的甚至停放在走道、楼梯间等公共区域，由于电动车车体大部分为易燃可燃材料，一旦起火，燃烧速度快，并产生大量有毒烟气，人员逃生困难，极易造成伤亡。2011 年 4 月 25 日，北京市大兴区旧宫镇一民房发生火灾，造成 18 人死亡；2017 年 9 月 25 日，浙江省台州市玉环市一群租房发生火灾，造成 11 人死亡，这些都是室内电动车电气故障引发的，教训十分惨痛。

二、落实停放充电管理责任。对于有物业服务企业或者主管单位的住宅小区、楼院，物业服务企业、主管单位应当依据《物业管理条例》等有关规定，对管理区域内电动车停放、充电实施消防安全管理；对于没有物业服务企业或者主管单位的，辖区乡镇人民政府、街道办事处应当按照《中华人民共和国消防法》和国务院办公厅印发的《消防安全责任制实施办法》等规范性文件，指导帮助村民委员会、居民委员会确定电动车停放、充电消防安全管理人员，落实管理责任。有条件的住宅小区、楼院，应当结合实际设置电动车集中停放及充电场所。

⋯⋯⋯⋯⋯

五、加强消防安全宣传教育。物业服务企业、主管单位和村民委员会、居民委员会，应当加强电动车停放充电引发火灾的防范常识宣传和典型火灾案例警示教育，引导群众增强消防安全意识，并按要求停放电动车和为电动车充电。一旦遇到电动车火灾切勿盲目逃生，要选择正确的逃生路线和方法。

公民应当自觉遵守消防法律法规和消防安全管理规定，发现电动车火灾隐患和消防安全违法行为时，要及时拨打"96119"举报电话或者通过有效途径，向公安机关举报。

本通告所称的电动车包括电动自行车、电动摩托车和电动三轮车。

对违反本通告的行为，构成违反消防管理行为的，公安机关将依法予以处罚；引起火灾，造成严重后果，构成犯罪的，依法追究刑事责任。

特此通告。

中华人民共和国公安部

2017 年 12 月 29 日

2.5.6　专门工作性通告

范例2-27

关于发布超声软组织切割止血系统注册技术审查指导原则的通告
（2018 年第 37 号）

为加强医疗器械产品注册工作的监督和指导，进一步提高注册审查质量，国家食品药品监督管理总局组织制定了《超声软组织切割止血系统注册技术审查指导原则》，现予发布。

特此通告。

附件：超声软组织切割止血系统注册技术审查指导原则

食品药品监管总局

2018 年 2 月 11 日

📄 范例 2-28 --

关于《保险公司股权管理办法》公开征求意见情况的通告

保监公告〔2018〕7 号

　　为了落实党中央、国务院指示精神，加强股权监管，弥补监管短板，做好保险公司治理监管的基础性工作，保监会对《保险公司股权管理办法》（以下简称《办法》）进行了修改，先后形成两次征求意见稿，分别于 2016 年 12 月 29 日至 2017 年 1 月 31 日、2017 年 7 月 20 日至 2017 年 8 月 21 日通过保监会官方网站，以及 2016 年 12 月 30 日至 2017 年 1 月 31 日、2017 年 7 月 24 日至 2017 年 8 月 24 日通过"中国政府法制信息网"向社会公开征求意见。

　　征求意见期间，我会通过网络、传真、信件等方式收到各类反馈意见 20 余条，各界普遍认为修改工作深入贯彻了全国金融工作会议精神，有利于强化保险公司股权监管，规范保险公司股东行为。各界对征求意见稿提出的意见和建议主要集中在明确相关概念的判断标准、完善《办法》的适用规则等方面。我们对各方意见均认真研究梳理，充分吸收采纳。在此，对社会各界的关心和支持一并表示感谢。

2.6　通报 ✏

　　我国最新颁布的《党政机关公文处理工作条例》中规定：通报是指"适用于表彰先进、批评错误、传达重要精神和告知重要情况"时使用的公文，即一种带有较强感情色彩的公文，当有重要精神需要传达，或者就某事项对某人或者某单位进行表彰、批评时，通常会用这种公文进行传达。这种公文所承载的往往是具有警示教育意义的事件，或者需要动员学习、发扬光大的行为和事件。很明显，这是一种下行文，其使用范围比较广泛，一般情况下，上到国家级单位，下到普通基层单位，都可以在实际工作中视情况使用。

2.6.1　通报的特征及种类

　　通报的使用范围非常广泛，这种公文具有较强的真实性、政治性、典型性和教育性，一般在通报批评、表彰先进、传达重要精神或者交流重要情况时使用，它所叙述的 定是具有非常强的典型性、教育性、警示性、指导性、针对性的事项，通过对这一文种的正确使用，能够达到表扬先进典型、促进学习交流、批评错误倾向、传达精神经验等目的。

根据通报的用途和内容不同，可以分为表彰性通报、批评性通报、传达性通报等多种类型。

2.6.2 通报的写作格式

通报的写作符合一般意义上公文的写作结构，即主要由标题、主送机关、正文、落款几个部分组成。

1. 标题

通报标题的构成一般分为以下三种情况：

第一种是由"制发机关＋事由＋文种"组成。例如，《人民银行关于 2018 年一季度网站抽查情况的通报》。

第二种是由"事由＋文种"组成。例如，《关于国资委网站第一季度抽查情况的通报》。

第三种是只写"通报"两字。当采用这种标题形式时，一定要在落款处注明制发机关。

2. 主送机关

通报的主送机关要按照一般行文格式书写，置于标题下方、正文上方，靠左顶格写，有一些普发性通报可以不写主送机关。

3. 正文

正文是通报的核心部分，一般分为开头、主体和结尾等几个部分。这一文种具有很强的教育意义和很强的严肃性与权威性，因此在拟制的时候，语言一定要简洁明了，尽量不要使用修饰、夸大或者隐晦的语言，以免引起误解甚至曲解，导致削弱其教育意义和权威性。为了使通报的内容简洁明了，最大限度地体现其教育意义，可以根据实际情况，采用分段书写的方法，一段一个意思，这样就会使通报清晰直观，教育性、可读性强。一般情况下，第一段要写明拟制通报的依据、原因、目的等；第二段要写明通报的具体事项，因为这一段内容比较多，所以书写的时候要注意语言的严谨性和精确性，既要详细写明通报事项的具体情况，又要说明应该从通报事项中吸取的具体教训，还要写清对通报事项的具体处理方法、处理决定以及对受众的具体要求，这里可以掺杂拟制者对所通报的事项的具体评论，但是评论的时候一定要就事论事，一定要对所通报事项本身进行评论，不能对所通报事项以外的事项进行评论，以便受众能够明确制发机关对所通报事件的具体态度和要求，从而达到启发教育、引导学习的目的。

4. 落款

通报的落款按照一般行文格式进行书写，安排在正文右下角的位置。需要注意的是，如果在标题的正下方已经注明了作出通报的机构和时间，则通报的落款可以省略。

2.6.3　注意事项

1. 注意所通报事项的正确选择

并不是所有事项都可以用通报这一文种进行处理，通报所处理的必须是具有典型的教育意义、警示意义或者重要精神方面的事项，发布通报的目的就是要教育警示人们提高认识、统一思想、端正态度、明辨是非。因此，在对所通报事项的材料选择上，一定要慎重，首先要具有典型性，其次要具有真实性。材料要真实，调查要深入，措辞要严谨，表达要准确，如果不加选择、不分轻重，那么就会严重削弱这一文种的教育警示意义；如果语言模糊、模棱两可，不但不能达到预期的效果，反而可能会背离初衷。

2. 注意所通报事项的时效性

事物的发展都具有时效性，受众对某事项的关注也有一个具体的热度期。因此，当发生某具体事项需要进行通报时，一定要及时进行拟制发布，否则，当受众对此事项的关注热度降低后再发布通报，就会使其教育警示意义大打折扣，无法起到相应的教育警示作用。

2.6.4 传达性通报

范例2-29

关于国资委网站第一季度抽查情况的通报

按照《国务院办公厅秘书局关于2017年第四季度全国政府网站抽查情况的通报》（国办秘函〔2018〕8号，以下简称《通报》）要求，我委对国资委门户网站进行了抽查，现将抽查情况通报如下：

一、检查情况及发现的问题

《通报》印发以来，我委以全国政府网站普查评分表为依据，对我委官网和有色、建材、石化离退休干部局共4个门户网站进行了自查和抽查，包括站点访问情况、各栏目信息更新情况、互动回应情况、服务实用情况等。本次检查发现的主要问题是：

（一）更新不够及时。4个门户网站中，国资委官网、石化离退休干部局2个网站个别栏目存在更新不及时现象。

…………

二、整改措施

1.推进规范建设。针对本次检查发现的问题，我们立即与相关单位沟通，要求及时更新相关信息；及时检查维护网站服务器，杜绝闪断现象，改善网速服务；加强图片规范发布，按照统一规范和业务流程，做好对3个离退休干部局相关人员的学习培训；在建材离退休干部局网站增设老干部宣讲之窗栏目；优化石化离退休干部局网站子栏目设置，增设了3个子栏目、变更1个活动专栏。

2.用好第三方平台。分析研究第三方公司对网站访问情况、链接情况扫描的检查结果，做到第一时间发现问题并整改。

…………

此外，根据国办要求安排专人查看中国政府网，做到国务院重要信息、重要文件发布后及时转发。下一步，我们将进一步加强建设、强化管理，维护运行好我委网站。

2.6.5　批评性通报

🗐 **范例2-30**

民政部社会组织管理局关于对 ×××××× 等 6 家协会

违规涉企收费进行批评的通报

近年来，党中央、国务院高度重视清理规范涉企收费、减轻企业负担工作。民政部认真贯彻落实党中央、国务院关于清理规范行业协会商会涉企收费的决策部署，印发了《关于进一步规范社会团体涉企收费等行为 切实减轻企业负担的通知》（民发〔2017〕139号），会同发展改革委、财政部、国资委出台了《关于进一步规范行业协会商会收费管理的意见》（发改经体〔2017〕1999号），加大了对涉企收费违规线索的查处执法力度。但是仍有一些行业协会商会置若罔闻、我行我素，甚至顶风违规收费，社会影响恶劣。为进一步严肃政令规定，发挥违规案例的警示教育作用，根据国务院减轻企业负担工作简报（2017年第36期 总第175期）刊登的关于审计署发布的有关审计结果公告，现将其中6家协会违规开展评比表彰收费案例通报如下：

一、××××××××。××××年××月至××××年××月，×××××××× 所属 ×××××××××××× 工作办公室违反《×××××××××× 管理办法》（××××年科技部第××号令）关于"社会力量设奖在评审和奖励活动中不得向候选人或者候选单位收取任何费用"的规定，在××××××××××× 评选活动中，违规向获奖单位收取证书工本费等××××××× 万元。

二、××××××××。××××年××月至××××年××月，××××××× 违反《社会组织评比达标表彰活动管理暂行规定》（国评组发〔2012〕2号）关于"评比表彰坚持非营利性原则……不得在评选前后收取各种相关费用或通过其他方式变相收费"的规定，违规开展评比达标表彰活动并向参评企业收取推广宣传费 ××× 万元。

…………

针对上述6家协会违规收费问题，民政部门会同有关部门对涉嫌违规收费线索认真进行核查，做出了严肃处理……

大力清理规范行业协会商会涉企乱收费，充分体现了党中央、国务院关于改善我国营商环境、切实减轻企业负担、推动企业转型提质增效的坚定决心。各地区、各单位、各行业协会商会要提高政治站位，树立大局意识，把清理规范涉企收费作为一项重要政治任务来对待，做到小道理服从大道理，做到有令必行、有禁必止，确保党中央、国务院重大决策部署和相关政策规定落到实处。要加大监管执法查处力度，对违法违规收费行为，发现一起，查处一起、曝光一起、通报批评一起，切实减轻企业负担，助力我国经济社会健康发展。

民政部社会组织管理局

××××年××月××日

2.6.6 表扬性通报

📄 范例2-31

国务院办公厅关于对2017年落实
有关重大政策措施真抓实干成效明显地方
予以督查激励的通报
国办发〔2018〕28号

各省、自治区、直辖市人民政府，国务院各部委、各直属机构：

为进一步加大正向激励，充分调动和激发各地从实际出发干事创业的积极性、主动性和创造性，推动形成主动作为、竞相发展的生动局面，根据《国务院办公厅关于对真抓实干成效明显地方加大激励支持力度的通知》（国办发〔2016〕82号），结合国务院大督查、专项督查和部门日常督查情况，经国务院同意，对2017年落实推进供给侧结构性改革、适度扩大总需求、深化创新驱动、优化营商环境、保障和改善民生等有关重大政策措施真抓实干、取得明显成效的25个省（区、市）、82个市（地、州、盟）、116个县（市、区、旗）等予以督查激励，相应采取24项奖励支持措施。希望受到督查激励的地方珍惜荣誉，再接再厉，取得新的更大成绩。

2018年是全面贯彻党的十九大精神的开局之年，是改革开放40周年，是决胜全面建成小康社会、实施"十三五"规划承上启下的关键一年。各地区、各部门要更加紧密地团结在以习近平同志为核心的党中央周围，高举中国特色社会主义伟大旗帜，以习近平新时代中国特色社会主义思想为指导，全面深入贯彻党的十九大和十九届二中、三中全会精神，坚持稳中求进工作总基调，坚持新发展理念，坚持以供给侧结构性改革为主线，围绕大力推动高质量发展、加大改革开放力度、打好三大攻坚战，锐意进取、积极作为，真抓实干、埋头苦干，以钉钉子精神狠抓各项工作落实，确保党中央、国务院决策部署不折不扣落实到位，圆满完成全年经济社会发展主要目标任务，为决胜全面建成小康社会、夺取新时代中国特色社会主义伟大胜利作出新的贡献。

附件：2017 年落实有关重大政策措施真抓实干成效明显的地方名单及激励措施

国务院办公厅

2018 年 4 月 28 日

2.7　决议

我国最新颁布的《党政机关公文处理工作条例》中规定：决议是指"适用于会议讨论通过的重大决策事项"公布时使用的公文，不难发现，此文种更多体现在党政机关对某重大事项进行集体会议讨论而达成的一致意见，然后以公文形式进行表达，通常在经过会议研究或者民主表决后形成决议，需要发布相关决策结果时使用。2012 年，新的《党政机关公文处理工作条例》颁布之前，决议这一文种属于党务公文范围，在行政公文范围内并没有这一文种，2012 年新的条例颁布后，将行政与党务公文进行了合并使用。

2.7.1　决议的特征及种类

不难发现，决议属于下行文，在我国的党政机关或者企事业单位等都有广泛的应用，这种文种具有很强的决策性、指导性、权威性和程序性，必须经过会议集体讨论决定才可以形成。同时，正因为是经过会议集体讨论形成的，所以一旦形成，就具有了很强的权威性和执行性，要求相关单位和人员必须无条件地严格执行，并对相关单位和人员具有某方面的指导意义。对这一文种的合理使用，可以有效地提高党政机关和企事业单位执行某事项的权威性和严肃性，同时对下属机关执行该事项也具有很好的指导意义。

根据用途和内容不同，决议可以分为部署性决议、批准性决议和综合性决议等类型。

2.7.2 决议的写作格式

决议的写作符合一般意义上公文的写作结构，即主要由标题、成文日期、正文、落款几个部分组成。

1. 标题

决议标题的构成一般分为以下三种情况：

第一种是由"制发机关＋事由＋文种"组成。例如，《第十三届全国人民代表大会第一次会议关于最高人民检察院工作报告的决议》。

第二种是由"会议名称＋主要内容＋文种"组成。比如，《第十三届全国人民代表大会第一次会议关于 2017 年国民经济和社会发展计划执行情况与 2018 年国民经济和社会发展计划的决议》。

第三种主要由"内容＋文种"构成。例如，《关于 ××××××× 的决议》。

2. 成文日期

决议的成文日期按照一般的行文格式进行书写，置于标题正下方，写清楚年、月、日和通过决议的会议名称，并用圆括号括起来。比如：

中国人民政治协商会议第十三届全国委员会第一次会议政治决议
（2018 年 3 月 15 日政协第十三届全国委员会第一次会议通过）

3. 正文

正文是决议的核心部分，一般分为开头、主体和结尾几个部分。决议的写法符合一般公文的写法要求，采取分段写法。第一段先写明拟制决议的依据、原因和目的等问题；第二段写清楚决议的具体事项，这一部分如果内容较多，可以采取分段、分条或者分项的方式进行书写，一段或者一条为一项内容，以使内容简洁明了、清晰易懂；第三段对受文者提出相应的希望，篇幅不要过长，有说服力即可。

4. 落款

决议的落款按照一般行文格式进行书写，安排在正文右下角位置，需要注意的是，如果在标题的正下方已经注明了作出决议的机构和时间，则决议的落款可以省略。

2.7.3　注意事项

1. 语言要简洁明了

决议是经过会议集体研究决定的，具有较强的权威性和严肃性，因此在拟制决议时，语言一定要严肃庄重、简明精确，以维护决议的权威性和严肃性。

2. 注意决议与决定的区别

决议的概括性、原则性比较强，是上级将经过会议集体研究作出的决策以决议的方式下发，要求有关单位和人员严格执行的文种，是下级机关和人员执行有关事项的依据，一般情况下，这种文种需要公开发布；而决定是经过班子成员商量决定的，有时候也是领导机关作出的，可以公开发布，有时候不需要公开发布，是下级机关行动的准则。

2.7.4　批准性决议

▣ 范例 2-32

第十三届全国人民代表大会第一次会议
关于最高人民检察院工作报告的决议
（2018 年 3 月 20 日第十三届全国人民代表大会第一次会议通过）

第十三届全国人民代表大会第一次会议听取和审议了最高人民检察院检察长曹建明所作的工作报告。会议充分肯定最高人民检察院过去五年的工作，同意报告提出的 2018 年工作建议，决定批准这个报告。

会议要求，最高人民检察院要在以习近平同志为核心的党中央坚强领导下，高举中国特色社会主义伟大旗帜，以习近平新时代中国特色社会主义思想为指导，全面贯彻党的十九大和十九届一中、二中、三中全会精神，坚持和加强党的全面领导，坚持以人民为中心的发展思想，围绕统筹推进"五位一体"总体布局和协调推进"四个全面"战略布局，忠实履行宪法法律赋予的职责，深化司法体制改革，推进平安中国、法治中国建设，加强人民检察院过硬队伍建设，充分发挥检察机关职能作用，维护国家政治安全，确保社会大局稳定，促进社会公平正义，保障人民安居乐业，为决胜全面建成小康社会、夺取新时代中国特色社会主义伟大胜利、实现中华民族伟大复兴的中国梦提供有力司法保障。

范例2-33

第十三届全国人民代表大会第一次会议关于2017年国民经济和社会发展计划执行情况与2018年国民经济和社会发展计划的决议

（2018年3月20日第十三届全国人民代表大会第一次会议通过）

第十三届全国人民代表大会第一次会议审查了国务院提出的《关于2017年国民经济和社会发展计划执行情况与2018年国民经济和社会发展计划草案的报告》及2018年国民经济和社会发展计划草案，同意全国人民代表大会财政经济委员会的审查结果报告。会议决定，批准《关于2017年国民经济和社会发展计划执行情况与2018年国民经济和社会发展计划草案的报告》，批准2018年国民经济和社会发展计划。

2.7.5　部署性决议

范例2-34

中国人民政治协商会议第十三届全国委员会第一次会议政治决议

（2018年3月15日政协第十三届全国委员会第一次会议通过）

中国人民政治协商会议第十三届全国委员会第一次会议，于2018年3月3日至15日在北京举行。

这次会议是在全国各族人民深入学习贯彻习近平新时代中国特色社会主义思想和中共十九大精神，决胜全面建成小康社会、开启全面建设社会主义现代化国家新征程的重要时刻召开的。中共中央总书记、国家主席、中央军委主席习近平等党和国家领导同志出席会议并参加分组讨论，与委员共商国是……是一次承前启后、继往开来的大会，是一次民主团结、求实奋进的大会。

会议认为，过去五年是党和国家发展进程中极不平凡的五年。以习近平同志为核心的中共中央团结带领全党全国各族人民，统揽伟大斗争、伟大工程、伟大事业、伟大梦想，统筹推进"五位一体"总体布局，协调推进"四个全面"战略布局，党和国家事业取得历史性成就、发生历史性变革，中国特色社会主义进入了新时代。政协第十二届全国委员会及其常务委员会全面贯彻中共中央决策部署，深入学习贯彻习近平新时代中国特色社会主义思想，坚持团结和民主两大主题，坚持围绕中心、服务大局，推动人民政协事业在继承中发展、在发展中创新，开拓了团结民主、务实进取、蓬勃发展的新局面，在党和国家事业发展中发挥了不可替代的重要作用、作出了重要贡献。

···········

会议号召，人民政协各级组织、各参加单位和广大政协委员，更加紧密地团结在以习近平同志为核心的中共中央周围，以习近平新时代中国特色社会主义思想为指导，同心同德、扎实工作，为决胜全面建成小康社会、夺取新时代中国特色社会主义伟大胜利、实现中华民族伟大复兴的中国梦而努力奋斗！

2.7.6　综合性决议

📄 **范例 2-35**

第十三届全国人民代表大会第一次会议关于政府工作报告的决议
（2018 年 3 月 20 日第十三届全国人民代表大会第一次会议通过）

第十三届全国人民代表大会第一次会议听取和审议了国务院总理李克强所作的政府工作报告。会议高度评价过去五年我国经济社会发展取得的历史性成就、发生的历史性变革，充分肯定国务院过去五年的工作，同意报告提出的2018 年经济社会发展总体要求、政策取向和对政府工作的建议，决定批准这个报告。

会议号召，全国各族人民更加紧密地团结在以习近平同志为核心的党中央周围，高举中国特色社会主义伟大旗帜，以习近平新时代中国特色社会主义思想为指导，全面贯彻党的十九大和十九届一中、二中、三中全会精神，坚持和加强党的全面领导，坚持稳中求进工作总基调，坚持新发展理念，紧扣我国社会主要矛盾变化，按照高质量发展的要求，统筹推进"五位一体"总体布局和协调推进"四个全面"战略布局，坚持以推进供给侧结构性改革为主线，统筹推进稳增长、促改革、调结构、惠民生、防风险各项工作，大力推进改革开放，创新和完善宏观调控，推动质量变革、效率变革、动力变革，在打好防范化解重大风险、精准脱贫、污染防治三大攻坚战方面取得扎实进展，引导和稳定预期，加强和改善民生，促进经济社会持续健康发展，锐意进取，埋头苦干，为决胜全面建成小康社会、夺取新时代中国特色社会主义伟大胜利，为把我国建设成为富强民主文明和谐美丽的社会主义现代化强国、实现中华民族伟大复兴的中国梦努力奋斗！

2.8 公报

我国最新颁布的《党政机关公文处理工作条例》中规定：公报是指"适用于公布重要决定或者重大事项"时使用的公文，也就是说，公报是用于向全国人民告知重大事项的一种公文。当涉及需要全国人民周知的一些重大事项或者重大决定时，我国的党政机关以公报的形式，向社会进行公布，大多数情况下，这种公文会以"新闻公报"的形式出现，但这种公文并不只有"新闻公报"这一种形式，有时还会以"联合公报""会谈公报"等形式出现。

2.8.1 公报的特征及种类

公报是一种既有下行文特点又有平行文特点的公文，因为它所公报的内容并不只是需要下级群众了解，而是需要全国人民都知晓的，它的受众是全国人民。公报的使用比较频繁，涉及的范围也是比较广泛的，这一文种具有很强的权威性、严肃性和新闻性，尤其是新闻性。通常人们都会把这种公文理解成一种"新闻"，因此，新闻性也成为这种公文的一个显著特征。它所公报的内容都是新近发生的、具有重大意义的、人民群众比较关心的、需要全国人民周知的一些重大事项或者重大决定。因此，公报在拟制过程中也就有了时间性、紧迫性等特点，而且所公报的内容必须绝对真实。

2.8.2 公报的写作格式

公报的写作符合一般意义上公文的写作结构，即主要由标题、成文日期（或者发文字号）、正文、落款几个部分组成。

1. 标题

公报标题的构成一般分为以下几种情况：

第一种是由"会议名称＋文种"组成。例如，《上海合作组织成员国国防部长会议联合公报》。

第二种是直接写成"新闻公报"的形式。

第三种是由"制发机关简称＋事由＋文种"组成，这种形式的公报常见于联合公报的情况。例如，《中华人民共和国和多米尼加共和国关于建立外交关系的联合公报》。

2. 成文日期

公报的成文日期（或者发文字号）按照一般行文格式进行书写，具体采用哪种形式，依具体行文内容确定；如果是发文日期，公报的成文日期（或者发文字号）按照正常的格式进行书写，具体采用哪种形式，按照具体行文内容进行确定，置于标题正下方。比如：

2017 年中国残疾人事业发展统计公报

残联发〔2018〕24 号

3. 正文

正文是公报的核心部分，一般分为开头和主体。公报的写法符合一般性公文写法要求，采取分段写法。

开头部分要按照不同类型的公报进行相应的调整，一般情况下，如果是会议性质的公报，要在开头部分交代清楚会议的时间、地点、人物等信息；如果是重大事项性的公报，要在开头部分简明扼要地交代清楚这个事项的核心内容是什么。其实，这种开头的写法非常类似于新闻工作中消息的写法。

在主体部分，要用精练、准确、详细的语言真实地写清楚公报所需要表达的内容。为了最大限度地达到公报内容清晰直观、易懂易读的目的，可以采用分条的方式进行书写，干净利落，绝不拖泥带水；如果内容比较多，也可以采用编号的形式。总之，一定要精练简短、真实准确、易懂易读。

4. 落款

公报的落款要视情况而定。一般情况下，重大事项性公报和会议性公报没有落款，因为标题下方已经标注了信息；如果标题下方没有相关信息，要按照一般行文格式进行落款，注明制发机关和日期；如果是联合公报，需要在正文后面落款位置注明双方签署人的身份、姓名。

2.8.3 注意事项

1. 事项的准确性

拟制发布公报的时候，所涉及的事项必须绝对真实准确，绝不容许有丝毫的不实信息，真实性是公报的"第一生命"。

2. 内容的简洁性

有时候公报的内容比较多，这时就需要在所有的内容中提炼核心思想和主要内容，争取用最简洁明了、真实精准的语言将公报所需要报道的内容提炼出来，条理要清晰明确。

3. 注意公报与公告的区别

公告是以国家的名义，就某重大事项面向国内外进行公布，社会团体、企事业单位和基层组织一般不使用这一文种。当然，就目前来看，这种公文的使用界限并不清晰，很多地方的机构在公开告知一些事项时，也经常使用公告这一文种。而公报是就某重大事项或者重大决定面向国内人民进行公布，带有明显的新闻属性，当然，也可以是两个及以上的国家、政府或者团体就某重大事项达成一致意见后进行的联合公报。

2.8.4 会议性公报

📋 范例2-36 --

上海合作组织成员国外长理事会会议新闻公报

2018年4月24日，上海合作组织（以下简称"上合组织"或"本组织"）成员国外交部长理事会例行会议在北京举行。印度共和国外交部长斯瓦拉杰、哈萨克斯坦共和国外交部长阿布德拉赫曼诺夫、中华人民共和国国务委员兼外交部长王毅、吉尔吉斯共和国外交部长阿布德尔达耶夫、巴基斯坦伊斯兰共和国外交部长阿西夫、俄罗斯联邦外交部长拉夫罗夫、塔吉克斯坦共和国外交部长阿斯洛夫、乌兹别克斯坦共和国外交部长卡米洛夫及上合组织秘书长阿利莫夫和上合组织地区反恐怖机构执行委员会主任瑟索耶夫出席会议。

会议由中华人民共和国国务委员兼外交部长王毅主持。

中华人民共和国主席习近平集体会见了代表团团长。

外长们指出 2017 年 6 月 8 日至 9 日在阿斯塔纳举行的上合组织成员国元首理事会会议和 2017 年 11 月 30 日至 12 月 1 日在索契举行的上合组织成员国政府首脑（总理）理事会会议成果落实进展，认为上合组织在遵循互信、互利、平等、协商、尊重多样文明、谋求共同发展的"上海精神"基础上，成为具有威望的新型国际组织以及国际关系体系中有影响力的参与者。

…………

外长们高度评价中方作为主席国为筹备上合组织成员国元首理事会青岛会议所做的工作，相信青岛峰会成果将为进一步加强上合组织成员国睦邻友好、团结互信及互利合作作出应有贡献。

会议在上合组织成员国间传统的友好、相互理解的氛围中进行。

📑 范例 2-37

上海合作组织成员国国防部长会议联合公报

上海合作组织（以下称"上合组织"或"本组织"）成员国国防部长会议（以下称"会议"）于 2018 年 4 月 24 日在中华人民共和国北京市举行。

印度共和国国防部长尼·希塔拉曼、哈萨克斯坦共和国国防部长萨·扎苏扎科夫上将、中华人民共和国国务委员兼国防部长魏凤和上将、吉尔吉斯共和国武装力量总参谋长拉·杜伊申比耶夫少将、巴基斯坦伊斯兰共和国国防部长库勒姆·汗、俄罗斯联邦国防部长谢·绍伊古大将、塔吉克斯坦共和国国防部长舍·米尔佐上将和乌兹别克斯坦共和国国防部长阿·阿济佐夫少将（上述防务部门领导人简称"部长们"）参加了会议。白俄罗斯共和国国防部长安·拉夫科夫中将作为主席国嘉宾列席会议。

上合组织副秘书长努·阿科什卡洛夫、上合组织地区反恐怖机构执行委员会副主任朱·吉约索夫参加了会议。

…………

部长们高度评价中华人民共和国国防部为准备和成功举行此次会议付出的巨大努力，感谢中方的盛情接待和提供的良好工作条件。

部长们决定，2019年上合组织成员国国防部长会议在吉尔吉斯共和国举行。

2.8.5 联合公报

范例2-38

中华人民共和国和多米尼加共和国关于建立外交关系的联合公报

中华人民共和国和多米尼加共和国，根据两国人民的利益和愿望，决定自公报签署之日起相互承认并建立大使级外交关系。

两国政府同意在互相尊重主权和领土完整、互不侵犯、互不干涉内政、平等互利、和平共处的原则基础上发展两国友好关系。

多米尼加共和国政府承认世界上只有一个中国，中华人民共和国政府是代表全中国的唯一合法政府，台湾是中国领土不可分割的一部分。据此，多米尼加共和国政府即日断绝同台湾的"外交关系"。中华人民共和国政府对多米尼加共和国政府的上述立场表示赞赏。

中华人民共和国政府和多米尼加共和国政府商定，将根据1961年《维也纳外交关系公约》规定和国际惯例，尽早互派大使，并在对等基础上在各自首都为对方设立使馆和履行职务提供一切必要的协助。

双方签署代表受各自政府授权，于二〇一八年五月一日在北京签署公报中文、西班牙文文本一式两份，两种文本同等作准。

中华人民共和国　　多米尼加共和国
代表　　　　　　　代表

范例2-39

中华人民共和国和汤加王国联合新闻公报

应中华人民共和国主席习近平邀请，汤加王国国王图普六世于2018年2月28日至3月8日对中国进行国事访问。

访问期间，习近平主席同图普六世国王举行会谈。李克强总理会见了图普六世国王。双方就进一步巩固和发展中汤战略伙伴关系及其他共同关心的问题深入交换意见，达成重要共识。图普六世国王一行访问了北京，并将赴浙江、海南和广东访问。

一、汤方祝贺中国共产党第十九次全国代表大会取得圆满成功，祝贺习近平主席再次当选中共中央总书记，祝愿中国人民在习近平总书记领导下继续朝着实现"两个一百年"奋斗目标不断取得新成就。

中方祝贺图普六世国王即位以来汤加在国家建设事业和对外交往合作方面取得的成就，祝愿汤加人民在图普六世国王和汤加政府领导下，在实现国家更好更快发展方面不断取得新成就。

…………

十二、双方对图普六世国王访华取得的积极成果表示满意，一致认为此访对于深化两国政治互信、加强双方务实合作、促进中汤战略伙伴关系发展具有重要意义。图普六世国王对习近平主席、中国政府和中国人民的热情友好接待表示感谢。

二○一八年三月一日于北京

2.8.6　事项性公报

🔲 范例2-40

2017 年中国残疾人事业发展统计公报

残联发〔2018〕24 号

2017 年，在国务院残疾人工作委员会的指导下，全国残联系统深入学习贯彻党的十九大精神，认真贯彻落实党中央、国务院关于残疾人事业发展的一系列重要部署，主动担当，积极作为，推动残疾人事业持续健康发展。

一、康复

2017 年，854.7 万残疾儿童及持证残疾人得到基本康复服务，其中包括 0—6 岁残疾儿童 141239 人。得到康复服务的持证残疾人中，有视力残疾人 88.3 万、听力残疾人 40.7 万、言语残疾人 4.3 万、肢体残疾人 484.6 万、智力残疾人 71.3 万、精神残疾人 125.9 万、多重残疾人 35.5 万。全年共为 244.4 万残疾人提供各类辅助器具适配服务。

截至 2017 年底，全国已有残疾人康复机构 8334 个，其中，提供视力残疾康复服务的机构 1194 个，提供听力言语残疾康复服务的机构 1417 个，提供肢体残疾康复服务的机构 3088 个，提供智力残疾康复服务的机构 2659 个，提供精神残疾康复服务的机构 1695 个，提供孤独症儿童康复服务的机构 1611 个，提供辅助器具服务的机构 1866 个。康复机构在岗人员达 24.6 万人，其中，管理人员 3.1 万人，专业技术人员 16.5 万人，其他人员 5.0 万人。

…………

十一、信息化建设

截至 2017 年底，中国残联门户网站发布稿件约 3.2 万篇，全国 31 个省、276 个地市、1197 个县级残联开通网站。全国残疾人人口基础数据库持证残疾人 3404.0 万人。积极推动残疾人证（智能化）工作，全国共有 21 个省申请智能化残疾人证试点。完成浙江省杭州、宁波市与江苏省苏州市两省三市先行发卡。同时开展残疾证电子证照建设，为"互联网＋残疾人服务"应用奠定技术基础。

中国残疾人联合会

2018 年 4 月 25 日

2.9　意见

我国最新颁布的《党政机关公文处理工作条例》中规定：意见是指"适用于对重要问题提出见解和处理办法"时使用的公文。顾名思义，意见就是上级机关就下级机关所报送的某事项或者某问题提供切实可行的意见建议，以便为下级机关顺利开展工作提供参考和帮助而下发的一种公文。当上级机关需要就某事项、某问题或者某项工作对下级机关进行安排部署的时候，也可以使用这一文种进行沟通。

2.9.1　意见的特征及种类

意见具有很强的针对性、可操作性和强制性，这种公文往往就事论事，其主要作用是针对某一事项或者某个问题表明态度、阐明观点、提出建议、提供指导，一般不涉及本事件以外的其他话题。及时拟制下发这种公文，能够有效促进各项工作的顺利开展。在行文方式上，行文多样是这一文种的一大特点，意见有三种行文样式，可以是下行文，也可以是上行文或者平行文。如果是下行文，则下级机关对上级机关所提出的建议和要求要遵照执行；如果是平行文，则意见内容仅对受文单位起到参考作用，没有实际的约束力；如果是上行文，则上级机关应该对下级机关所报送的意见作出相应的答复。

按照特点和使用方法，意见可以分为答复性意见、具体工作意见、批准性意见等类型。

2.9.2 意见的写作格式

意见的写作符合一般意义上公文的写作结构，主要由标题、主送机关、正文、落款等部分组成。

1. 标题

意见标题的构成一般分为以下两种情况：

第一种是由"制发机关＋事由＋文种"组成。例如，《国务院关于推行终身职业技能培训制度的意见》。

第二种是由"事由＋文种"组成。例如，《关于推进高铁站周边区域合理开发建设的指导意见》。

2. 主送机关

意见的主送机关比较复杂，分为两种情况：第一种是需要转发的意见，第二种是不需要转发的意见。如果是需要转发的意见，在转发的时候，需要将主送机关标注在转发通知中；如果是不需要转发的意见，则需要按照普通公文的写法将主送机关置于标题下方、正文上方，靠左顶格书写。

3. 正文

正文是意见的核心部分，一般分为开头、主体和结尾三个部分。意见的写法符合一般性公文写法要求，采取分段写法。

开头部分要介绍清楚拟制该意见的原因、依据，然后以"现提出如下意见""特制定本处理方法""现提出如下实施意见"等过渡语转入主体部分。主体部分一般采用分条式或者编号式的方式，详细写明对某事项或者某问题的具体看法和态度、见解和指导措施，然后另起一段，提出希望和要求作为结尾。

4. 落款

意见的落款按照一般公文格式进行书写，在正文右下方位置注明签发意见的单位名称和日期，日期要将年、月、日写全，用阿拉伯数字编写。

2.9.3 注意事项

1. 针对性要强

拟制意见的时候，针对性要强，不要牵扯事项之外的话题，语言要精练简洁，不要啰唆。

2. 所提出的措施要具有可行性

所提出的意见和见解一定要有针对性和可行性，对事项的分析要鞭辟入里、透彻明了，语言要严谨慎重、不偏不倚，以便受文机关遵照执行。

2.9.4 指导性意见

📄 范例2-41 --

关于推进高铁站周边区域合理开发建设的指导意见

发改基础〔2018〕514号

各省、自治区、直辖市人民政府，新疆生产建设兵团：

随着我国高速铁路快速发展，沿线地区人民群众出行服务水平得到显著提升。依托高铁车站推进周边区域开发建设，有利于城市空间有效拓展和内部结构整合优化，有利于调整完善产业布局，促进交通、产业、城镇融合发展。近年来，一些地方依托高铁建设的有利条件，积极探索推进高铁车站周边区域开发建设，取得了一定发展成效，有的高铁车站周边区域已经成为城市最具人气和活力、发展最快的地区。但总体上看，我国高铁车站周边区域整体开发建设仍处于起步阶段，各方面对高铁建设和城镇化融合发展研究还不深入，个别地方高铁车站周边开发建设不同程度地存在初期规模过大、功能定位偏高、发展模式较单一、综合配套不完善等问题，对人口和产业吸引力不够，持续健康发展的基础不够牢固，潜藏着一定的社会经济风险。为推进高铁车站周边区域合理开发建设，提出如下意见。

一、总体要求

（一）指导思想。

深入学习贯彻习近平新时代中国特色社会主义思想和党的十九大精神，坚持以人民为中心，坚持稳中求进工作总基调，坚持新发展理念，按照高质量发展要求，深化供给侧结构性改革，加强规划统筹和衔接，严控金融和地方政府债务风险，遵循城镇化发展规律，因地制宜、规范有序推进高铁车站周边区域开发建设，不断提升设施服务、产业发展、人口集聚、政策配套等支撑能力，促进高铁沿线城镇空间合理布局和城市空间结构优化，推动高铁建设与城市发展良性互动、有机协调。

……………

（十四）加强宣传引导。

地方政府有关部门要准确把握高铁对经济社会发展的带动作用，主动加强政策解读，充分发挥媒体的舆论引导作用，及时总结和推广典型经验，形成客观、公正的舆论导向和氛围。

国家发展改革委

自然资源部

住房和城乡建设部

中国铁路总公司

2018 年 4 月 24 日

2.9.5　具体工作性意见

📃 范例2-42

国务院关于推行终身职业技能培训制度的意见

国发〔2018〕11 号

各省、自治区、直辖市人民政府，国务院各部委、各直属机构：

职业技能培训是全面提升劳动者就业创业能力、缓解技能人才短缺的结构性矛盾、提高就业质量的根本举措，是适应经济高质量发展、培育经济发展新动能、推进供给侧结构性改革的内在要求，对推动大众创业万众创新、推进制造强国建设、提高全要素生产率、推动经济迈上中高端具有重要意义。为全面提高劳动者素质，促进就业创业和经济社会发展，根据党的十九大精神和"十三五"规划纲要相关要求，现就推行终身职业技能培训制度提出以下意见。

一、总体要求

（一）指导思想。

以习近平新时代中国特色社会主义思想为指导，全面深入贯彻党的十九大和十九届二中、三中全会精神，认真落实党中央、国务院决策部署，统筹推进"五位一体"总体布局和协调推进"四个全面"战略布局……

二、构建终身职业技能培训体系

（四）完善终身职业技能培训政策和组织实施体系。面向城乡全体劳动者，完善从劳动预备开始，到劳动者实现就业创业并贯穿学习和职业生涯全过程的终身职业技能培训政策。以政府补贴培训、企业自主培训、市场化培训为主要供给，以公共实训机构、职业院校（含技工院校，下同）、职业培训机构和行业企业为主要载体，以就业技能培训、岗位技能提升培训和创业创新培训为主要形式，构建资源充足、布局合理、结构优化、载体多元、方式科学的培训组织实施体系……

五、保障措施

（十七）加强组织领导。地方各级人民政府要按照党中央、国务院的总体要求，把推行终身职业技能培训制度作为推进供给侧结构性改革的重要任务，根据经济社会发展、促进就业和人才发展总体规划，制定中长期职业技能培训规划并大力组织实施，推进政策落实……

国务院

2018 年 5 月 3 日

2.10 报告

我国最新颁布的《党政机关公文处理工作条例》中规定：报告是指"适用于向上级机关汇报工作、反映情况，回复上级机关的询问"时使用的公文，也就是说，这是一种上行文，是下级机关向上级机关汇报工作、反映情况、回复上级机关询问，就某事项或者某问题向上级机关提出意见建议时使用的公文。这种公文的使用非常普遍，大到国家级机关，小到企事业单位、人民团体、基层单位，都可以使用。

2.10.1　报告的特征及种类

报告具有使用上的广泛性、内容上的多样性、行文上的事后性等特点。这种公文越到基层，使用频率越高，基层单位常常需要使用这种公文回复上级机关的询问，向上级机关反映某问题、某事项等，而且往往是在某事项、某问题发生之后或者是上级领导就某问题进行询问之后才进行拟制上报。

根据其特点和使用方法，报告可以分为工作报告、情况报告、会议报告等类型。

2.10.2　报告的写作格式

报告的写作符合一般意义上公文的写作结构，主要由标题、主送机关、正文、落款等部分组成。

1. 标题

报告标题的构成一般分为以下三种情况：

第一种是由"制发机关＋事由＋文种"组成。例如，《中国科学院 2018 年第一季度政府网站抽查工作情况报告》。

第二种是由"事由＋文种"组成。例如，《金融统计数据报告》。

第三种是直接写"报告"二字。

2. 主送机关

报告这种公文的主送机关需要按照一般行文的格式，在标题下方、正文上方，靠左顶格书写自己直接上级机关的名称，末尾用冒号，不得越级行文，同时要遵守关于向上级行文的有关规定，也就是最新颁布的《党政机关公文处理工作条例》第十五条之规定。

向上级机关行文，应当遵循以下规则：

（一）原则上主送一个上级机关，根据需要同时抄送相关上级机关和同级机关，不抄送下级机关。

（二）党委、政府的部门向上级主管部门请示、报告重大事项，应当经本级党委、政府同意或者授权；属于部门职权范围内的事项应当直接报送上级主管部门。

（三）下级机关的请示事项，如需以本机关名义向上级机关请示，应当提出倾向性意见后上报，不得原文转报上级机关。

（四）请示应当一文一事。不得在报告等非请示性公文中夹带请示事项。

（五）除上级机关负责人直接交办事项外，不得以本机关名义向上级机关负责人报送公文，不得以本机关负责人名义向上级机关报送公文。

（六）受双重领导的机关向一个上级机关行文，必要时抄送另一个上级机关。

3. 正文

正文是报告的核心部分，一般要涵盖具体情况、成绩、做法、经验教训、存在的问题及原因、今后的打算等。开头部分要简要说明报告的具体情况，并用"现将有关情况报告如下"承上启下。主体部分要采取各种合理的方式，将需要报告的内容写清楚，拟制的过程中，要注意脉络清晰、条理规范，同时注意要有针对性，要紧密结合上级机关的有关询问或者有关事项进行拟制，表明态度，提出意见。最后另起一段，在结尾处用"特此报告"等惯用语来结束全文，需要注意的是，报告的结尾一定不要写诸如"以上报告请批示"等语言，直接写"特此报告"即可。

4. 落款

报告的落款按照一般公文格式进行书写，在正文右下方注明签发意见的单位名称和日期，日期要用阿拉伯数字将年、月、日写全。

2.10.3 注意事项

1. 针对性要强

所拟制报告内容必须紧密结合上级机关的有关询问或者有关事项，不能牵扯其他问题或者话题。

2. 注意不同类型报告的写作特点

一般情况下，工作性报告要按照时间顺序进行拟制，因为在工作进程方面，按照时间顺序进行排序最能让人们理解事情的具体发展过程；而对于问题性报告来说，则需要按照事件的起因、经过、结果这样的结构进行书写，这也是人们认识事物的最直接的方式。

2.10.4　工作性报告

▣ 范例2-43

政府工作报告

——2018 年 3 月 5 日在第十三届全国人民代表大会第一次会议上

国务院总理 李克强

各位代表：

现在，我代表国务院，向大会报告过去五年政府工作，对今年工作提出建议，请予审议，并请全国政协委员提出意见。

一、过去五年工作回顾

第十二届全国人民代表大会第一次会议以来的五年，是我国发展进程中极不平凡的五年。面对极其错综复杂的国内外形势，以习近平同志为核心的党中央团结带领全国各族人民砥砺前行，统筹推进"五位一体"总体布局，协调推进"四个全面"战略布局，改革开放和社会主义现代化建设全面开创新局面。

…………

各位代表！

过去五年，民族、宗教、侨务等工作创新推进。支持民族地区加快发展，民族团结进步事业取得长足进展。积极引导宗教与社会主义社会相适应。海外侨胞和归侨侨眷在国家现代化建设中作出了独特贡献。

…………

二、2018 年经济社会发展总体要求和政策取向

今年是全面贯彻党的十九大精神的开局之年，是改革开放 40 周年，是决胜全面建成小康社会、实施"十三五"规划承上启下的关键一年……

三、对 2018 年政府工作的建议

今年经济社会发展任务十分繁重。要紧紧抓住大有可为的历史机遇期，统筹兼顾、突出重点，扎实做好各项工作。

（一）深入推进供给侧结构性改革。坚持把发展经济着力点放在实体经济上，继续抓好"三去一降一补"，大力简政减税减费，不断优化营商环境，进一步激发市场主体活力，提升经济发展质量……

各位代表！

团结凝聚力量，实干创造未来。我们要更加紧密地团结在以习近平同志为核心的党中央周围，高举中国特色社会主义伟大旗帜，以习近平新时代中国特色社会主义思想为指导，锐意进取，扎实工作，促进经济社会持续健康发展，为决胜全面建成小康社会、夺取新时代中国特色社会主义伟大胜利，为把我国建设成为富强民主文明和谐美丽的社会主义现代化强国、实现中华民族伟大复兴的中国梦作出新的贡献！

2.10.5　情况报告

 范例2-44

中国科学院 2018 年第一季度

政府网站抽查工作情况报告

为贯彻《国务院办公厅秘书局关于做好政府网站季度抽查工作的通知》（国办秘函〔2016〕48 号）要求，中国科学院高度重视，参照《2017 年第四季度全国政府网站抽查情况通报》有关要求进一步严格落实，完成 2018 年第一季度抽查工作。相关情况报告如下。

一、抽查总体情况

中国科学院此次基于 2018 年 2 月 27 日至 3 月 12 日采样时间，共随机抽查 10 家网站……

二、发现的主要情况和问题

此次进行抽查的 10 家网站均根据自身业务特点和工作情况，积极更新栏目内容信息，不存在无法访问和严重错误情况……

三、加强网站监管的经验做法

中国科学院科学传播局、办公厅等相关部门充分联合院内外各种有效力量，采取全方位措施，高质量完成院内网站建设和管理保障工作……

四、其他情况

中国科学院重视"我为政府网站找错"网友监督举报留言办理工作，专人负责，件件落实。2018 年第一季度收到并处理留言 13 次，第一时间核实出有效留言 2 条，均及时办结答复……

×××××××××

××××年××月××日

2.10.6　答复性报告

📋 范例2-45

国务院批转地质部

关于切实保障野外地质工作条件的报告（摘自国务院政府网站）

国发〔1980〕82 号

各省、市、自治区人民政府（革命委员会），国务院各部委、各直属机构：

国务院同意地质部《关于切实保障野外地质工作条件的报告》，现转发给你们，望认真研究执行。

广大地质工作者常年战斗在野外，工作十分辛苦，是非常光荣的。各级人民政府、各有关部门和人民群众都应热情关怀他们的生活，积极支持他们的工作，帮助他们解决各种困难和问题。农村社队和社员，对地质队因工作需要而占用土地、砍伐树木和使用道路等，不得任意高价索赔，也不得强揽包工。要坚决制止哄抢、盗窃、破坏设备等类事件的发生，以保证地质工作能够顺利进行。

各地质队要加强思想政治工作和业务技术建设。要严守革命纪律和社会主义法制，主动搞好工农团结；切实搞好各项管理工作，防止物资丢失被盗；努力提高技术水平和勘探效率，为国家寻找出更多的矿藏。

地质部报告中反映的问题，在石油、煤炭、冶金、建材等部门的野外地质勘探中也有类似的情况，他们所提的解决意见，各有关部门可参照执行。

国务院

一九八〇年三月三十一日

2.10.7 专题性报告

范例2-46

关于切实保障野外地质工作条件的报告（摘自国务院政府网站）

国务院：

地质工作是为四个现代化建设调查地质情况、探寻矿产资源的工作，地质队常年流动分散在野外作业，工作和生活条件很艰苦，处处需要依靠当地政府和人民群众的支援和配合。

中华人民共和国成立以来，各级人民政府和广大人民群众对地质工作十分关怀，及时地为地质队伍提供施工场地，组织大量劳力承包地质队的搬迁运输、修路平地、挖探槽探井等项任务，发动广大群众上山找矿报矿，提供了许多矿点和找矿线索，为发展我国地质事业作出了很大贡献。同时，还为地质队提供临时住房、供应主副食和日用必需品、安排职工子女就地入学，为职工生活提供了方便，鼓舞了广大地质职工的社会主义积极性。地质队伍和当地社队密切配合、互相支援，关系一直是比较好的。

…………

八、地质队施工占地、砍树、通行等的补偿范围和标准，过去没有明确规定，往往引起纠纷且难以处理。建议有关部门制定法令、条例、规定时，考虑地质工作的实际情况，作出相应规定。在尚未作出统一规定前，各省、市、自治区人民政府可针对本地区存在的主要问题，按照党和政府有关政策、法令，制定一些具体办法和规定，发布各县社和地质队执行。

以上报告，如无不当，请批转各地区、各部门执行。

地质部

一九八〇年二月二十日

2.11 请示

我国最新颁布的《党政机关公文处理工作条例》中规定：请示是指"适用于向上级机关请求指示、批准"时使用的公文，从条例给予的定义中不难发现，这类公文是一种上行文，使用这种公文的目的就是下级机关就某事项或者某问题向上级机关提出相应的请求，以期上级机关能够及时给予明确的答复、批准，以便顺利开展下一步工作。

2.11.1　请示的特征及种类

请示的最大特征就是事前性，也就是说请示是在某事项或者某问题发生之前，为了能够顺利处置某事项或者某问题而提前向上级行文，以期及时得到上级的肯定或者批准，从而顺利开展工作；请示的另一个特征对于受文者没有任何约束力或者强制力，但是当受文者（也就是上级机关）接受此公文时，必须及时作出回应，以便下级机关能够为顺利开展工作获得必要的依据。

请示具有单一性、单向性和针对性等特点，使用频率非常高。当我们在实际工作中遇到难以解决的问题急需得到上级的指导，遇到职权之外的问题急需上级的批示，急需上级机关对相关政策法规作出明确解释，工作中出现新情况新问题而无所适从，因事关重大无法直接决定或者某事项出现意见分歧、无法达成一致意见、无法继续开展工作等的时候，我们都可以采取向上级机关提交请示的方式，以尽快获得上级机关的指示或者批准，从而依据上级指示迅速处理问题。

根据其特点和使用方法，请示可以分为希望上级对本级工作给予批准的批准性请示、希望上级就某事项或者某问题提出指导的请求性请示、希望上级及时解决某事项或者某问题的解决问题性请示、希望上级机关就某政策法规进行合理解释的请示，以及希望上级机关就本级机关的有关工作做法经验进行转发的请示。

2.11.2　请示的写作格式

请示的写作符合一般意义上公文的写作结构，主要由标题、主送机关、正文、落款几个部分组成。

1. 标题

请示标题的构成一般分为以下两种情况：

第一种是由"制发机关＋事由＋文种"组成。例如，《××××部关于加强××××工作的请示》。

第二种是由"事由＋文种"组成。例如，《关于与外国建立合营轮船公司问题的请示》。

2. 主送机关

请示这种公文的主送机关需要按照一般行文的格式，在标题下方、正文上方，靠左顶格书写自己直接上级机关的名称，末尾用冒号，一般不得越级行文，如果确需越级行文的，一定要同时抄送直接上级机关，要遵守关于向上级行文的有关规定，也就是最新颁布的《党政机关公文处理工作条例》第十五条之规定。

向上级机关行文，应当遵循以下规则：

（一）原则上主送一个上级机关，根据需要同时抄送相关上级机关和同级机关，不抄送下级机关。

（二）党委、政府的部门向上级主管部门请示、报告重大事项，应当经本级党委、政府同意或者授权；属于部门职权范围内的事项应当直接报送上级主管部门。

（三）下级机关的请示事项，如需以本机关名义向上级机关请示，应当提出倾向性意见后上报，不得原文转报上级机关。

（四）请示应当一文一事。不得在报告等非请示性公文中夹带请示事项。

（五）除上级机关负责人直接交办事项外，不得以本机关名义向上级机关负责人报送公文，不得以本机关负责人名义向上级机关报送公文。

（六）受双重领导的机关向一个上级机关行文，必要时抄送另一个上级机关。

3. 正文

正文是请示的核心部分，内容要根据实际情况而定，一般包括开头、主体和结尾几个部分。一般情况下，开头部分要用最简洁明了的语言概括说明发出请示的事项，并说明发出请示的原因、依据等。然后另起一段，分段或者分条说明提出请示的具体内容，内容要有说服力，既要使上级机关能够依据所述内容作出正确的判断、表明态度，也要通过强有力的说理得到上级机关的肯定。结尾一般要用比较固定的语句，如"以上请示，敬请批示（审批）""以上请示，请予批示（审批）"等。

4. 落款

请示的落款按照一般公文格式进行书写，在正文右下方注明签发意见的单位名称和日期，日期要用阿拉伯数字将年、月、日写全。

2.11.3 注意事项

1. 语气要谦卑

请示是下级机关向上级机关就某事项或者某问题进行的行文，因此在拟制请示时，不要用诸如"必须""一定要""决定"等语气强硬的措辞，要使用诸如"拟""计划"等这样的措辞，以免引起上级机关不适。

2. 内容要合理

一般情况下，请示一定要注意一事一议，一个请示只能写一个事项，不要在同一个请示中涵盖多个事项。同时，要注意请示与报告不能混用。

3. 行文要单一

请示只能向单一的上级机关进行行文，而且只能向直接上级行文，不得越级行文。确需越级行文的，一定要按照有关规定执行，同时抄送直接上级机关。

2.11.4 请求性请示

范例2-47

关于与外国建立合营轮船公司问题的请示（摘自国务院政府网站）

国务院：

为了更好地为外贸服务，我部将根据贸易发展需要，逐步增加一些小型、专用、集装箱船舶，逐步扩大定船、定港、定货、定期的"四定"班轮，并积极支持有条件和需要的省、市发展航运事业。

但据了解，有的省、市拟与外国搞合营船公司。我们意见，今后如从政治上、经济上考虑确需与外国搞合营海运公司，也应选择国别，选择对象，经中央批准后，再由交通部负责办理为宜。

以上意见当否，请批示。

交通部

一九八〇年一月八日

范例2-48

关于停止批发环节代扣营业税的请示（摘自国务院政府网站）

国务院：

批发环节代扣营业税（以下简称批发扣税）办法是一九八三年开始实行的。当时，城乡个体经济已得到迅速发展，由于个体商业户点多面广，账证不全，偷税漏税十分严重，难以进行有效控管……但是，由于近几年商业批发格局、货款结算方式及市场形势发生了较大变化，在批发扣税中出现了一些新的问题：

第一，社会商品批发额中，国合商业所占比重大幅度下降，其他社会商业所占比重迅速上升。由于个体商业户不履行代扣税义务，加之乡镇、街道企业和一些工业企业执行批发扣税不严，致使批发扣税的任务主要由国合商业企业承担，造成了新的不平等竞争。

…………

上述问题的存在，造成了不同企业之间以及地区间税负不平等，削弱了批发扣税的作用。考虑到客观情况已经发生变化，为了统一税收政策，有利于平等竞争，我们建议，从今年九月一日起停止执行批发扣税办法，改由税务机关直接征收。

以上报告如无不妥，请批转各地区和有关部门执行。

财政部
一九九二年七月十日

2.11.5 请求批转性请示

范例2-49

关于全国临时免收布票和明年不发布票的请示（摘自国务院政府网站）

国务院：

近几年，凭布票供应的商品范围已在逐步缩小。现在，各种针棉织品、各种含棉混纺布、纯棉布的线卡其、线华达呢、蚊帐布等，均已免收或临时免收布票，敞开供应，未发生冲击。今年五月，国务院批准新疆维吾尔自治区全区临时免收布票，情况也是好的。我们估计，全国棉布免票销售，问题不大。今后，每年收购棉花只要不低于六千万担，棉布生产和供应是可以安排下来的。因此，建议对棉布从今年十二月一日起，临时取消凭布票销售的办法，明年布票可以不发。但不宣布取消布票，免收布票的期限也不作规定，仍按统购统销商品进行管理。

以上报告如可行，请批转各地执行。各地要于十一月二十日前传达到基层商店和供销社，十二月一日由商业部统一对外公布。

商业部

一九八三年十月十九日

2.11.6　请求表彰性请示

📄 范例 2-50 --

关于给予 ××× 同志于 ×××× 表彰的请示

×××× 党委：

　　××× 同志，男，中共党员，现年 ×× 岁，硕士学位，现任 ×××××× ×××××××××。

　　年初以来，该同志认真学习领会上级工作精神和各项工作指示，×××××× ××××××××××××××××××××××××××××××。

　　根据该同志的现实表现，依据 ××××××××× 有关规定，拟对该同志以 ×××××××× 表彰。

　　以上请示，敬请批示。

××××××××××××

×××× 年 ×× 月 ×× 日

2.12　批复 ✎

　　我国最新颁布的《党政机关公文处理工作条例》中规定：批复是指"适用于答复下级机关请示事项"时使用的公文，也就是说，这是一种下行文，是与请示相互照应的，是上级机关根据下级机关就某事项所提交的请示作出的正面回答，目的就是对下级机关所请示的内容表明态度，提出合理的建议，作出合理的指示，以便下级机关能够遵照执行。

2.12.1 批复的特征及种类

作为请示的对应文种，批复同样具有单一性、指示性等特点，批复也遵照一事一批的方式进行。一般情况下，一个批复不会涉及两个或两个以上事项，也不涉及与相应的请示无关的其他事项。与请示不同的是，上级机关一旦作出批复，那么，下级机关必须无条件地遵照执行，因此批复具有较强的强制性。另外，批复是一种比较强烈的被动行文，只有下级有请示，上级才会作出批复，下级机关没有请示，上级机关不会作出批复。

根据其特点和使用方法，批复可以分为指示性批复、解答性批复、表态性批复等类型。

2.12.2 批复的写作格式

批复的写作符合一般意义上公文的写作结构，主要由标题、主送机关、正文、落款几个部分组成。

1. 标题

批复标题的构成一般分为以下两种情况：

第一种是由"制发机关＋事由＋文种"组成。例如，《国务院关于同意将河北省蔚县列为国家历史文化名城的批复》。

第二种是由"事由＋文种"组成。例如，《关于×××××××××的批复》。

2. 主送机关

批复这种公文的主送机关只能是与相应的请示关联的下级机关，原则上只能下发给上报相关请示的下一级单位，具有单一性，按照一般公文的格式进行书写，置于标题下方、正文上方，靠左顶格书写，末尾用冒号。

3. 正文

正文是批复的核心部分，内容要根据实际情况而定，主要涵盖上级单位对下级单位所呈送请示相关内容的答复或者批复，一般包括开头、主体和结尾等部分。开头要引用来文，并用"……收悉，经研究，现批复如下"等承上启下；主体部分要态度鲜明地对下级机关的请示作出有针对性的批示，如要用"完全同意"等类的语言,而不能用"原则同意"这样模棱两可的语言;最后,另起一段,用"请遵照执行"结束行文。

4. 落款

批复的落款按照一般公文格式进行书写,在正文右下方注明签发意见的单位名称和日期,日期要用阿拉伯数字将年、月、日写全。如果标题中已经涵盖了制发机关,落款可以省略,写明制发日期即可。

2.12.3 注意事项

1. 标题要准确

批复是上级机关根据下级机关的请示作出的、需要下级机关遵照执行的公文,因此下级机关在执行之前,必须要明确是哪一级机关作出了批示,所批示的是哪一事项。在拟制批复标题时,不能省略制发机关和事由,不能只写"批复"两个字,必须将制发机关的名称写全、写准确,以使下级机关能够明确作出批复的上级机关,并消除下级机关的顾虑。同时一定要将所批复事项的内容写全、写准确,如果批复标题中的内容不清楚,就很可能会使下级机关错误地使用到不同的事项中去,从而造成工作失误。

2. 语言要严谨

一般情况下,批复的用语要态度鲜明,不能写"原则同意"一类的语言,应该态度鲜明地表达"完全同意""完全不同意",或者"部分同意",并将同意和不同意的具体理由写清楚。

2.12.4 表态性批复

📃 范例2-51 --

国家发改委关于新疆和什托洛盖矿区沙吉海一号煤矿项目核准的批复

发改能源〔2018〕477 号

新疆维吾尔自治区发展改革委,国家能源投资集团有限责任公司:

报来《关于申请核准国网能源和丰煤电有限公司沙吉海一号矿井项目的请示》（新发改能源〔2017〕1696号）、《关于申请核准国网能源和丰煤电有限公司沙吉海一号矿井项目的请示》（国家能源办〔2017〕71号）及相关材料收悉。经研究，现就项目核准事项批复如下。

一、为推进新疆大型煤炭基地建设，保障能源稳定供应，优化煤炭产业结构，促进煤电一体化发展，同意实施煤炭产能置换，建设和什托洛盖矿区沙吉海一号煤矿项目。

项目单位为国网能源和丰煤电有限公司。

二、项目建设地点位于新疆维吾尔自治区塔城地区和布克赛尔蒙古自治县境内。

…………

十四、请项目单位根据本核准文件，办理资源开采、安全生产等相关手续。请据此开展下一步工作。

国家发展改革委

2018年3月23日

范例2-52

国务院关于同意潜江高新技术产业园区
升级为国家高新技术产业开发区的批复
国函〔2018〕42号

湖北省人民政府：

你省关于申报潜江高新技术产业园区为国家高新技术产业开发区的请示收悉。现批复如下：

一、同意潜江高新技术产业园区升级为国家高新技术产业开发区，定名为潜江高新技术产业开发区，实行现行的国家高新技术产业开发区的政策。

二、潜江高新技术产业开发区升级后规划面积为4.02平方公里，由六个区块组成。区块一规划面积0.19平方公里，四至范围：东至湖滨路，南至沙岭村，西至谢湾村，北至海滨化工、谢湾村；区块二规划面积1.07平方公里，四至范围：东至汉南河、襄南社区、泽口社区，南至章华北路、泽口社区，西至盐化一路、盐化二路、泽口社区，北至汉江大堤；区块三规划面积0.42平方公里，四至范围：

东至竹根滩青年村，南至湖北金华润化肥工厂，西至汉南河，北至竹泽公路、汉江大堤、远达化工、汉南社区；区块四规划面积 0.46 平方公里，四至范围：东至百里长渠，南至信心村，西至广泽公路、信心村、沙岭村，北至沙岭村；区块五规划面积 1.66 平方公里，四至范围：东至章华北路、彭鲁村、曹滩村，南至信心村，西至 318 复线、百里长渠、湖滨路、信心村，北至湖滨路、沙岭村、永安药业；区块六规划面积 0.22 平方公里，四至范围：东至周潭村，南至市农机局，西至章华北路，北至 318 复线、曹滩村。各区块的界址点坐标由科技部、国土资源部、住房城乡建设部负责发布。

…………

五、要加强领导和管理，积极探索和完善促进高新技术产业发展的生态体系，努力提升潜江高新技术产业开发区发展水平，为贯彻新发展理念、建设现代化经济体系提供有力支撑。

国务院

2018 年 2 月 28 日

▣ 范例2-53

国务院关于《必须招标的工程项目规定》的批复
国函〔2018〕56 号

国家发展改革委：

国务院批准《必须招标的工程项目规定》（以下简称《规定》），由你委公布，公布时注明"经国务院批准"。《规定》的施行日期由你委根据实际情况确定。《规定》施行之日，2000 年 4 月 4 日国务院批准、2000 年 5 月 1 日原国家发展计划委员会发布的《工程建设项目招标范围和规模标准规定》同时废止。

国务院

2018 年 3 月 8 日

2.12.5　解答性批复

 范例2-54

最高人民法院关于对上海市高级人民法院等就涉及中国国际经济贸易仲裁委员会及其原分会等仲裁机构所作仲裁裁决司法审查案件请示问题的批复

（2015年6月23日最高人民法院审判委员会第1655次会议通过）

法释〔2015〕15号

上海市高级人民法院、江苏省高级人民法院、广东省高级人民法院：

因中国国际经济贸易仲裁委员会（以下简称中国贸仲）于2012年5月1日施行修订后的仲裁规则以及原中国国际经济贸易仲裁委员会华南分会（现已更名为华南国际经济贸易仲裁委员会，同时使用深圳国际仲裁院的名称，以下简称华南贸仲）、原中国国际经济贸易仲裁委员会上海分会（现已更名为上海国际经济贸易仲裁委员会，同时使用上海国际仲裁中心的名称，以下简称上海贸仲）变更名称并施行新的仲裁规则，致使部分当事人对相关仲裁协议的效力以及上述各仲裁机构受理仲裁案件的权限、仲裁的管辖、仲裁的执行等问题产生争议，向人民法院请求确认仲裁协议效力、申请撤销或者不予执行相关仲裁裁决，引发诸多仲裁司法审查案件。上海市高级人民法院、江苏省高级人民法院、广东省高级人民法院就有关问题向我院请示。

为依法保护仲裁当事人合法权益，充分尊重当事人意思自治，考虑中国贸仲和华南贸仲、上海贸仲的历史关系，从支持和维护仲裁事业健康发展，促进建立多元纠纷解决机制出发，经研究，对有关问题答复如下：

一、当事人在华南贸仲更名为华南国际经济贸易仲裁委员会、上海贸仲更名为上海国际经济贸易仲裁委员会之前签订仲裁协议约定将争议提交"中国国际经济贸易仲裁委员会华南分会"或者"中国国际经济贸易仲裁委员会上海分会"仲裁的，华南贸仲或者上海贸仲对案件享有管辖权。当事人以华南贸仲或者上海贸仲无权仲裁为由请求人民法院确认仲裁协议无效、申请撤销或者不予执行仲裁裁决的，人民法院不予支持。

…………

本批复施行之前，中国贸仲或者华南贸仲、上海贸仲受理了同一仲裁案件，当事人并未在仲裁庭首次开庭前向人民法院申请确认仲裁协议效力的，先受理的仲裁机构对案件享有管辖权。

此复。

××××××××

××××年××月××日

2.13　议案 ✎

我国最新颁布的《党政机关公文处理工作条例》中规定：议案是指"适用于各级人民政府按照法律程序向同级人民代表大会或者人民代表大会常务委员会提请审议事项"时使用的公文，也就是说，议案是一种平行文，是具有提案权的相关人民政府依据有关法律法规规定，向同级人民代表大会或者人民代表大会常务委员会提请审议事项所用的公文，是行使国家权力的一种表现形式。

2.13.1　议案的特征及种类

议案具有时效性、法定性和特定性的特点，必须是在同级的人民代表大会或者其常务委员会举行会议之前的一个限定的期限内提出，而且，其所提的内容必须是同级的人民代表大会或者人民代表大会常务委员会职权范围内的能够进行议定的事项，否则不能进行提案，其制发机关必须是各级人民政府，政府的职能部门不能制发。

根据用途来划分，议案主要可以分为立法性议案、人事任免性议案、设立机构性议案、重大事项性议案等。

2.13.2　议案的写作格式

议案的写作格式符合一般公文写作的格式，主要由标题、主送机关、正文、落款、附件几个部分组成。

1. 标题

议案标题的构成一般分为以下两种情况：

第一种是由"制发机关＋事由＋文种"组成。例如，《杭州市人民政府关于提请审议〈杭州市立法条例（草案）〉的议案》。

第二种是由"事由＋文种"组成。例如，《关于××××××××的议案》。

2. 主送机关

议案的主送机关名称要按照行文的规范要求进行拟制，格式与正常的公文格式相同，置于标题下方、正文上方，靠左顶格书写，末尾用冒号，需要特别注意的是，名称一定要用全称，不能简化。

3. 正文

正文是议案的核心部分，内容要根据实际情况而定，一般情况下涵盖开头、主体和结尾等部分。开头要写明拟制议案的原因、背景、目的、意义、必要性等内容，这是审议机关对议案进行审议的具体依据。主体要说明所提议案的具体内容，包括议案具体内容是什么，希望如何解决这一问题，解决问题的方法是什么等，所提方法要科学合理，切实可行，操作性强。写完这些内容后，一般要用"请予审议""现提请审议""请审议通过"等进行结尾。

4. 落款

议案的落款按照一般公文格式进行书写，在正文右下方注明签发单位行政负责人姓名和日期，日期要用阿拉伯数字将年、月、日写全，签署人姓名要加职务，如"省长×××""市长×××"。

5. 附件

附件应在正文下空一行，左空两个字符标示"附件"，后标全角冒号和名称，如有序号，则使用阿拉伯数字。附件名称后不加标点符号。

2.13.3　注意事项

1. 注意使用情况的特殊性

大多数议案的开头部分都要写明提请议案的原因、背景、目的、意义、必要性等内容，以便审议机构能够据此审议。但是，如果是人事任免一类的议案，则不需要写明这些内容，可以酌情删减。

2. 注意语言要严谨

议案的正文一定要简洁、明确，要有说服力和紧迫感，以达到使审阅机关重视的目的。

3. 注意行文要规范

所提议案一定是要形成相关方案或者草案的才可以，如果只是针对某方面的意见和建议，则不能作为议案提请审议。

2.13.4 立法性议案

范例2-55

关于提请审议《杭州市立法条例（草案）》的议案

杭州市人民代表大会常务委员会：

《杭州市立法条例（草案）》已于 2015 年 12 月 16 日经市十二届人大常委会第 63 次主任会议讨论通过，现提请审议。

附件：杭州市立法条例（草案）

杭州市人民代表大会
常务委员会主任会议
2015 年 12 月 16 日

杭州市立法条例（草案）

（2015 年 12 月 16 日杭州市第十二届人民代表大会常务委员会第三十三次会议通过）

第一章　总 则

第一条　为了规范本市的地方立法活动，完善地方立法程序，提高地方立法质量，发挥立法的引领和推动作用，根据《中华人民共和国立法法》、《中华人民共和国地方各级人民代表大会和地方各级人民政府组织法》和《浙江省地方立法条例》，结合本市实际，制定本条例。

第二条　市人民代表大会及其常务委员会制定、修改和废止地方性法规以及相关立法活动，适用本条例。

本市地方政府规章的制定、修改和废止，依照本条例的有关规定执行。

第三条　市人民代表大会及其常务委员会依照宪法、法律规定的权限制定地方性法规。

…………

第六条　市人民代表大会及其常务委员会应当加强对地方立法工作的组织协调，健全地方立法工作机制，发挥在地方立法工作中的主导作用。

2.13.5　人事任免性议案

范例2-56

关于提请任免×××等职务的议案

×××××××××××：

根据《中华人民共和国地方各级人民代表大会和地方各级人民政府组织法》第四十四条第九款规定，现提请：

×××任××市民政局局长；

免去×××的××市民政局局长职务；

×××任××市人力资源和社会保障局局长；

免去×××的××市人力资源和社会保障局局长职务；

…………

附件：×××、×××等的简历及工作情况

××市人民政府市长　×××
××××年××月××日

2.13.6　重大事项性议案

范例2-57

关于提请审议《××省人民代表大会常务委员会讨论、决定重大事项的
规定（修订草案）》的议案

××省人民代表大会常务委员会：

　　《××省人民代表大会常务委员会讨论、决定重大事项的规定（修订草案）》已于 2017 年 7 月 11 日经省十二届人大常委会第六十二次主任会议讨论通过，特提请审议，并委托省人大常委会秘书长 ×××同志到会作说明。

　　附件：《××省人民代表大会常务委员会讨论、决定重大事项的规定（修订草案）》

省人大常委会主任会议

2017 年 7 月 11 日

　　××省人民代表大会常务委员会讨论、决定重大事项的规定（修订草案）

　　第一条　为了保障和规范省人民代表大会常务委员会依法行使讨论、决定重大事项的职权，根据《中华人民共和国宪法》《中华人民共和国地方各级人民代表大会和地方各级人民政府组织法》《中华人民共和国各级人民代表大会常务委员会监督法》等有关法律，结合本省实际，制定本规定。

　　第二条　常务委员会讨论、决定重大事项，应当坚持中国共产党的领导，坚持人民主体地位，坚持围绕中心服务大局，坚持依法履职，坚持从实际出发，促进重大决策科学化、民主化、法治化。

　　…………

　　第十七条　常务委员会讨论、决定重大事项的有关情况，应当向省人大代表通报，通过网络、报刊等媒体向社会公布。

　　第十八条　本规定自 2017 年 10 月 1 日起施行。

2.14 函

我国最新颁布的《党政机关公文处理工作条例》中规定：函是指"适用于不相隶属机关之间商洽工作、询问和答复问题、请求批准和答复审批事项"时使用的公文，也就是说，函是一种平行文，虽然是平行文，但是这里的重点是"不相隶属机关之间"，因此如果是本系统内的平行机关，不能用函这一文种。具体来讲，如果两个单位在行政关系上不存在互相领导的关系，在具体工作事项上不存在指导关系，那么，就可以认为是不相隶属的机关。正因为是不相隶属的两个单位，所以，其中任何一个单位都不能对另一个单位作出相关的指示、命令等，当然，在它们之间也就不存在请示、汇报之类的工作义务。那么双方怎样进行有效的沟通呢？这时候就用到了"函"这一文种。

2.14.1 函的特征及种类

函这种公文具有很明显的灵活性、平行性、简洁性和交流性等特点，通常情况下，函的行文内容比较简短、写作格式灵活，在行文方式上，大多就事论事，一事一函，绝不拖泥带水。

按照使用范围及其特点，函可以分为公务用函、私函、询问或者答复函、请求函等。

2.14.2 函的写作格式

函主要由标题、主送机关、正文、落款几个部分组成。

1. 标题

函的标题构成一般分为以下两种情况：

第一种是由"制发机关＋事由＋文种"组成。例如，《国土资源部 住房城乡建设部 国家旅游局关于延长旅游厕所用地政策适用期限的函》。

第二种是由"事由＋文种"组成。例如，《关于×××××××的函》。

2. 主送机关

函的主送机关比较单一，就是需要进行沟通的不相隶属的平行单位。因此，只需要将受函的单位名称按照一般公文格式要求进行书写即可。

3. 正文

正文是函的核心部分，内容要根据实际情况而定，一般包括开头、主体和结尾等部分。开头主要说明发函的缘由、根据、目的等，如果是复函，则要在这一部分首先应用来函的标题和发文字号等信息，目的就是要使受函者知道复函的针对性是什么，写清来函的标题和发文字号后，一般用"现复函如下"承上启下。主体部分主要是说明发函或者复函的相关内容，语言要简洁，针对性要强，语气要谦和，行文格式视内容而定，如果内容较多，按实际情况采取分段式或者分条式都可以。主体写完后，用一些礼貌性的语言进行结尾。比如，希望对方予以配合，或者希望对方给予支持等。结尾部分一般用"请即复函""特此函告""特此函询""特此函复"等惯用语结束全文。

4. 落款

函的落款按照一般公文格式进行书写，在正文右下方注明签发意见的单位名称和日期，日期要用阿拉伯数字将年、月、日写全。

2.14.3 注意事项

1. 内容的规范性

函一般都是一事一函，行文要直截了当，不要涉及该事项之外的其他事项；语言要行云流水，不要拖泥带水。

2. 语言的谦和性

因为是互不隶属的两个单位之间进行交流，因此，函在语言使用上一定要简洁明了，语言要谦和，要注意用词的分寸，讲究礼节，当然也不能用强制性、命令性语言，更不能用恭维、奉承性的语言。

2.14.4　请求函

范例 2-58

国土资源部 住房城乡建设部 国家旅游局
关于延长旅游厕所用地政策适用期限的函

国土资函〔2018〕8 号

各省、自治区、直辖市和新疆生产建设兵团国土资源、住房城乡建设、旅游主管部门：

为贯彻落实党的十九大精神和习近平总书记关于"厕所革命"的重要指示，支持《全国旅游厕所建设管理新三年行动计划（2018—2020）》实施，现延长《关于支持旅游业发展用地政策的意见》（国土资规〔2015〕10 号）中"新建、改建旅游厕所及相关粪便无害化处理设施需使用新增建设用地的，可由旅游厕所建设单位集中申请，按照法定报批程序集中统一办理用地手续，各地专项安排新增建设用地计划指标"政策的适用期限至国土资规〔2015〕10 号文件有效期截止，即 2020 年 11 月 25 日。

2018 年 1 月 15 日

范例 2-59

关于开展京津冀及周边地区"2+26"城市
2017 年冬季供暖保障工作专项督查的函

环办环监函〔2017〕1955 号

北京、天津市各区人民政府，石家庄、唐山、保定、廊坊、沧州、衡水、邯郸、邢台、太原、阳泉、长治、晋城、济南、淄博、聊城、德州、滨州、济宁、菏泽、郑州、新乡、鹤壁、安阳、焦作、濮阳、开封市人民政府：

为督促落实《关于请做好散煤综合治理确保群众温暖过冬工作的函》（环办大气函〔2017〕1874 号）的各项要求，我部定于 2017 年 12 月 15 日至 17 日对京津冀及周边地区"2+26"城市（以下简称"2+26"城市）冬季供暖保障工作进行专项督查。现将有关要求通知如下：

一、我部将派出 839 个组，每组 2 人，对"2+26"城市相关村（社区）供暖保障情况进行全覆盖检查。检查内容主要包括居民供暖是否正常、燃气采暖气源是否稳定、电采暖的电价优惠政策是否落实、燃煤采暖的煤炭是否供应、计划内和计划外的气代煤和电代煤改造任务完成情况等，具体安排见附件。如发现供暖未能保障的情况，建议地方政府限期改正，务必保障群众温暖过冬。

二、相关地方政府要立即组织对行政区域内的群众供暖保障工作进行全面排查，主要检查供暖设施是否到位、供暖设施是否正常使用等情况。发现问题要立即协调解决。

三、我部对排查工作不认真、不积极，整改落实不到位、不彻底，解决问题拖拖拉拉、进展缓慢的，将纳入中央环保专项督察，严肃追究责任。

附件：京津冀及周边地区"2+26"城市2017年冬季供暖保障工作专项督查方案

环境保护部办公厅

2017 年 12 月 15 日

2.14.5　答复函

范例2-60

科技部关于支持建设国家新能源汽车技术创新中心的函

北京市人民政府：

《关于恳请支持在京建设国家新能源汽车技术创新中心的函》（京政函〔2017〕102号）收悉。按照《国家技术创新中心建设工作指引》（国科发创〔2017〕353号）要求，经研究，现函复如下。

一、原则同意《国家新能源汽车技术创新中心建设方案》（以下简称《方案》）。建设国家新能源汽车技术创新中心（以下简称中心），是认真贯彻党的十九大精神和全国科技创新大会精神，深入落实习近平总书记关于"支持依托企业建设国家技术创新中心"重要指示的重大举措，对于实施国家创新驱动发展战略和加快建设创新型国家，推动我国由汽车大国向汽车强国迈进和引领世界新能源汽车行业发展，支撑推动北京科技创新中心建设和京津冀协同创新发展等具有重要意义。请认真做好《方案》的组织实施工作。

二、体现国家战略导向，突出高端引领作用。中心要立足北京、覆盖京津冀、面向全国、辐射全球，围绕新能源汽车产业重大需求，加大重大关键技术源头供给，打造世界新能源汽车技术创新的策源地。以电动化、智能化、生态化为发展方向，按照 2020 年、2025 年、2030 年"点—线—网梯次推进"的三步走计划稳步推进；并要加强跟踪评估，适应全球科技创新和新能源汽车产业发展的新态势，及时动态调整建设目标和任务安排，始终保持中心前瞻性和引领性。

三、突出体制机制创新，完善"共商、共建、共治、共享、共用"的开放运行机制。进一步优化中心承建主体的机构性质和组建模式，丰富全方位开放运行机制，优化治理结构、资金投入、知识产权归属、利益分配、评价导向等体制机制设计。强化开放共享，吸引集聚汽车领域优势力量，通过产学研协同创新、大中小企业协调发展，打造风险共担、收益共享的技术创新利益共同体。加强与现有各类创新平台和科研机制的衔接，确保充分融合，推动形成开放共享的大联合、大协同、大网络，辐射形成更加完善的产业创新生态。

四、建立联合工作机制，充分发挥各方面的重要作用。北京市发挥好统筹协调和组织推动作用，强化有关部门在政策、资金、人才、土地、基础设施等方面的支撑和保障，积极引导和鼓励产业上下游企业、高校和科研院所等各方参与共建。北京汽车集团有限公司、北京新能源汽车股份有限公司等要发挥建设牵头作用，会同各有关方面积极推进技术研发、平台建设、人才培养等工作。中心建设主体每年向北京市政府和科技部报告建设进展情况。

五、科技部将大力支持国家新能源汽车技术创新中心建设工作。在科技规划、项目安排、平台建设、人才培养、政策试点等方面加大支持力度，协调推动相关部门、产学研主体参与推动中心建设发展。加强对中心建设运行的日常指导和跟踪服务，建立绩效评估机制，根据评估结果给予激励和支持。

科技部

2018 年 1 月 11 日

范例2-61

总局办公厅关于食用调和油标签标识有关问题的复函

食药监办食监一函〔2018〕90 号

北京市食品药品监督管理局：

你局《关于绿宝食用调和油（葵花＋橄榄）标签标识问题的请示》（京食药监食生〔2017〕7 号）收悉。经商卫生计生委，现函复如下：

根据《食品安全国家标准 预包装食品标签通则》（GB 7718—2011）4.1.4.1

的规定，"如果在食品标签或食品说明书上特别强调添加了或含有一种或多种有价值、有特性的配料或成分，应标示所强调配料或成分的添加量或在成品中的含量"。如果预包装食品标签上，特别使用文字描述产品中添加了或含有一种或多种有价值、有特性的配料或成分，应按照上述规定执行。

食品药品监管总局办公厅

2018 年 2 月 1 日

📃 范例 2-62

国家发展改革委关于 2017 年度
国家地方联合工程研究中心的复函
发改高技〔2017〕2216 号

有关省、自治区、直辖市及计划单列市、新疆生产建设兵团发展改革委：

报来的国家地方联合工程研究中心申请及有关材料收悉，经研究，现函复如下：

一、原则同意将你们申请的国家地方联合工程研究中心中符合条件的予以命名（名单详见附件）。

二、国家地方联合工程研究中心要坚定实施创新驱动发展战略，围绕所在区域的产业特色和优势，着力解决产业发展中的关键技术与装备等瓶颈问题，推动关键共性技术、前沿引领技术、现代工程技术和颠覆性技术创新，促进产业技术进步和结构调整，支撑地方建设现代化经济体系，不断提升区域经济的创新力和竞争力。

三、国家地方联合工程研究中心作为国家工程研究中心与省级工程研究中心衔接的重要创新平台，是国家创新体系建设的重要组成部分。请你们按照《国家发展改革委关于印发加强区域产业创新基础能力建设工作指导意见的通知》（发改高技〔2010〕2455 号）的要求，并参照《国家工程研究中心管理办法》（国家发展改革委令 2007 年第 52 号），抓紧推进相关国家地方联合工程研究中心的建设，加强运行管理，着力提高研发、工程化试验能力，完善产学研合作机制，加强协同创新，积极探索建立行之有效的考核和评价体系，引导其持续健康发展，促进国家和地方产业创新平台的有机衔接，在构建各具特色和优势的区域创新体系、提高创新驱动发展能力中切实发挥重要作用。

附件：2017 年度国家地方联合工程研究中心名单

国家发展改革委

2017 年 12 月 22 日

2.14.6　问询函

📋 范例2-63

关于×××××的问询函

×××问询函〔××××〕第×××号

××××××××××××××股份有限公司董事会：

你公司于××××年××月××日公开发行了××亿元可转换债券，承诺对"××××××××××××××××""×××××××××××××××"两个募投项目分别投入××亿元、××亿元。截至2017年底，你公司对上述两个项目的投资进度仅为××%、××%，且均存在超过1年未投入募集资金的情况。请你公司对以下问题进行核实并予以说明。

1.请说明上述两个项目存在超过1年未投入募集资金的原因，目前该项目的投资进度是否与募集资金投资计划一致，如否，请说明募集资金投资项目实际进度与投资计划的差异，是否出现严重影响募集资金投资计划正常进行的情形，你公司是否已按照《创业板上市公司规范运作指引（2015年修订）》第6.3.1条、第6.3.5条的规定履行相关审议程序与信息披露义务。请保荐机构发表独立核查意见。

…………

请你公司就上述问题作出书面说明，并在5月2日前将有关说明材料报送我部。

特此函告。

××××××公司管理部

××××年××月××日

2.15　纪要

我国最新颁布的《党政机关公文处理工作条例》中规定：纪要是指"适用于记载会议主要情况和议定事项"时使用的公文，也就是说，纪要主要是为了记载传达会议的情况和议定的事项时使用的文种，纪要所要归纳总结的主要内容包括会议的目的、要求、基本精神及决定的事项等，通过文字的形式，将这些内容记录下来并进行保存，以备留档查阅。

2.15.1　纪要的特征及种类

纪要具有纪实性、概括性和指导性等特点，纪要所要记录的一定是具有一定的保存价值、对现实具有指导意义或者具有一定文献价值的内容，通过对这些内容的总结、记录、保存，以方便有关部门寻找依据，顺利开展工作。纪要对会议内容的总结记录，不能原原本本、一字不落地进行记录，而是要对会议的有关精神、领导指示、与会人员的发言等进行归纳总结，提炼核心内容后进行记录。

根据工作中的实际情况，纪要可以分为办公会议纪要、指示性会议纪要、专项性会议纪要。

2.15.2　纪要的写作格式

纪要的写作符合一般意义上公文的写作结构，主要由标题、正文、落款几个部分组成。

1. 标题

纪要标题的构成一般分为以下几种情况：

第一种是由"制发机关＋会议名称＋文种"组成。例如，《国务院批转全国煤矸石、石煤综合利用经验交流会议纪要》。

第二种是由"会议名称＋文种"组成。例如，《关于加快推进四川民航发展的会谈纪要》。

2. 正文

正文是纪要的核心部分，内容要根据实际情况而定，主要涵盖开头、主体、结尾三个部分。开头主要用来记录会议的基本情况，如会议召开的时间、地点，会议名称、主持人、参加人、出席人，会议主要议程等内容。主体部分主要记录会议的主要精神、领导讲话指示、会议提出的相关要求、参会人员发言等内容。结尾通常是用简短的语言提出号召和希望。

3. 落款

纪要的落款按照一般公文格式进行书写，在正文右下方位置注明签发意见的单位名称和日期，日期要用阿拉伯数字将年、月、日写全。

2.15.3　注意事项

1. 内容要真实

纳入会议纪要中的内容必须全部是会议现场的相关内容，撰文者不能随意增减，也不能随意增加自己的观点、评论等，更不能随意更改会议已经形成的有关精神和意见决议等。

2. 内容要精练

纪要并不需要对会议的内容一字不落地进行记录，而是要对会议精神、领导讲话指示、会议有关要求、与会人员发言等内容进行综合、归纳、提炼后，形成具有概括性和指导性的内容。

2.15.4　专项工作性会议纪要

范例2-64

中华人民共和国和大韩民国政府

关于结束中国—韩国自由贸易协定谈判的会议纪要

2014 年 11 月 10 日

中华人民共和国政府和大韩民国政府（以下简称"签署方"）：

认识到中华人民共和国和大韩民国之间的战略合作伙伴关系；

决心深化和加强上述关系，以发展和提升彼此间经贸关系；

基于各自在世界贸易组织下的权利和义务；

决心推动世界贸易的和谐、可持续发展；

忆及彼此建立有关合作机制以巩固、拓展和丰富中韩间贸易和投资的意愿；

认识到中韩自由贸易协定将为中韩双方带来利益并提升双边经贸合作；

忆及双方于 2012 年 5 月 2 日在北京发表的关于正式启动中韩自由贸易协定谈判的联合部长声明；

注意到双方谈判代表已就中韩自由贸易协定实质内容达成一致，但文本须经双方进一步商谈完成；

在中华人民共和国主席习近平阁下与大韩民国总统朴槿惠阁下举行正式会见时，达成以下关于中韩自由贸易协定的谅解：

一、中韩自由贸易协定谈判已实质性结束；

二、按照指示，双方谈判团队将在年底前完成余留技术问题的谈判。

本纪要于二〇一四年十一月十日在北京签署，一式两份，以中文、韩文和英文书就，三种文本同等作准。

中华人民共和国政府代表　　大韩民国政府代表
×××　　　　　　　　　　　×××
中华人民共和国　　　　　　大韩民国
商务部部长　　　　　　　　通商产业资源部部长

2.15.5　指导性会议纪要

📋 范例 2-65

国务院批转全国煤矸石、石煤综合利用经验交流会议纪要

国发〔1979〕71 号

各省、市、自治区革命委员会，国务院各部委、各直属机构：

国务院同意国家经委、煤炭部、国家建材总局的《全国煤矸石、石煤综合利用经验交流会议纪要》，现转发给你们，望参照执行。

开展煤矸石、石煤的综合利用，是广开能源、节约优质煤的一个重要途径，也是加快建筑材料工业发展和煤矿治理三废的重要环节，还可以加快地方社队企业的发展。各地区、各部门一定要加强领导，认真把这项工作抓起来，切实解决工作中遇到的困难和问题，把堆积如山的煤矸石和长期沉睡的石煤合理地开发利

用起来，为社会主义现代化建设作出贡献。

国务院

一九七九年三月十二日

全国煤矸石、石煤综合利用经验交流会议纪要

国家经济委员会、煤炭工业部和国家建筑材料工业总局于一九七八年十二月五日至十四日在湖南常德召开了全国煤矸石、石煤综合利用经验交流会。参加会议的有各省、市、自治区经委、煤炭局、建材局，国务院有关部门，部分地、市、县、社、厂矿、院校和一些科研、设计、新闻单位的代表，共四百多人。会议期间，学习了国务院领导同志对综合利用煤矸石、石煤的一系列指示，参观了湖南常德和益阳地区综合利用煤矸石、石煤的企业。交流了煤矸石、石煤综合利用的经验。研究了有关方针政策。制订了一九七九年综合利用计划。

…………

8.要加强领导。各地区、各部门要有专职机构和人员管理煤矸石、石煤的综合利用工作。煤炭部成立了综合利用局，湖南、山东、浙江、江苏等许多地区和部门非常重视，建立了机构，配备了专人，有力地促进了这项工作的开展。但是，有的地区和部门至今没有机构和人员管这项工作的情况，必须改变。把长期沉睡的石煤和堆积如山的煤矸石开发利用起来，为生产服务，为人民造福，是一项大有作为的工作，一定要加强领导，做到思想上有位置，划上有安排，组织上有机构，管理上有办法，物资上有保证。

2.15.6 专项工作会议纪要

范例2-66

全国规范社区标识座谈会纪要

2010年4月21日至24日，全国规范社区标识座谈会在安徽省黄山市屯溪区召开。公安部、卫生部、中华全国供销合作总社等中央有关部门代表、清华大学美术学院专家、北京等24个省（区、市）及市、县级民政部门代表应邀出席会议。会议期间，中央有关部门代表分别介绍了公安派出所、社区卫生服务机构

和供销合作社标识征集、设计、使用、管理方面的经验；北京等地民政部门代表介绍了当地开展社区标识工作的情况；专家介绍了标识设计使用的基本理论与发展趋势；实地考察了屯溪区农村社区建设情况；集中研讨了在全国范围内统一社区标识的必要性，对有关社区标识设计、使用和管理中的一些重要问题达成了共识，并对下一步工作提出了意见和建议。

一、关于开展社区标识工作的基本情况

社区标识设计、使用、管理工作是城乡社区建设工作中的一项重要内容，具有一定的专业性和独立性。从全国来看，这项工作起步较晚、发展不平衡，有些地方的民政部门先行--步，在统一标识方面进行了实践探索，取得了初步成效。

⋯⋯⋯⋯⋯

二、关于规范社区标识问题的初步共识

通过讨论，会议代表对于社区标识工作的重要性，标识的征集、设计、推广和使用管理等方面达成了一些初步共识。

⋯⋯⋯⋯⋯

三、关于下一步工作的意见和建议

为尽早在全国范围内统一社区标识，与会代表建议做好以下工作。

一是起草征集方案，开展以"中国社区"为主题的标识有奖征集活动。以民政部的名义，与媒体合作，公开发布有奖征集标识的消息，明确征集工作要求，同时做好社区标识作品著作权转让工作。为降低成本，避免浪费，建议尚未开展社区标识工作的地方，暂不要开展社区标识的征集、设计等工作，待"中国社区"标识产生后直接使用全国统一的标识。

⋯⋯⋯⋯⋯

三是加强宣传推广，循序渐进推动统一标识工作。广泛宣传社区标识，扩大知名度和影响力。开展标识使用试点工作，积累经验。按照自愿和循序渐进的原则，建立激励机制，引导地方使用统一的社区标识，不断扩大覆盖范围。

第3章

会务类公文写作
要领及范例

　　本书"会务"指的是我国各级党政机关和各企事业单位、人民团体等单位基于工作需要而组织召开的各种会议，如工作总结会、工作部署会、表彰大会等，这些会议是各级机关日常工作的一个重要内容，开好这些会议，需要一定的书面文字材料予以支持。这些材料不仅包括事前为会议顺利进行而准备的材料，如领导的讲话稿、与会者的发言稿、工作总结材料、事迹经验材料等，还包括会议完成后的总结性材料，如会议简报、会议纪要等。

3.1　主持词 ✎

主持词是各级各类会议的必备素材。但凡要召开会议，主持人必须准备一份与会议紧密关联的、能够说明会议实际情况的主持词，这种文字材料简短明了、就事论事，不含任何议论性质，多用一些提示性、介绍性的语言。主持词能够将会议的各个部分进行无缝衔接，使会议能够顺畅地进行，让与会者明白会议的名称、相关进程、发言人姓名、发言顺序等内容。

3.1.1　主持词的特征及种类

主持词一般由会议主持者撰写，或者在会议主持者的授意下进行拟制，这种公文具有明显的语言精练性、用词规范性、会议附属性等特点。在控制会议进程、周知会议内容等方面具有非常积极的作用。

在实践活动中，主持词根据使用情况的不同，可以分为工作性会议主持词、庆祝类会议主持词、表彰性会议主持词等类型。

3.1.2　主持词的写作格式

主持词主要由标题、受文对象、正文、落款几个部分组成。

1. 标题

一般情况下，主持词的标题只写"主持词"几个字，但也有特殊情况，当需要说明使用场合或者使用主持词的领导的名称时，就需要将主持词的标题写丰富一些，如"××××会议（活动）主持词""××××（职务）在××××会议上的讲话"等。

2. 受文对象

主持词的受文对象要视参加会议的人员的具体身份来确定，如"同志们""女士们、先生们""尊敬的各位领导、各位来宾"等。不难发现，在拟制受文对象时，既要注意语言的尊敬谦和，又要注意照顾全面，这一点非常重要，要注意将与会人员涵盖全面，不要有所遗漏。如果出现遗漏。就会让与会者感到很不自在，感到自己很多余、很尴尬，不但不利于会议的顺利召开，还有可能会制造矛盾，甚至出现更大的问题。

3. 正文

一般情况下，主持词的正文涵盖了引言、正文、结尾等几个部分。引言一般要用简明扼要的语言总括性地、明确地提示大会正式召开，并明确会议的名称、内容和与会人员姓名、身份及议程等。而后另起一段，开始按照会议的议程逐项介绍即将进行的内容，在每一项内容结束时，进行简要的总结，并继续介绍下一项内容，最后用简明的语言总结会议内容，并向与会者提出希望和要求。

4. 落款

主持词的落款按照一般行文格式放在正文右下角，包括主持人的姓名和职务、成文日期。成文日期用阿拉伯数字和汉字将年、月、日写全，不标虚位，如"2018年5月5日"，不能写成"2018年05月05日"，也不能写成"二〇一八年五月五日"。

3.1.3 注意事项

1. 语言要精练

主持词的语言一定要高度精练。如果主持词太过啰唆，就会造成喧宾夺主的情况，抢了主要内容的"镜"，使人对整个会议产生华而不实的印象。总之，主持词的地位仅仅局限于一场会议的"陪衬"。

2. 用语要平稳端重、礼貌谦和

主持词的语言要礼貌谦和，这是指在主持词中对与会人员进行称呼时，既要注重礼貌，又要符合我国优良传统。在介绍顺序上，要先领导后群众，先职务高的后职务低的。

3.1.4　工作性会议主持词

📖 范例 3-1 --

××××××××××

纪委第一次会议主持词

同志们：

现在召开××××纪委第一次会议，主要任务是选举产生××××纪律检查委员会书记、副书记。

根据××××上届党委通过的提议，××××新一届纪委书记候选人为×××同志、副书记候选人为×××同志，根据有关规定，××××纪委书记、副书记实行等额选举产生；选举工作的监票人，从不是候选人的委员中提名，经参加会议的委员表决通过。

现在我提议，由×××同志担任我们这次选举工作的监票人，×××、×××同志任计票人。

同意的同志请举手，

（稍候）请放下；

不同意的请举手，

弃权的请举手，

（稍候）一致通过。

下面，进行选举。请监票人分发选票。

（待分发完选票后）

填写选票的要求，与刚才大会选举的相同，请同志们仔细阅读选票后再开始填写。下面开始填写选票。

（待大家填写完选票后）

下面，先请监票人、计票人投票，并在投票箱处就位。

（待监票人、计票人就位后）

下面，请大家投票。

（待投完票后）

下面，请监票人统计选票，休会五分钟。

（待监票人将选举结果统计出后）

下面，宣布选举结果。经全体委员投票选举，上届党委提名的新一届纪委书记、副书记全部当选，让我们以热烈的掌声表示祝贺！这个选举结果，与支队上届党委通过的提名相一致。对这个选举结果，大家有什么意见，请发表。

（稍候）如果没有意见，这次纪委会议选举产生的支队纪委书记、副书记名单提交支队新一届党委第一次会议审议通过，并报××××× 党委批准。

散会！

×××××××××

××××年××月××日

3.1.5　庆祝类会议主持词

📄范例 3-2 ···

纪念××××××× 庆祝大会主持词

尊敬的各位领导、各位来宾、各位代表：

×××××××庆祝大会现在开始。

请全体起立、奏国歌。（请坐下）

今天，应邀出席大会的领导有×××、×××、×××、×××等同志，出席大会的还有×××××××、××××××× 的领导同志。我谨代表×××××××全体委员对各位领导的光临表示热烈的欢迎和衷心的感谢！对参加大会的各位会员表示最热烈的欢迎！祝大家身体健康、工作顺利！

本次大会是为庆祝××××××× 召开的。今天大家在这里集聚一堂，回顾×××××××的风雨历程，总结××××××× 的工作成绩和经验，共商发展大计。我希望各位会员，能从讲政治的高度，胸怀大局，志存高远，认真履行职责，把今天的会议开成一个民主、团结、鼓舞和奋进的大会，圆满完成大会预定的各项议程。

今天的大会议程共有五项：

一、请××××××× 讲话

二、×××××××××× 代表致辞

三、××××××× 发表××××××× 讲话

四、表彰先进支部和优秀会员

五、×××××××知识竞赛抽奖

1. 现在进行大会第一项，请×××讲话，大家欢迎。

2. 现在进行第二项，请×××、×××向大会致辞，大家欢迎。

3. 现在进行第三项，请×××讲话。（鼓掌）

4. 现在进行第四项，请×××同志宣读《××××××××××××》。

颁奖仪式现在开始：

请先进支部代表领奖

请优秀会员代表领奖

5. ××××××××××知识竞赛抽奖仪式现在开始，现在我宣布一下抽奖规则：本次抽奖设一等奖一名，二等奖两名，三等奖三名；不设空奖，如果抽出的奖项得主不在现场，需重新抽奖。现在请××××××抽奖。

一等奖得主×××，请上台领奖；二等奖得主×××，请上台领奖；三等奖得主×××，请上台领奖。

各位会员、同志们：这次庆祝大会，追忆了××××××××的光辉历程，回顾了××××××××××以来的发展壮大历程及为××××××作出的贡献，指明了今后工作的主要方向，增强了×××××××的自豪感和干事创业的信心，对今后××××××，提高×××××××××，将产生重要的指导和推动作用。×××××××取得的每一项成绩，都离不开×××的正确领导，离不开×××的大力帮助、支持和指导，同时，也凝聚着×××的辛勤耕耘和汗水，他们在各自的工作岗位上建功立业，树立了民建的形象，赢得了社会的赞誉。借此机会，向长期关心、帮助、支持我们的×××、×××、×××表示最诚挚的感谢！向工作在各条战线上的×××致以最崇高的敬意！

回眸过去，我们深感欣慰。放眼未来，我们充满信心。让我们以××××××、××××××××和××××××××为指导，继承和发扬××××××优良传统，创新工作载体，完善工作机制，为构建社会主义和谐社会作出新的贡献。

再次祝各位代表和同志们身体健康，工作顺利！

×××××××××

××××年××月××日

3.1.6　表彰类会议主持词

■范例 3-3 --

×××××在××××评选表彰会议上的主持词

××××年××月××日

同志们：

现在开会。

年初以来，在新一届党委班子的正确领导下，……充分体现了……的重视和关怀，也是对我们最好的肯定和支持，更是激励和鞭策我们在今后的工作中再接再厉、再立新功的动力所在。让我们以热烈的掌声对两位领导的到来表示热烈的欢迎和感谢。

今天的会议，在我部机关设一个主会场，在各大（中）队设四个分会场，共有××××名官兵参加会议。会议有××项议程，一是由×××主任宣布表彰通令；二是为受表彰的先进个人代表颁奖；三是"××××"代表发言；四是请×××政委作重要指示。

下面，进行会议第一项，请×××主任宣布表彰通令。

…………

下面，进行会议第二项，为受表彰的先进个人代表颁奖。

…………

下面，进行会议第三项，请×××代表发言。

…………

下面，请好干部代表发言。

…………

下面，请×××代表发言。

…………

下面，请×××代表发言。

…………

下面，进行会议第四项，请×××同志讲话。

…………

同志们，这次"××××"表彰大会是我部举办的首届评比，其目的就是激发广大官兵的事业心、责任感，激励广大官兵献身基层、爱岗敬业、履职尽责的工作热情。正如×××指出的一样，召开这次"××××"评比活动是经过我部党委深思熟虑的整体总结，是贯彻落实科学发展观的具体举措，是坚持以人为本的现实表现，今后我部党委还要继续把这种好的评比形式持续进行下去，把更多的"××××"先进典型挖掘出来，进一步为树立模范先进代表，引导更多的官兵投身到部队建设中去。刚才，市政府×××副秘书长、总队×××副政委也作了重要指示，肯定了我们取得的成绩，但主要的是更高的期望、更高的标准、更高的要求，希望同志们要以首长的肯定和激励为动力，努力在本职岗位上作出新的贡献，为部队发展建设贡献出自己的力量，不辜负首长对我们的期望。今天的会议就到这里！

×××××××××

××××年××月××日

3.2 开幕词 ✏️

"开幕"从字面上理解，就是在节目开始之前，将舞台幕布拉开的过程，预示着节目的正式开始。应用到实际工作中，开幕词指的是在各级各类会议中，为了使与会者提前明确会议的背景、目的、任务、意义，以及会议对与会者的希望和要求等内容，进一步促使与会者认真参加会议，为下一步贯彻落实和传达学习会议精神做好准备，在会议开始之前，由会议的领导人或者主持人做一个能够涵盖以上情况的简短的发言，为这种发言所准备的文字材料，就叫作开幕词。

3.2.1 开幕词的特征及种类

简洁明了，指导性、鼓动性强是开幕词的主要特征。开幕词一般由会议发言者撰写，或者在会议发言者（一般为参与会议的高级别领导）的授意下进行拟制，这种公文对于整个会议的顺利进行以及会议精神的贯彻落实具有很强的指导意义。

在实践活动中，开幕词根据使用情况的不同，可以分为学术会议开幕词、工作会议开幕词等。

3.2.2 开幕词的写作格式

开幕词的写作格式主要由标题、受文对象、正文几个部分组成。

1. 标题

一般情况下，开幕词的标题只写"主持词"几个字，但也有特殊情况，在一些重要场合，往往需要将开幕词的标题写得正规一些。比如：《×××同志在×××××××会议上的开幕词》。有的时候，为了体现会议的重要性和会议意义的深远性，甚至可以将标题拟制得更为艺术化一些。比如，《这是交响乐的盛典——世界交响乐巡回表演开幕词》。总之，开幕词的标题拟制大体可分为以下四种情况：

第一种是只写"开幕词"三个字。

第二种是由"会议名称＋开幕词"组成。比如，《××××××××××会议开幕词》。

第三种是由"发言人＋会议名称＋开幕词"组成。比如，《×××同志在×××××××会议上的开幕词》。

第四种是艺术化的标题。比如，《这是交响乐的盛典——世界交响乐巡回表演开幕词》。

2. 受文对象

开幕词的受文对象要视参加会议的人员的具体身份来确定，如"同志们""女士们、先生们""尊敬的各位领导、各位来宾"等，写在标题下方、正文上方，顶格书写，后面加冒号。

3. 正文

一般情况下，开幕词的正文涵盖引言、正文、结尾等几个部分。引言一般要用简明扼要的语言总括性地、明确地提示大会正式召开，并明确会议的名称（注意要将会议名称准确、全面地写清楚，以显示会议正规、庄重），介绍与会人员姓名、身份等。而后另起一段，用庄重、严肃的语言对会议的背景、内容、目的、意义等进行介绍。最后一段要对会议的任务和要求进行简单的总结，对与会者提出相关的希望和要求。开幕词在表述时要紧扣会议主题，篇幅要短小精悍，语言要富有感染力。

3.2.3 注意事项

1. 要有感染力

不管是在什么情况下进行开幕致辞,一定要注意语言的感染力。具有极强感染力的语言,能够激发与会者全身心参与会议的高涨热情,有利于会议的顺利召开,有利于尽快达到会议的预期目的。

2. 要具有提示性

开幕词的提示性特点不仅可以使与会者尽快了解会议的相关情况,融入会议的氛围中来,而且可以有效地调动与会者的情感,促使与会者自觉思考,为顺利实现会议目的做好铺垫。

3. 要把工作做在前头

一个好的开幕词不是坐在办公室里"闭门造车"就可以完成的,那样的开幕词大多数情况下只能是"出不合辙",因此为了能够达到预期的目的,开幕词拟制者一定要扎扎实实地将工作做在前头,多调查、多思考,认真领会会议的主要精髓、目的和意义,这样才能写出一份切合实际的好的开幕词。

3.2.4 学术会议开幕词

范例 3-4

××××××××学术会议开幕词

尊敬的各位来宾、各位代表、医学同人及朋友们:

你们好!

在这个充满活力的初秋,我们感受到各位远道而来的专家学者和同人们对×××××××的一片盛情,这种源于××××××崇高的关爱,也增添了我们×××××××、×××××的信心和勇气。我们很荣幸能够承办这次××××××学术会议,这对于我们,是一次极为珍贵的学习机会。因为在这次会议上,我们很荣幸地邀请到在××××××有着丰富经验、取得丰硕成果的著名专家×××、×××、×××等为大家进行精彩的学术演讲，他们德高望重、著作等身，请用我们的热烈掌声欢迎他们的到来！

各位专家将会给本次会议带来×××××××××方面最新的研究成果，大家通过这次难得的交流对话的机会，可以就××××××实践中的体会和困惑求教于专家学者，彼此之间畅谈，零距离接触。

要以研究推进工作，以工作带动研究，加快×××××××××建设与改革的速度，加大××××教育与科研的力度，从而赢得××××更大的满意度，为×××××的整体发展作贡献，为该学科理论与实践发展注入新的元素，做人民满意的××××××，为促进我国×××××××的发展，提高和带动本地区在××××××上的研究作出我们应有的贡献！预祝会议圆满成功！谢谢大家！

3.2.5　工作会议开幕词

范例 3-5

在五届政协三次会议上的开幕词
（1980 年 8 月 28 日）
邓小平

各位委员，各位同志：

中国人民政治协商会议第五届全国委员会第三次会议，现在开幕！

这次会议，要审议政协常务委员会的工作报告，讨论和决定全国政协领导人员的调整，进一步研究在新的历史时期加强人民政协的工作问题。还要列席第五届全国人大第三次会议，参加有关国家政治生活和经济建设等重要议程的讨论。开好这次会议，对于调动全国人民的积极性，推进我国社会主义现代化建设，具有重要的意义。

为了把我国建设成为一个现代化的、高度民主、高度文明的社会主义强国，需要用极大的努力，发挥我国社会主义制度的优越性。重要的是：在经济上，要积极发展社会生产力，逐步改善人民的物质、文化生活；在政治上，要充分发扬社会主义民主，健全社会主义法制，发展安定团结、生动活泼的政治局面；在组织上，要大量发现、培养和提拔适应现代化建设需要的人才，广开才路，人尽其才。我国革命的爱国的统一战线具有空前的广泛性，它在社会主义和爱国主义的基础上更加巩固和发展了。我们要进一步加强全体社会主义劳动者、拥护社会主义的爱国者和拥护祖国统一的爱国者的广泛团结，使我国统一战线和人民政协在发挥社会主义制度优越性的实践中，作出积极的贡献。

人民政协是在共产党领导下实现各党派和无党派人士团结合作的重要组织，也是我们政治体制中发扬社会主义民主、实行互相监督的重要形式，它在我国各族人民中享有很高的威信。一年来，各级人民政协做了大量的工作，是有成绩的。今后人民政协要广泛联系各界人士充分发挥民主协商和监督的作用。要继续推动各界人士学习马列主义、毛泽东思想，学习专业知识。要组织视察参观和专题调查，深入实际，开展多方面的活动。要积极主动地开展国际友好往来。我们相信，人民政协在为发展我国社会主义现代化建设，实现台湾归回祖国和反对霸权主义、维护世界和平的事业中，必将发挥更重大的作用。

预祝会议圆满成功！

3.2.6　艺术节开幕词

📄 范例 3-6

×××××× 学校艺术节开幕词

尊敬的各位老师、各位同学、各位来宾，大家下午好：

在这鲜花烂漫、绿草如茵的初夏时节，我们又迎来了 ×××××××节。在此，我代表 ×××××××，对 ××××××××××××、×××××× 致以热烈的欢迎！对 ×××××× 致以诚挚的节日问候，并向 ××××××× ×× 致以崇高的敬意！

×××××，五月是充满生机、春意盎然的季节。在这样一个富有诗意的季节里，××××××× 校园艺术节如期开幕了。本届艺术节，学校将进行"××××××××××××××"文艺展演、"××××××××××"演讲比赛、"爱我校园，展我风采"学生书画、手工制作比赛、"故事大王"比赛等活动，历时近一个月。本届艺术节活动得到了 ×××××× 和 ×××××× 的关注与支持，对此向他们表示真诚的感谢。

艺术来源于生活，生活造就了艺术，昨日的收获，使校园文明底蕴深厚；今日的努力，使我们的精神灵动升华。我希望每一位同学都主动参与到艺术节的各项活动之中，我也期望同学们在活动的参与中展示自我，愉快生活，健康成长。

我预祝本届艺术节取得圆满成功！

再一次祝同学们节日快乐！

谢谢大家！

3.2.7　投资贸易洽谈会开幕词

📄 范例 3-7

娄勤俭省长在第十七届中国东西部合作与投资贸易洽谈会开幕式上的致辞

（2013 年 4 月 5 日）

尊敬的第十一届全国人大常委会副委员长华建敏，女士们，先生们，朋友们：

在这春风浩荡、万物葱茏的美好时节，第十七届中国东西部合作与投资贸易洽谈会在古城西安隆重开幕了。在此，我谨代表中共陕西省委、陕西省人民政府，向莅临本届盛会的国家部委、各省区市政府和新疆生产建设兵团的代表，以及海内外客商和各界朋友表示热烈欢迎！向大家长期以来对西洽会给予的大力支持表示衷心感谢！

西洽会举办 16 年来，在中央和国家有关部委的大力支持下，在各省区市和社会各界的共同努力下，已经成为东中西部地区投资贸易促进的重要平台和载体，有力地推动了东中西部地区的交流合作，在促进区域协调发展和扩大开放方面发挥了重要作用。在新的形势下，我们将继续秉承"东西合作、优势互补"的宗旨，坚持品牌化经营、国际化拓展的方向，不断创新，勇于进取，将西洽会打造成为西部一流、全国知名的东中西部深化合作展会，为促进区域共同繁荣作出应有贡献。

本届西洽会以"深化区域合作、促进科学发展"为主题，以转方式、调结构、扩内需、惠民生为主线，打造大平台，服务大开放，促进大发展，共寻合作新商机，共谋发展新跨越，力求在更高起点、更高水平、更多层面上促进投资和贸易合作。陕西作为东道主，将严格落实中央八项规定，全面改进会风，提高办会实效，竭诚为各位来宾搞好服务。

女士们，先生们！办好本届西洽会，是贯彻落实党的十八大精神的重要举措，对继续深入实施"十二五"规划，优先推进西部大开发，促进区域协调发展，具有重要意义。让我们携起手来，努力把本届西洽会办成一届简约、务实、高效的合作盛会。

预祝本届西洽会圆满成功！

谢谢大家！

（摘自陕西省人民政府外事办公室网）

3.3 闭幕词 ✎

当会议或者活动结束时，要由主要领导人或者会议拟定人员，或者与会的特殊身份人员，依据会议的具体要求，就会议具体情况进行总结性的讲话，在对会议进行总结及简要回顾的基础上，用一些热情洋溢的语言，对与会者提出针对性的要求和希望，这样的发言，一般就叫作闭幕词。闭幕词与开幕词相互照应，预示着一次会议或者活动的正式结束。

3.3.1 闭幕词的特征及种类

闭幕词在总结会议主要经验、贯彻会议有关要求和希望、提出有关号召或者倡议、激励与会者的热情等方面具有非常重要的积极作用。它是对会议简练的概括性总结，也是继开幕词后，对与会者感情的再次激励、要求的再次提出、号召的再次强调。闭幕词既能够对会议的重要内容进行提炼和总结评价，又能够为下一步贯彻落实会议精神奠定扎实基础，可以说作为会议的总结，闭幕词就是会议的结束词。

闭幕词根据使用性质的不同，可以分为工作性会议闭幕词、纪念性会议闭幕词、表彰性会议闭幕词等种类。

3.3.2 闭幕词的写作格式

闭幕词的写作格式主要由标题、受文对象、正文三个部分组成。

1. 标题

因为闭幕词的标题是在会议的最后阶段进行宣读，因此只是在拟制文字材料时需要写在材料上，宣读时是不需要读出来的。闭幕词的标题的写法与开幕词一样，主要分为以下三种情况：

第一种是只写"闭幕词"几个字。

第二种是由"会议名称＋闭幕词"组成。比如，《×××××××××会议闭幕词》。

第三种是由"发言人＋会议名称＋闭幕词"组成。比如，《×××同志在×××××××会议上的闭幕词》。

2. 受文对象

闭幕词的受文对象与开幕词是一样的，要视参加会议的人员的具体身份来确定。比如，"同志们""女士们、先生们""尊敬的各位领导、各位来宾"等，写在标题下方、正文上方，顶格书写，后面加冒号。

3. 正文

一般情况下，闭幕词的正文涵盖引言、正文、结尾几个部分。引言要宣布会议即将结束，引起与会者重视。而后另起一段，对此次会议的程序、内容、意义、精神等进行简要的概括叙述，对需要补充的一些问题进行补充说明。比如，需要与会者在什么时间段将落实会议精神的材料进行上报等。接下来，用激励性的、号召性的语言向与会者提出希望和要求，并对与会者表示感谢，最后，正式、明确地宣布会议正式结束。

3.3.3 注意事项

1. 语言要有概括性

闭幕词作为最后的结束性发言，一定不要再重复会议的内容，那样会让与会者产生强烈的反感和抵触情绪，会使会议效果大打折扣。闭幕词的内容一定要高度概括、紧扣主题、简洁精练。

2. 语言要有号召性

号召性不仅是提高与会者贯彻落实会议精神的号召，也是激励与会者精神、端正与会者思想、调动与会者积极性的号召，因为经过了整个会议，与会者都会感到比较累，思想容易松懈，这时就需要及时激励与会者的参与热情。因此闭幕词要有一定的鼓动性，要能够达到激发与会者的激情与精神的目的。

3. 工作要做在前头

与开幕词同样的道理，一个好的闭幕词一定要在深入了解会议内容、精神、希望、要求等内容的基础上写出来，一定要紧扣主题，否则就会"驴唇不对马嘴"，与会议精神格格不入，甚至会脱离会议精神，那样的闭幕词对整个会议精神的贯彻落实所造成的损失绝对是颠覆性的。因此，闭幕词的撰写一定要在深入研究会议精神的基础上做出来。

3.3.4　工作性会议闭幕词

🔖 范例 3-8 --

中国文联第十次全国代表大会闭幕词

（2016 年 12 月 3 日）

中国文联主席 铁凝

各位代表，各位嘉宾，同志们，朋友们：

在党中央的亲切关怀和领导下，在与会代表和全体工作人员的共同努力下，中国文学艺术界联合会第十次全国代表大会圆满完成各项议程，今天就要闭幕了！

会议期间，中央领导同志集体出席大会开幕式，习近平总书记代表党中央发表了重要讲话。讲话充分肯定了第九次文代会以来特别是党的十八大以来，文艺工作和文联工作取得的显著成绩，高度评价了文艺对社会发展进步作出的重要贡献，对广大文艺工作者提出了殷切希望。讲话通篇闪耀着马克思主义真理的光辉，洋溢着中华民族开创未来的豪迈情怀。代表们备受鼓舞、精神振奋，深感使命光荣、责任重大。大家深切地感到，习近平总书记的重要讲话，情感激越深沉，内涵深邃丰厚，视野高远宏阔，温暖振奋人心。讲话站在党和国家的事业全局，站在民族复兴的历史高度，站在党和人民的鲜明立场，深刻论述了文艺在当前历史进程中的重要地位和独特作用，进一步指明了文艺发展的正确方向。这对于团结带领广大文艺工作者更加奋发有为地投身社会主义文艺事业，鼓舞人民决胜全面建成小康社会，凝聚起实现中华民族伟大复兴中国梦的强大力量，必将产生重要和深远的积极影响。

⋯⋯⋯⋯⋯

各位代表，同志们！

党的十八大以来，党中央确立了"两个一百年"的奋斗目标，提出要实现中华民族伟大复兴的中国梦，开启了中华民族伟大复兴的新征程。今天，我们比历史上任何时期都更接近中华民族伟大复兴的目标，比历史上任何时期都更有信心、更有能力实现这个目标。而实现中华民族的伟大复兴，离不开文化的繁荣昌盛。因为没有先进文化的积极引领，没有人民精神世界的极大丰富，没有民族精神力量的不断增强，一个国家、一个民族不可能屹立于世界民族之林。我们要深刻认识文艺事业和文联工作在实现中华民族伟大复兴中的重要作用，进一步增强推动文艺繁荣发展的责任意识和使命担当。

我们党是一个具有高度文化自觉、文化自信的政党，历来十分重视文艺工作。十八大以来，党中央专门召开文艺工作座谈会，习近平总书记发表重要讲话，中央印发了《中共中央关于繁荣发展社会主义文艺的意见》。文艺事业和文联工作在党和国家工作全局中的地位越来越重要，作用越来越凸显。特别是习近平总书记在十次文代会、九次作代会开幕式上的重要讲话，就当前文艺界面临的新形势新任务，从四个方面给我们提出的希望，是文艺事业和文联工作的重要遵循。我们深刻地认识到，当前文艺工作、文联工作与党中央的要求相比，与社会发展的需求、人民群众的期待相比，还存在一定的差距。我们一定要认真学习、深刻领会党的十八大和十八届三中、四中、五中、六中全会精神和习近平总书记在文艺工作座谈会、十次文代会上的讲话精神，认真落实十次文代会提出的各项任务，化挑战为机遇，变压力为动力，努力推进文艺事业的繁荣发展，不断开创文艺工作和文联工作新局面。我们坚信，广大文艺工作者一定不会辜负党中央的亲切关怀和高度信任，不会辜负时代的召唤和人民的期待，一定会更加辛勤地耕耘，更加潜心地创作，更加倾情地奉献，争做讲品位、重艺德，深受人民喜爱的文艺工作者，把更多优秀文艺作品奉献给人民，奉献给时代。

各位代表，同志们！

伟大的时代创造伟大的事业，伟大的事业需要伟大的精神。千载难逢的历史机遇正召唤着我们，正期待着文学艺术的划时代进步，中国文联第十次全国代表大会的胜利召开必将在这个进程中产生重大而深远的历史影响。让我们更加紧密地团结在以习近平同志为核心的党中央周围，振奋精神，扎实工作，勇于担当，敢于创新，为实现"两个一百年"奋斗目标、实现中华民族伟大复兴中国梦作出新的更大贡献！

现在我宣布，中国文联第十次代表大会闭幕！

谢谢大家！祝大家创作丰收，健康吉祥！

范例 3-9

在政协咸阳市第八届委员会第二次会议上的闭幕词
（2018 年 2 月 27 日）
贺书田

各位委员、同志们：

政协咸阳市第八届委员会第二次会议，在中共咸阳市委的领导下，经过全体委员和与会同志的共同努力，圆满完成了各项议程，就要胜利闭幕了。

这次大会，是在全市上下高举习近平新时代中国特色社会主义思想伟大旗帜，深入贯彻党的十九大和习近平总书记来陕视察重要讲话精神，全力推动追赶超越发展的关键时期召开的一次十分重要的会议。会议审议通过了市政协八届常委会工作报告和提案工作情况报告……会议开得隆重热烈、高效务实，是一次高举旗帜、凝聚共识的大会，是一次不忘初心、团结奋进的大会。

中共咸阳市委对本次会议统筹部署、精心安排。刚才，市委书记岳亮同志发表了讲话，阐述了政协在新时代协商民主建设中的方向和重点，提出了政协广泛多层制度化协商新要求，对于我们更好地履行职能、发挥作用具有重要指导意义……在此，让我们以热烈的掌声向他们表示衷心的感谢！

各位委员、同志们！2018 年是贯彻中共十九大精神的开局之年，是改革开放 40 周年，是决胜全面建成小康社会、实施"十三五"规划承上启下的关键一年。今天的咸阳，站在了一个新的历史起点上，我们要学习贯彻十九大精神，按照市委的决策部署，围绕"两会"提出的目标任务，坚持稳中求进工作总基调，坚持新发展理念，以推进高质量发展为根本要求，以供给侧结构性改革为主线，集各方之智、合各界之力，认真履行政协职能，为全力打好精准扶贫脱贫、生态环境保护、优化营商环境、巩固创文成果"四场攻坚战"贡献政协智慧和力量。

⋯⋯⋯⋯⋯⋯

借此机会，我代表市政协八届委员会，对为本次会议圆满召开辛苦努力勤奋工作的各新闻媒体的朋友们和全体大会工作人员表示衷心的感谢！

各位委员、同志们，新思想引领新时代、新时代开启新征程、新征程要有新作为。让我们在中共咸阳市委的坚强领导下，在市人大、市政府的大力支持下，同心同德，携手共进，为建设富强人文健康新咸阳而努力奋斗！

（节选自咸阳市人民政府网）

3.3.5　活动闭幕词

📄 **范例3-10**

春季运动会闭幕词

各位老师、同学们：

经过5天的激烈角逐，我校2018年春季运动会就要闭幕了，值此盛会之际，请允许我代表大会主席团，向辛勤工作的裁判员和全体工作人员表示衷心的感谢！向取得优异成绩的班级和运动员表示最诚挚的祝贺！

本届运动会组织周密、安排科学、进展顺利，各参赛单位准备充分、通力合作，自始至终都洋溢着隆重热烈的气氛。通过本次运动会，振奋了精神，增进了团结，加深了友谊，增强了班集体的凝聚力。

老师们、同学们，让我们把本次运动会中焕发出来的勇于竞争、顽强拼搏、团结协作、顾全大局的精神，投入日常的学习和工作中去⋯⋯

最后祝老师们身体健康、工作顺利，祝同学们快乐健身、幸福成长。

谢谢大家！

3.3.6　表彰大会闭幕词

📄 范例3-11

××××年年终表彰大会闭幕词

（××××年××月××日）

今天的大会上，我们宣读了《关于表彰在……工作中作出突出贡献单位的决定》《关于表彰××××年度先进单位（集体）、先进生产工作者的决定》等文件，隆重表彰了在各项工作中作出突出贡献的单位和个人。下面，我就贯彻落实会议精神强调几点意见：

一、深入学习，认真领会，切实贯彻好此次大会精神。今天的会议表彰了先进，分析了形势，明确了目标，为完成年度工作任务打下了良好的基础……

二、认清形势，抢抓机遇，千方百计加快发展步伐。过去的一年，通过大家共同努力，我们各项工作均体现出蒸蒸日上的发展势头，各项工作全面进步，各项建设初见成效，但是我们也应该看到……

三、突出重点，把握机遇，确保年度工作任务圆满完成。要全面完成年度工作任务，关键在于在座各位的共同努力和不懈奋斗，各单位要紧密结合此次大会精神，抓好贯彻落实和教育引导，围绕年度目标，抓好落实，确保各项工作落到实处……

现在，我宣布，××××年年终表彰大会圆满结束，散会。

3.4　总结 ✏

顾名思义，总结就是对一个时间段的工作、会议、活动等内容进行一次全面系统的检查评价，通过检查评价，分析成绩和不足，从而总结出对下一步工作具有指导意义的经验教训，明确下一步的工作方向。在工作实践中，总结与计划是相互呼应的，总结的基本依据必须是计划，通过总结来验证一项工作、一场活动或一次会议是否达到了预期的目的，而计划也往往是在上一次经验教训的基础上进行的，这符合马克思主义哲学"实践——认识——再实践——再认识"的发展过程。

3.4.1 总结的特征及种类

总结具有很强的可操作性、理论性等特征，其重要作用之一就是在对人们日常工作、会议或活动等内容进行分析评价的基础上，得出一个理论性的、科学的、对今后工作具有指导意义的、可操作性较强的规律。这既是马克思主义哲学所说的"实践——认识——再实践——再认识"过程，也是人们认识事物、了解事物、探寻规律、改造世界的基本过程。

从不同的角度进行分类，总结可以分为很多种类。比如，从内容上进行分类，总结可以分为全面性总结、专题性总结等；从使用性质上进行分类，总结可以分为工作性总结、经验性总结、会议总结等。当然，在工作实践中，我们也可以从时间上、范围上对总结进行分类。

3.4.2 总结的写作格式

总结主要由标题、正文、落款等部分组成。

1. 标题

总结的标题有很多种类型，比如正常公文类型的标题、包括正副标题的复式标题等。常见的标题类型有以下六种：

一是由"单位名称＋对象时限＋事由＋文种"构成。比如，《国家旅游局2018年春节假日旅游市场总结》《粮食局2017年度财务工作总结》。

二是由"对象时限＋事由＋文种"构成。比如，《2017年度政治工作总结》。

三是文章式标题。比如，《向科学要效益是企业健康发展的核心》。

四是复式标题。一般包括主标题和副标题，主标题说明总结的核心内容，副标题说明单位、时限和文种，对正标题进行补充。比如，《树立安全发展理念　扎实改进工作作风　不断推进部队建设又好又快发展——××××单位××××年度工作总结》。

五是由"单位名称＋事由＋文种"构成。比如，《××××企业2017年度后勤工作总结》。

六是由"事由＋文种"构成。比如，《"五好"活动工作总结》。

2. 正文

虽然总结的种类有很多，写法也多种多样，但是通常情况下，主要包括回顾基本情况、介绍主要做法、总结成绩经验、分析缺点教训、提出意见建议等几个部分。不过，这几个部分并非必须全部具备，而是应该按照总结的需要，有选择性地进行组合。在正常情况下，一个部分就是一个段落，或一个部分就是总结的内容的一个层次，以此类推，这样拟制而成的总结就会很有层次感，不会让人感觉凌乱。

总结的正文一般包括引言、主体和结尾三个部分。引言部分主要概述事项的具体背景，包括组织单位名称、活动情况、问题等。主体部分主要紧密结合活动的具体情况，对活动过程中的好的方面、不好的方面及产生原因等进行深入的分析评价，在分析评价的过程中，要及时地加入评论，以便达到说理透彻、令人信服的目的。结尾部分主要针对总结的目的，有针对性地提出下一步工作的希望和方法。

3. 落款

总结的落款按照正常公文格式进行书写，在正文右下方注明签发意见的单位名称和日期，总结的日期要用阿拉伯数字将年、月、日写全。

3.4.3 注意事项

1. 内容要有层次性

总结的内容往往比较多，篇幅也比较长，总结、评价、分析的方法也多种多样，因此无论是以时间为序，还是以事物发展过程为序进行总结，都要注意层次性。具有良好的层次感的总结，能够吸引受文者的注意力，从而达到很好的总结效果。

2. 要实事求是

总结一定要实事求是，在拟制总结前，一定要进行深入的调查研究，真正掌握大量的第一手资料。通过真实的调查研究，作出最为客观公正的评价，这样写出来的总结才能更详细、更深刻。

3.4.4 工作性总结

📄 范例 3-12

国家旅游局 2018 年春节假日旅游市场总结

2018 年春节，在党中央、国务院的正确领导下，各地党委、政府积极努力，国家旅游局和各地旅游主管部门高度重视、积极做好假日旅游工作。截至今日，春节假日临近尾声，全国旅游市场"安全、有序、优质、高效、文明"运行的目标基本实现，节日期间无重特大涉旅安全事件发生，广大人民度过了欢乐祥和的春节假期。

综合通信运营商、线上旅行服务商和各地旅游部门提供的数据，经国家旅游局数据中心综合测算，今年春节全国共接待游客 3.86 亿人次，同比增长 12.1%，实现旅游收入 4750 亿元，同比增长 12.6%。广东、四川、湖南、江苏、河南、安徽、山东、广西、湖北、浙江等省份接待游客人数居前十位。

各地市场呈现出以下特点。

一、假日市场持续增长，全域旅游如火如荼

春节期间，传统景区景点持续火热的同时，乡村民宿、休闲街区、特色小镇等全域旅游新产品新业态备受青睐，自驾游、乡村游、都市游、冰雪游高速增长。旅游市场整体活跃，自驾车出游比例接近 50%，成为中国家庭出游的主要方式。

祈福游，庙会游，乡村过大年。各地新春祈福和民俗旅游活动场面火爆，年味十足。以迎新纳福为主题的名胜祈福游和以体验年俗为主题的乡村民俗游成为众多游客的选择。

山东省济南千佛山景区举办以"祈福千佛山，登高贺新年"为主题的新年祈福活动，灵岩寺举行戊戌新年祈福大典，通过"进福门、登福坛、敬福香、撞福钟、请福字"五福同庆等活动，祈求为新的一年带来福气和好运，大街小巷人潮涌动、热闹非凡，让年味变得更浓。

…………

二、优质旅游开始发力，文明旅游深入人心

各地强力推进优质旅游，多措并举、多方推进、积极创新、狠抓落实，努力满足广大游客对于美好假日旅游、生活的需求。春节期间，旅游产品结构更加完善，旅游公共服务更加健全，文明旅游、诚信经营等成为自觉。

产品升级，选择更加丰富。各地深化旅游供给侧结构性改革，着力推进产业融合，"旅游+"融合游、"海陆空游"产品丰富，国内游新产品、新业态层出不穷。

安徽省将体育旅游视为拉动市场消费的新热点。合肥滨湖国家森林公园举办了新春亲子定向跑活动，前期通过平台招募 300 组亲子家庭，吸引了大量游客前往参与。渡江战役纪念馆举办了"小兵向前冲"飞行棋体验赛，吸引了众多飞行棋爱好者和游客。

....

三、"厕所革命"开枝散叶，境内外游客交口称赞

各地着力推动"厕所革命"，游客找厕所难、上厕所难的问题得到了有效缓解。全域旅游厕所导航系统在假日期间发挥重要作用，让游客"方便"更方便。

河南省各地厕所升级换代，不断提升服务质量，受到了游客的普遍好评。龙潭大峡谷的山洞式卫生间、新安县的圆柱形卫生间、孟津县的仿古建筑卫生间成为一道亮丽风景。嶂峪山、老君山、白云山、绿博园、重渡沟等景区厕所宽敞明亮的休息区、轻松优雅的背景音乐、生机勃勃的绿色盆栽、干净卫生的便池马桶等都让游客倍感舒心。

....

四、综合监管综合施策，依法治旅成效明显

各地严格落实依法治旅，按照《中华人民共和国旅游法》等法律文件规范假日旅游市场经营行为。积极探索建立更有力、更完善的假日旅游综合治理体制，推动"1+3+N"旅游综合改革。强化旅游市场检查，开展全国旅游市场秩序综合整治"利剑行动"，严肃查处各类违法经营行为。全面提升旅游行业治理的整体效率，效果显著。

....

五、出入境市场齐头并进，旅游传播中华文化力度加大

随着越来越多的中国游客走出国门，走向境外，在遍览世界风景的同时，广泛传播了中国文化。从短线到长线，从观光到休闲，从"买买买"到"慢慢慢"，高质量的出境旅游正成为中国游客品质生活的名片。各国为迎接中国游客，纷纷针对春节推出各种活动和优惠措施。更有不少外国游客，在春节期间专程到中国旅游，体验春节氛围。"中国年"正逐渐被世界各个国家所认可，成为全球共同的节日。

....

3.4.5 经验性总结

范例3-13

××××××××宣传报道工作总结

××××年，××××××××的宣传报道工作在上级党委的领导下，在宣传部门的指导和帮助下，以中心工作任务为牵引，坚持唱响主旋律，打好主动仗，以科学的理论武装人，以正确的舆论引导人，以高尚的精神塑造人，以优秀的作品鼓舞人。贴近实际，贴近群众，贴近生活，积极营造团结奋进，加快发展的良好氛围；坚持正确的舆论导向，振奋精神，凝聚力量，深化改革，加大新闻宣传力度，努力为推进×××××精神文明建设服务。截至11月30日，已完成各类对外新闻宣传稿件38篇，完成国家级新闻用稿14篇，完成省级新闻稿件8篇、地区级新闻稿件16篇、电视报道3篇，三级网共计1427篇，对××××推广了工作经验方法，树立了××××的良好形象。

一年来，我们在新闻宣传工作中，主要抓好了以下几个方面。

一、围绕"转变观念，提高素质，调动积极性"三大主题，抓好了对内宣传的工作重点

在今年的对内宣传工作中，我们认真把握宣传重点，按照"武装头脑、指导实践、推动工作"的要求，紧密联系实际，坚持以团结稳定鼓劲、正面宣传为主，牢牢把握正确舆论导向，改进宣传方法，提高引导水平，增强宣传效果，营造解放思想、实事求是、与时俱进的良好氛围；营造聚精会神搞建设，一心一意谋发展的良好氛围；营造倍加顾全大局、倍加珍视团结、倍加维护稳定的良好氛围，为振奋斗志、鼓舞士气，确保今年各项工作的完成提供了有力的舆论支持。

……………

二、加大宣传力度，进一步扩大×××××的影响力

××××年的对外宣传工作，以深入学习宣传贯彻科学发展观、深入学习宣传贯彻××××××为主线，牢牢把握团结奋进、昂扬向上、开拓创新、求真务实的宣传基调，抓改革、求创新、谋发展，不断增强宣传思想工作的社会影响力。

....

三、存在的问题

××××年新闻宣传工作虽然取得了一定的成绩，但是离上级的要求和党委的期望还有不小的差距，与兄弟单位相比，还有很多不足，主要表现在：一是宣传面还不够广，量还不够大，重点还不够突出，没有把各方面的工作及时全面宣传推广出去。二是个别干部在思想政治工作中缺乏耐心。三是宣传队伍的人员少，力量还比较弱，在数量上还达不到要求。

我们决心在下年度的新闻宣传工作中，认真总结经验，改进不足，扬长避短，拓宽思路，采取新举措进一步加强新闻宣传力度。

3.4.6 专项工作总结

范例 3-14

×××××（单位名称）××××年
上半年党风廉政建设工作总结

在××××××的正确领导下，××××坚持以×××××××为指导，认真贯彻中央纪委×××××××××工作会议精神，按照××××关于反腐倡廉工作的部署和要求，结合×××××建设实际，坚持"标本兼治、综合治理、预防为主、奖惩并举"的原则，完善有关制度和措施，严格加强党员的教育管理和监督，进一步密切官兵关系，切实解决党风廉政建设中存在的突出问题，有力推动了××××党风廉政建设的深入发展。

一、扎实开展教育，筑牢拒腐防变的思想基础

年初以来，在机关、基层先后开展了忠实履行历史使命教育活动，教育广大党员在工作和生活中自觉发扬"吃苦在前，享受在后，无私奉献"的精神，进一步提高了各级干部的廉政、勤政意识……

二、加强制度建设，不断提高党风廉政建设水平

今年以来，××××党委始终把党风廉政建设作为班子建设一项长期、艰巨的任务来抓，切实提上党委建设议事日程。抓制度，把党风廉政工作纳入法治化轨道。为保证党风廉政建设制度的落实，××××党委建立健全各种监督机制，充分发挥纪委的监督作用，坚持做到"七个必须参与"……

三、坚持服务基层，进一步改进党委机关作风

党委坚持为××××服务，把实现和维护好××××的利益作为作决策、办事情、做工作的根本出发点和落脚点，坚持以×××××接受不接受、赞成不赞成、满意不满意为标准，真心诚意地为××××办实事、解难事、做好事……

四、加强自身建设，不断强化监督职能

年初，针对干部调整后的工作实际，××××纪委迅速健全了各级组织，并采取自学、以会代训、工作指导等形式，组织纪检干部学习掌握纪检工作的内容、程序、方法以及有关党纪政纪条规知识，提高纪检干部执纪办案能力，广泛深入地开展调查研究……

五、存在的不足

（一）在学习上还存在不深入、不认真的问题……

（二）在党性党风党纪教育上还存在薄弱环节……

六、下一步打算

（一）进一步抓好领导干部廉洁自律问题……

（二）继续加强党性党风党纪教育，打牢党员拒腐防变的思想防线……

（三）加大对违纪违规问题的查处力度……

××××××××××

××××年××月××日

3.5　调查报告

在现实生活中，当生产、生活、建设等方面出现一些重大情况、典型事件、重大问题的时候，为了达到及时摸清情况、准确查找原因、妥善解决问题、合理处置事件的目的，往往需要对特定的对象进行有目的的、深入细致的调查研究，对获取的材料进行认真分析、详细研究、综合推断、合理总结，找出其中规律性的、影响事件发生发展的关键性线索，从而作出准确的判断。最后，为了达到这个目的而进行实践活动并总结成的文字材料，就是调查报告。

3.5.1　调查报告的特征及种类

调查报告具有非常明显的针对性、真实性、规律性等特征，在研究制定方针

政策、总结经验、说明真相等方面具有非常广泛的应用。一份高质量的调查报告必须是非常明确地针对发生的某种现象而进行实践活动所形成的文字材料，必须具有真实性，必须以事实为依据，用事实说话，必须能够真实地反映实际情况，因为只有对真实的情况进行分析研究，才能真正得出有规律性的结论。而要真正体现它的真实性，就必须列举大量准确无误的调查数据、意见建议、有关事例等，从而使调查报告达到"事实胜于雄辩"的效果。

常见的调查报告有典型经验调查报告、揭露问题调查报告、重大事项调查报告、重大情况调查报告等。

3.5.2 调查报告的写作格式

调查报告主要由标题、正文、落款等部分组成。

1. 标题

调查报告标题的拟制并不需要像常见的公文一样规范固定，而是比较灵活，有时为了引人注目，可以对标题进行艺术化处理。常见的调查报告标题一般有以下三种类型：

一是由"调查对象＋调查课题＋事由＋文种"构成。比如，《×××××单位财务状况调查报告》，这种标题比较简单直观，一看就知道写的是哪个单位、哪个方面的调查报告，但是这种标题缺少艺术性表达，读起来比较枯燥。

二是比较灵活化的标题。比如，《慢性病年轻化的根源是什么？》《遭遇高空抛物后的维权之路》《攀登珠峰面临的困难与挑战》等。

三是复式标题。一般包括主标题和副标题两部分，主标题说明引发事件的核心问题，副标题对主标题进行补充说明。比如，《十次事故九次快——交通事故起因调查报告》。

2. 正文

一般情况下，调查报告的正文包括引言、主体、结尾三个部分。

引言部分主要是对调查对象的基本情况进行介绍，这一部分内容的写法有很多种，比如可以用提问式，通过对调查对象基本情况的介绍，就其中的核心问题提出疑问，引起读者的思考；也可以采用叙述式，按照时间顺序或者事件发生发展的顺序，对调查对象的基本情况进行介绍，让读者能够了解调查对象的基本状况等。

主体部分主要是对调查对象展开分析评价，这一部分内容非常重要，可以说，这一部分内容是整个调查报告的灵魂，调查报告成功与否，关键在于这一部分拟制得合不合理。因此，这一部分内容的写作一定要层次分明，清晰易懂，逻辑性、说理性都要很强。为了达到这些目的，可以采用很多种写作手法，比如一段一个内容、一个层次一个内容、一个段落一个观点等，不管采用哪种写法，一定要牢记多用数据、事例等进行论证，以证明调查内容的真实性。

结尾部分要采用不同的手法，对全文进行概括，最好要用一些艺术化的手法引发读者的思考，比如启发式、概括式、建议式等，究竟用哪种写法最合适，要根据调查报告的实际内容进行针对性选择。

3. 落款

调查报告的落款要写明调查者的单位名称或者个人姓名及完稿时间，格式与公文落款格式相同。需要注意的是，如果标题中已经注明出具调查报告的单位名称或者个人名称，则落款部分的单位名称或者个人名称可以省略。

3.5.3 注意事项

1. 要着重展示对策建议部分的内容

因为调查报告都是针对所发生的现象、问题、事件等进行的探索性实践活动，撰写调查报告的目的是引导人们针对所发生的问题提出一个明确、清晰、科学、合理的解决办法，所以对策建议部分就成为调查报告的重中之重，一定要用各种手法把科学化、可操作性强的对策建议展示出来，以供读者参考。

2. 要目标明确

拟制调查报告的目的是就某现象为受文者提供尽可能准确翔实的本质内容和科学合理的意见建议，因此拟制调查报告的目标一定要明确。只有目标明确，才能有的放矢，才能使我们的工作为合理解决问题提供可靠、有价值的情报，也才能使我们的调查报告更有意义。

3.5.4　经验性调查报告

范例3-15

解码不断攀升的"幸福指数"

——辽宁省保障和改善民生的调查报告

冬日，在铁岭市西丰县营厂乡，65 岁的农民周典贵站在自家院子里，看着丰收的粮食，脸上洋溢着幸福的笑容，"现在政策好，农民收入连年看涨，像我这样超过 60 岁的，每月还能有 85 元钱的养老金，得了病还能报销，知足啊！"

一、经济下行压力依然较大，而民生改善却在不断提速

近年来，我省一直保持财政支出七成左右用于民生。今年，财政用于与群众生活直接相关的教育、医疗卫生、社会保障和就业、保障性安居工程、文化方面的民生投入，占总支出的比重接近 80%。

2016 年前三季度的数据显示，全省城乡居民收入增速一直领跑地区生产总值增速。其中，城市居民人均收入达到 24700 元，增长了 5.8%；农村居民人均收入达到 10420 元，增长了 6.7%。

…………

二、创业做"乘法"，就业形势总体稳定

经过几轮的笔试、面试，大学生宋立强终于找到心仪的工作，沈阳一家知名的上市企业与他签订了劳动合同。

"留在沈阳就业，一直是我的梦想，我希望能把所学知识贡献给这座城市。"这位来自黑龙江的大学生对未来充满期待。

…………

三、就业是民生之本，经济增速放缓，就业仍要"快马加鞭"

省委、省政府的政策指引和路径设计，为扩大就业畅通了渠道，确保了就业形势总体稳定。

…………

一面是帮助就业困难人员找岗位，一面是做大创业的"乘法"，一人创业带动一群人就业。截至 9 月末，全省创业孵化基地达 336 家，入驻企业 9520 户，带动就业 8.8 万余人；扶持创业带头人 1.1 万人，带动就业 6.7 万人。

好政策激发出活力，全省就业人数不降反升。前三季度，全省城镇新增就业41.9万人，完成全年计划的104.8%；城镇登记失业率控制在3.78%，低于4.5%的年度控制目标。

四、民生保障加强，"幸福指数"攀升

"救护车一响，一头猪白养"，看病难、看病贵，一直是老百姓的心头之痛。省委、省政府下大力气破解这道难题。

…………

五、投入带动消费，反哺经济发展

安居才能乐业，住房是每个家庭最大的牵挂，也牵动着省委、省政府领导的目光。

作为率先在东北乃至全国进行棚户区改造的省份，辽宁棚改的脚步从未停歇。1至9月，全省棚改开工13万套，棚改货币化安置9.64万户，货币化安置比例达74.2%，超额完成国家要求年底前达到50%的目标；棚改房基本建成13.45万套。

对来沈阳打工近20年的福建人陈顺平来说，不仅住上了宽敞明亮的棚改房，而且孩子今年还在沈阳参加了高考，并被辽宁的一所高校录取，可谓喜上加喜。

为促进教育公平，我省认真落实和完善农民工随迁子女在当地就学和升学考试政策，有近30万名农民工随迁子女在当地接受义务教育。

新常态下，民生投入更有反哺经济发展之效。百姓殷实的家底，促进着消费市场的繁荣。

今年国庆黄金周，全省消费市场增势强劲，100家重点零售企业销售增长8.8%，各地旅游市场火爆，旅游业总收入增长12.9%。金融业、信息服务业、交通物流业、商贸流通业都呈现积极向好的局面。服务业增加值占地区生产总值的比重持续增高，预计突破50%，最终消费支出对经济增长的贡献率明显提升。

我省消费对经济增长的贡献率已经超过投资，成为产业结构优化的新支点，是民生投入与经济发展相互拉动、彼此给力的新印证。

民生连着民心，民心凝聚民力。全力保障和改善民生，凸显的正是新常态下省委、省政府的民生定力与民生情怀。

3.5.5 社会情况调查报告

📄 **范例3-16**

一、农民工规模、分布及流向

（一）农民工总量继续增加，增量主要来自本地农民工

2016年农民工总量达到28171万人，比上年增加424万人，增长1.5%，增速比上年加快0.2个百分点。其中，本地农民工11237万人，比上年增加374万人，增长3.4%，增速比上年加快0.7个百分点；外出农民工16934万人，比上年增加50万人，增长0.3%，增速较上年回落0.1个百分点。本地农民工增量占新增农民工总量的88.2%。在外出农民工中，进城农民工13585万人，比上年减少157万人，下降1.1%。

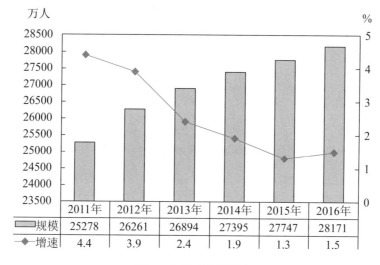

图1 农民工总量增速

	2011年	2012年	2013年	2014年	2015年	2016年
规模	25278	26261	26894	27395	27747	28171
增速	4.4	3.9	2.4	1.9	1.3	1.5

（二）西部地区农民工人数增长最快，吸纳能力逐步增强

从输出地来看，东部地区农民工10400万人，比上年增加100万人，增长1%，占农民工总量的36.9%；中部地区农民工9279万人，比上年增加105万人，增长1.1%，占农民工总量的32.9%；西部地区农民工7563万人，比上年增加185万人，增长2.5%，占农民工总量的26.9%；东北地区农民工929万人，比上年增加34万人，增长3.8%，占农民工总量的3.3%。西部地区农民工人数增长快于其他地区，西部地区农民工增量占新增农民工总量的43.6%。

表 1　农民工在输入地的区域分布

单位：万人、%

	2015 年	2016 年	增量	增速
按输出地分为：				
东部地区	10300	10400	100	1.0
中部地区	9174	9279	105	1.1
西部地区	7378	7563	185	2.5
东北地区	895	929	34	3.8
按输入地分为：				
东部地区	16008	15960	−48	−0.3
中部地区	5599	5746	147	2.6
西部地区	5209	5484	275	5.3
东北地区	859	904	45	5.2
其他地区	72	77	5	6.9

注：其他地区指我国港、澳、台地区及国外。

从输入地来看，在东部地区务工农民工 15960 万人，比上年减少 48 万人，下降 0.3%，占农民工总量的 56.7%；在中部地区务工农民工 5746 万人，比上年增加 147 万人，增长 2.6%，占农民工总量的 20.4%；在西部地区务工农民工 5484 万人，比上年增加 275 万人，增长 5.3%，占农民工总量的 19.5%；在东北地区务工农民工 904 万人，比上年增加 45 万人，增长 5.2%，占农民工总量的 3.2%。

（三）外出农民工增速继续回落，跨省流动农民工继续减少

2011—2016 年，外出农民工增速呈逐年回落趋势，增速分别为 3.4%、3%、1.7%、1.3%、0.4% 和 0.3%。外出农民工占农民工总量的比重也由 2011 年的 62.8% 逐渐下降到 2016 年的 60.1%。

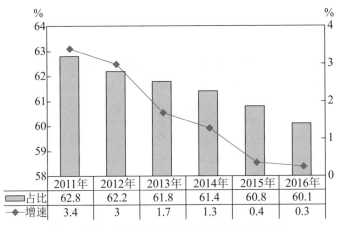

图 2　外出农民工增速及占农民工总量的比重

外出农民工中，跨省流动农民工 7666 万人，比上年减少 79 万人，下降 1%，占外出农民工总量的 45.3%，比上年下降 0.6 个百分点。分区域来看，东部地区跨省流动的农民工占 17.8%，比上年提高 0.4 个百分点；中部地区跨省流动的农民工占 62%，比上年下降 0.5 个百分点；西部地区跨省流动的农民工占 52.2%，比上年下降 1.3 个百分点；东北地区跨省流动的农民工占 22.9%，比上年下降 2.3 个百分点。

3.5.6　新生事物调查报告

范例 3-17

渴望认同、追求梦想

——来自新生代农民工的调查报告

新华社北京 2 月 20 日电（新华社记者 王敏）与传统的农民工相比，他们更注重自我，更注重权益保护，更注重发展前途……作为改革开放后成长起来的新生代农民工，他们既和过去的农民工一样面临共同的问题，也具有自身的新特征和新诉求。

中华全国总工会 20 日发布的一份新生代农民工调查报告，反映了新生代农民工的特点、面临的困难以及助其发展的对策，希望唤起全社会对他们给予更多的关注和关爱。

新生代农民工的五个特点

新生代农民工是指出生于 20 世纪 80 年代以后，年龄在 16 岁以上，在异地以非农就业为主的农业户籍人口，目前全国约 1 亿人。报告显示他们有五个特点：

——受教育时间较长，专业技能较欠缺。新生代农民工中有高中及以上受教育程度的比例为 67.2%，比传统农民工高 18.2 个百分点。拥有中专（中技、职高）、大专（或高职）、大学本科及以上受教育经历的比重分别是过去农民工的 1.6 倍、2 倍与 2.3 倍。尽管受教育年限普遍更长，但绝大多数仍停留在义务教育和普通高中教育阶段。

——过半未婚，生活经历简单。处于 30 岁以下的新生代农民工 59.9% 尚未结婚，而传统农民工中已婚比例为 93%；务工前他们的生活经历更简单，74.1% 外出务工前"在学校读书"。

....

六大问题亟待破解

新生代农民工与传统农民工面临着劳动权益保障等一些共同的问题，但其面临的问题又有特殊性。

——整体收入偏低。据调查，他们平均月收入为1747.87元，仅为城镇企业职工平均月收入（3046.61元）的57.4%；同时也比传统农民工低167.27元。

....

四项措施助其发展

春晚舞台上，一首来自农民工的《春天里》引发社会热议。专家认为，要学会倾听且真正弄懂农民工的呼声，解决问题才会有的放矢。

薪酬问题是农民工关注的主要问题。中国工运研究所所长吕国泉表示，首先要建立健全工资支付、增长、共决机制，加强对其工资的劳动监察力度。建立和完善工资支付保障机制，预防和解决工资拖欠问题。建立工资正常增长机制，提高最低工资标准。

吕国泉建议，要以新生代农民工就业集中的非公企业和中小企业为重点，建立健全工资集体协商制度，形成"区域谈底线、行业谈标准、企业谈增长"的薪酬工作格局。在行业集中度较高、小企业密集的地区，积极开展区域性、行业性工资集体协商，努力提高协商覆盖范围，使之成为企业工资决定的主要形式。

....

3.6　计划

计划就是为了确保某项工作能够顺利开展并达到预期目的而预先做出的安排，这种预先的安排涵盖能够确保这项工作顺利开展的方法、步骤、程序、目的等内容，简单地说，就是对完成这项工作应该先做什么、后做什么，在操作的过程中应该注意哪些问题、发现问题时应该如何解决等进行预先的安排部署。

3.6.1　计划的特征及种类

计划是日常工作中的常用文种，使用频率非常高，几乎渗透于我们工作的方方面面。一份好的计划能够为行动提供可靠的依据和保障，避免工作的盲目性和被动性。计划具有非常明显的目的性、预先性、规划性，实际上计划的拟制就是为了能使相应的工作有一个明确具体的努力方向。同时，我们应当注意的是，计划是对相应工作预先进行的安排和规划，这种安排和规划既是对即将开展的工作的一种约束（需要在计划拟定的范围内，按照计划的步骤开展相应工作），也是针对性地开展工作的一个依据。当然，如果在实际工作中，出现了与计划不相符的新情况和新问题，就要果断地采取以事实为依据的方法开展工作，根据实际情况对计划内容进行相应的调整，以便相关工作能够继续顺利实施。

常见的计划有工作计划、学习计划、培训计划等，而在表现形式上，计划通常有文字式、表格式等形式。

3.6.2　计划的写作格式

计划主要由标题、正文、落款等部分组成。

1. 标题

常用计划的标题一般有以下三种类型：

一是由"单位名称＋时限＋事由＋文种"构成。比如，《×××××单位××××年度工作计划》，这种标题比较常见，一般情况下，在本单位内部进行此类计划的时候，往往将单位名称省略，但是事由部分一定要写清楚，比如工作计划、学习计划等。

二是由"单位名称＋时限＋内容＋事由＋文种"构成。比如，《××××单位××××年度财务工作计划》。

三是由"内容＋文种"构成。比如，《组织制度学习计划》。

计划标题的拟制，还有其他一些比较灵活的格式，这里不再赘述。

2. 正文

正文是计划的核心部分，这个部分应该重点阐明以下几个问题：应该做什么，什么时间做，怎么做，应该达到什么目的，操作过程中应该如何处理相应问题等，也就是我们常说的目标、步骤、措施等内容。一般情况下，计划的正文包括前言、主体、结尾等部分。

前言部分主要交代拟制计划的依据，一般情况下，我们也把这部分内容称为计划的指导思想。在一些高级的工作计划中，这一部分常以工作目的为主要内容。

主体部分主要针对实施计划的具体步骤、方法、程序、时间等进行具体阐述，需要注意的是，在拟制这些内容时，一定要紧密结合工作的实际情况，实事求是，使之具有较强的可操作性，不能脱离实际情况，更不能夸夸其谈，否则就会使计划成为空中楼阁，没有任何实际意义。

结尾部分主要是有针对性地提出希望和号召，鼓励所属人员为了实现目标而努力工作。

3. 落款

计划的落款一般要注明签署计划的单位和人员姓名，并在下方注明签发日期，由于大多数计划的标题中已经体现了计划的拟制单位和时间等信息，因此大多数情况下，计划的落款可以省略不写。

3.6.3 注意事项

1. 要实事求是

计划的拟制一定要坚持实事求是的原则，措施的提出要科学合理、便于操作，目标的制定要切实可行，不能好高骛远，计划中所表述的各项措施、方法、步骤等也要清晰明确，防止造成歧义。

2. 要群策群力

毫不夸张地说，一份好的计划是集体智慧和思想的集中体现，脱离了集体的思维而闭门造车，是一定不会制订出好的计划的。只有在集大众的智慧、统筹考虑各种制约因素的基础上，才可以制订出切实可行、科学合理的计划。

3. 要尽量将可能出现的各种情况考虑周全

任何一项工作的组织实施，都会受到大量的不可预测因素的影响甚至制约。如果不能提前将这些因素考虑好，或者在拟制计划时，根本没有为可能产生的问题预留解决的余地，那么当这些问题出现时，很可能就会使相应的工作无法继续进行，甚至会导致工作的彻底失败。因此，在拟制计划的时候，要针对可能出现的情况预留足够的调整空间，这一点与方案非常类似。

3.6.4　工作计划

📖 范例3-18

2018 年国家知识产权示范城市工作计划

为深入贯彻落实 2018 年全国知识产权局局长会议精神，扎实推进《国务院关于新形势下加快知识产权强国建设的若干意见》《"十三五"国家知识产权保护和运用规划》提出的各项目标任务，进一步加强对示范城市的分类指导和动态管理，持续提升示范城市工作水平，为知识产权强国建设奠定更加坚实基础，制定 2018 年国家知识产权示范城市工作计划。

一、总体要求

全面贯彻党的十九大精神，坚持以习近平新时代中国特色社会主义思想为指导，坚持稳中求进工作总基调，牢固树立新发展理念，落实高质量发展要求，以知识产权与城市创新发展深度融合为主线，以倡导创新文化，强化知识产权创造、保护、运用为重点，以改革和创新为动力，全面提高城市知识产权治理能力和治理水平，为城市实施创新驱动发展战略、推进供给侧结构性改革、加快产业转型升级提供有力支撑。

二、工作重点

（一）强化知识产权创造。按照稳中求进和高质量发展的要求，坚持质量第一、效益优先，深入实施专利质量提升工程，大力培育高价值核心专利，努力构建既有宽度又有厚度，既有高原又有高峰的专利结构，实现知识产权创造由多向优、由大到强转变，不断提升技术供给质量，更好地支撑城市创新驱动发展。

（二）强化知识产权保护。按照知识产权"严保护、大保护、快保护、同保护"的要求，认真履行政府监管职责，不断提高专利执法能力和水平，加大知识产权侵权违法行为惩治力度，努力实现知识产权保护从不断加强到全面从严转变，为大众创业、万众创新塑造更加公平公正、开放透明的法治和市场环境。

············

三、工作任务

（一）全面提升专利质量

1. 工作目标。深入实施专利质量提升工程，强化质量导向，大力培育高价值核心专利，推动企业、高校和科研院所建立高价值专利培育中心，持续提升创新主体发明创造和专利申请水平，实现专利申请增长与经济增速和科技创新水平相协调、相匹配，专利质量显著提升。

2. 工作措施。运用专利导航理念开展城市创新发展质量评价工作，引导专利申请数量和布局结构与城市经济发展水平、产业发展需求和科技创新能力相匹配。依托国家知识产权运营平台体系、知识产权保护中心等载体资源，积极推动有条件的企业、高校院所加强专利协同运用，建设知识产权运营中心，探索开展高价值专利备案工作，从源头上促进高价值专利产出。进一步完善市、县（区）两级专利资助奖励政策，突出质量导向，严厉打击利用非正常专利申请套取资助行为，加强对代理机构的事中事后监管。积极开展专利分析、专利布局实战培训，不断提高创新主体的专利创造能力和布局能力。

3. 执行单位。各示范城市知识产权局必做。

4. 工作支持。为示范城市开展城市创新发展质量评价工作提供指导支持。为示范城市开展高价值核心专利培育、完善专利资助奖励政策、打击非正常专利申请、开展实战培训等提供专家支持。

…………

四、保障措施

（一）加强工作考核。每年年初对上一年度示范城市工作进行考核，主要考核示范城市知识产权局工作思路、工作措施、工作投入等主观努力方面的情况。考核结果以一定方式公布，并作为对示范城市每三年工作复核的重要依据。年度考核优秀的示范城市，在计划实施中给予重点支持。

（二）开展专利实力状况评价。每年对示范城市专利实力进行评价，主要评估城市专利创造、运用、保护、管理、服务等方面的客观实力，评价结果以一定方式公布，并作为示范城市加强和改进工作的重要依据。

…………

3.6.5　培训计划

范例3-19

2018 年中国西部开发远程学习网培训计划了（节选）

序号	专题名称	主办单位	课程名称	培训对象	培训人员	课时	培训日期
1	学习贯彻党的十九大精神，准确把握宏观经济形势和政策	CDDLN管理中心	1. 解读 2018 年全国两会总体精神 2. 新目标、新要求背景下，如何准确把握建设现代化经济体系的关键环节 3. 抓住开放前沿机遇，西部开放的重点与打造西部地区开放新格局 4. 推动经济发展质量变革、效率变革、动力变革	1.西部地区科级以上党政干部； 2.西部地区高校教师及其他相关研究机构的研究人员	各省级中心组织80人，各地州市级中心组织40人，总计800人	8	3月21—22日
2	学习习近平新时代中国特色社会主义思想	CDDLN管理中心	1.“习近平新时代中国特色社会主义思想”产生的历史方位和现实意义 2. 把握新时代特征和规律　提高新时代调查研究水平——践行习近平调查研究观	1.西部地区科级以上党政干部； 2.西部地区高校教师及其他相关研究机构的研究人员	各省级中心组织80人，各地州市级中心组织40人，总计800人	4	3月23日
3	“一带一路”建设	CDDLN管理中心	1.《标准联通共建“一带一路”行动计划（2018—2020年）》 2.“一带一路”科技文化的发展对我国西部新兴产业集聚作用机制研究	1.西部地区政府科级以上干部； 2.西部地区相关企业管理者、高校及其他相关研究机构人员	各省级中心组织80人，各地州市级中心组织50人，总计800人	4	4月11日

续表

序号	专题名称	主办单位	课程名称	培训对象	培训人员	课时	培训日期
4	生态环境建设	CDDLN管理中心	1. 统筹生态保护与恢复工程，推进区域生态保护与恢复 2. 建立市场化、多元化生态补偿机制，改革生态环境监管体制——《生态环境损害赔偿制度改革方案》解读	1. 西部地区各级发改、环保、工信等部门科级以上干部； 2. 西部地区高校教师及其他相关研究机构的研究人员	各中心组织30人，总计400人	4	4月12日
5	城市化发展与管理	CDDLN管理中心	1. 创新城乡融合体制机制，推进协同共进发展 2. 规划布局国家中心城市，推动国家中心城市的辐射作用 3. 文明城市：中国特色的可持续城市化新模式 4. 基于"城市大脑"思维的智慧城市发展研究	1. 西部地区各级公安、民政、城管等部门科级以上干部； 2. 西部地区相关企业管理者、高校及其他相关研究机构的人员	各中心组织30人，总计400人	8	4月25—26日

3.6.6　学习计划

范例3-20

××××市城市管理局

（市城市管理综合行政执法局）党组

2018年中心组理论学习计划

　　为加强我局领导班子和领导干部思想政治建设和理论武装，深化学习型党组织和学习型领导班子建设，增强班子成员和党员领导干部的理论素养、决策水平和工作本领，全面贯彻落实党的十九大提出的各项目标任务，加强和改进局党组中心组学习成效，为城市管理工作提供坚强有力的思想保证、精神动力和智力支持，现就局党组中心组 2018 年理论学习作如下计划。

一、学习内容

以深入学习贯彻习近平新时代中国特色社会主义思想为主线，以全面贯彻落实党的十九大精神和十九大提出的各项目标任务为抓手，认真学习贯彻中央、省市委重大决策部署，不断增强履职必备的知识能力，着力在武装头脑、指导实践、推动工作上下功夫。

（一）持续深入推进党的十九大精神学习贯彻……

（二）继续深入学习领会"四个全面"战略布局……

（三）进一步强化对"五大发展理念"的学习领会……

（四）持续加强党规党纪和廉洁自律各项规定学习教育……

…………

二、学习方式

把集体学习研讨作为党组中心组学习的主要形式，坚持个人自学与集体学习相结合，辅导讲座和研讨交流相结合，理论学习和调研考察相结合，不断提升学习的质量和效果。

（一）个人自学……

（二）集体学习……

（三）调查研究……

三、时间安排

一般情况下，集体学习原则上每月组织 1 次，每季度至少开展 1 次专题讨论。如遇特殊情况，可根据情况临时调整，但原则上全年集体学习研讨时间累计不少于 12 天。

四、学习要求

（一）坚持带头学习。局党组中心组成员要把学习作为政治责任，坚持"依靠学习走向未来"，做到善于学习、善于重新学习。要从严肃党内政治生活的高度，严格遵守中心组学习制度，紧紧抓住理想信念这个根本、党性教育这个核心、对党忠诚这个标尺扎实开展学习，努力在读原著、学原文、悟原理上作示范，在真信、真用、真行上作表率，努力成为善于创新、引领发展的行家里手。

…………

附件：××××市城市管理局党组 2018 年中心组理论学习安排表

3.6.7　保障计划

范例3-21

××××工作保障计划

为确保……，现就做好……工作保障计划如下。

一、指导思想

以……为指导，以……为切入点，以……为目的，积极组织开展行之有效的工作，不断增强……意识、……意识、……意识，真正做到……，从而为……的目标和……提供强大保证。

二、保障内容

（一）结合……实际，有针对性地开展教育……

（二）积极开展活动，活跃工作氛围……

（三）发挥……作用，确保思想集中……

（四）狠抓安全管理，展示良好形象……

三、具体要求

（一）各级组织切实把……抓起来、活动搞起来、器材用起来……

（二）各级要……，做好……工作……

（三）党员骨干既要当好遵章守纪模范，又要当好安全检查监督员……

（四）切实搞好……工作……

×××·×××
××××年××月××日

3.7　简报

简报是指就某项工作或者某种情况向某特定对象进行的简要报告。既可以是对某个会议进行简报，也可以是对某项工作进行简报；既可以是对主管领导进行简报，也可以是对主管部门进行简报。这一文种通常具有汇报工作、反映情况、传递信息的作用，具有较强的新闻性。

3.7.1　简报的特征及种类

简报在党政机关、企事业单位等均具有广泛的应用，在日常工作中，简报通常以"××××简报""××××动态"等形式出现，因为是对某项工作或者某种情况的一种简要的、概括性的报告，所以这一文种具有较强的新闻性，力求用最短的篇幅，尽可能全面、客观地反映真实情况。也正因如此，在很多需要保密的情况下，简报也就具有了较强的保密性。

常见的简报有工作简报、会议简报、内部参考简报等。

3.7.2　简报的写作格式

简报主要由报头、正文、结尾等部分组成。

1. 报头

简报的报头部分通常涵盖简报的名称、秘密等级、期号、编发单位、印发日期等内容，并用红色横线与下方的正文分开。

编制简报的秘密等级时，除了使用公文规定的标准的密级名称外，还可以使用"内部资料，注意保存"等字眼，编发单位的名称要写全，不能简写。

简报的报头部分的格式并不是固定不变的，相关信息也可以根据实际情况选择性地使用。

2. 正文

正文是简报的核心部分，这个部分通常会涵盖很多内容，或者多篇文章，在写作手法上，形式比较灵活，一般情况下，根据所需要表达的内容，灵活选择写作手法。比如，在标题的拟制上，有的文章可以采用新闻性的标题，有的文章可以采用汇报类的标题；在具体内容上，一定要足够精练、高度概括、论述有力，并在结尾针对性地提出希望和今后的打算。

3. 结尾

正文部分结束后，要在简报末页的下方，用两条平行横线与下方的结尾部分分隔开，在两条平行横线中间写结尾部分的内容，结尾部分一般要介绍清楚报送的单位名称或者个人名称、职务及份数等。

3.7.3 注意事项

1. 内容要高度概括

简报的最大特点就在于"简",因此,拟制简报时一定要高度概括、简明扼要,让人一目了然,但同时应注意最大限度地涵盖相关信息,不能为了追求"简"而忽略"全"。

2. 内容要新颖

简报中一般都是最近发生的、具有特殊意义的、需要向有关部门或者有关领导专门呈送的,以便有关领导或者有关部门就相关情况作出合理决定的信息。因此,简报内容一定要具有新意,要能够反映新情况、新问题,一般情况下,陈年旧事不会出现在简报中,除非其具有非常重大的意义。

3.7.4 工作简报

范例 3-22

××××市创建国家防震减灾示范城市

工 作 简 报

第 12 期

市创建国家防震减灾示范城市工作领导小组办公室　　　　2018 年 5 月 31 日

本期要目

★防震减灾宣传周期间我市开展多层次多形式宣传活动

★全市安全生产领域（行业）扎实开展防灾减灾宣传活动

★经开区管委会推进城市运动公园Ⅰ类避难场所建设

★××××市地震局以大调研促进减隔震技术推广应用

★ ××××市民政局举办自然灾害救助应急演练暨 2018 年"5·12"国家防灾减灾日宣传活动

防震减灾宣传周期间我市开展多层次多形式宣传活动

今年是我市创建国家防震减灾示范城市关键之年,在全国防灾减灾日及陕西省防震减灾宣传周期间,围绕"行动起来,减轻身边的灾害风险"的宣传活动主题,我市区县地震部门共开展活动项目 393 个,投入经费 77 万元,举办科普讲座 160 次,举办报告会 9 次,展出科普展板 1742 板次,开放科普基地 10 个,组织演练 951 场,参与演练群众 44 万余人,悬挂标语横幅 677 个,发放资料 27 万余份;参与宣传报纸 11 种,报道 27 篇;13 个电视频道,报道 33 次;直接参与群众 48 万余人。

1. 利用地铁移动传媒开展防震减灾宣传工作。市地震局联合市轨道办于 5 月 12 日至 18 日在西安市地铁 1、2、3 号线移动传媒及地铁所有站台媒体上播放《学校避震》《家庭避震》等防震减灾知识视频,受众 190 余万人次。

2. 强化创建国家防震减灾示范城市舆论宣传。制作了"向国家防震减灾示范城市冲刺"宣传片,于 5 月 10 日至 13 日在西安广播电视台一套黄金时段播放;5 月 12 日在《西安日报》刊登《晒一晒国家防震减灾示范城市创建工作成绩单》文章,对创建活动进行全面、准确、及时、深入的报道宣传,营造全社会关心、支持、参与创城的社会氛围。

…………

全市安全生产领域(行业)扎实开展防灾减灾宣传活动

5 月 12 日上午,市安监局联合高新区管委会在高新区万达广场联合举办防灾减灾宣传日活动。活动现场,120 名防灾减灾志愿者进行了志愿宣誓;消防官兵教授火灾自救技能,演示抢险救援技能技术;急救专家现场教授心肺复苏、紧急包扎、心脏除颤等知识;发放防灾减灾宣传资料和宣传品共计 3000 余册(件);设立了 VR 安全体验区,利用 VR 技术,使群众现场体验了虚拟火灾逃生、煤气泄漏逃生等内容。

各开发区安监局按照全市统一部署广泛深入开展本辖区的防灾减灾宣传日活动和地震时逃生技能培训。据统计,活动期间共计发放防灾减灾宣传资

料和宣传品 127490 份，公众参与人数 115325 人次，开展自救互救技能培训
43 次。

　　…………

　　主送：市创建国家防震减灾示范城市工作领导小组成员单位，××××新
区、各开发区管委会，各区县创建国家防震减灾示范城市工作领导小组。

　　抄送：中国地震局，省地震局；市政府办公厅；市考核办；市创建国家防震
减灾示范城市工作领导小组组长、副组长。

市创建国家防震减灾示范城市工作领导小组办公室

2018 年 5 月 31 日印发

3.7.5　会议简报

📃 范例 3-23

深入学习实践 ×××××× 会议简报

（第 ×× 期）

××××学习实践活动领导小组办公室　××××年××月××日

××××学习实践活动领导小组召开第××次会议

　　××月××日，××××学习实践活动领导小组召开第××次会议，认
真听取了……情况汇报，分析研究……实践活动开展情况和工作指导上需要把握
的问题。会议由……主持，×××作了讲话。

　　会议认为，……

　　会议指出，……

　　会议要求，……

　　……等参加了会议。

报：××××××××××

送：机关各处（室）

发：……　　　　　　　　　　　共印 ×××× 份

本期责任编辑：××××　　　　　电话：××××××××××××

3.7.6 学习简报

▣ 范例 3-24

××××××学习简报

（第 ×× 期）

××××学习实践活动领导小组办公室　××××年××月××日

为了响应×××××××××，在××××组织安排下，我们办公室于××××年××月××日开展了××××专题学习活动。

学习活动得到了××××的积极响应和号召，各级学员坚决听从组织安排，在各学习小组内部进行了讨论交流，同时采取全文阅读理论文件、优秀典型上台宣讲等形式，开展学习，畅所欲言，营造了浓厚的学习讨论氛围……

在此次学习活动中，出现了很多先进典型和好的经验做法……

本次学习活动收效良好，进一步增强了大家的理论知识和实践能力，提高了理论素养，调动了学习积极性，形成了浓厚的学习氛围，提高了广大职工理论水平。

…………

×××××××××

××××年××月××日

3.8 提案 ✎

提案是一种建议类文书，是为了科学合理地解决某方面的问题，就当前社会的某些现象、某方面工作而提出的可供讨论和借鉴的意见和建议。《中国人民政治协商会议全国委员会提案工作条例》第二条规定："提案是政协委员和参加政协的各党派、各人民团体以及政协各专门委员会（以下统称提案者），向政协全体会议或者常务委员会提出的、经提案审查委员会或者提案委员会审查立案后，交承办单位办理的书面意见和建议。"

3.8.1 提案的特征及种类

提案的撰写者既可以是个人，也可以是企事业单位职工、股份制企业股东、人民团体组成成员等，但在日常生活中，最常见的提案拟制和撰写者一般是相关的政协委员。

常见的提案通常是在相关的会议期间或者会议休会期间提出的，需要注意的是，提案的提出，只是作为一种参考，是否采纳，还需要会议方根据现实工作中的实际情况进行讨论、论证。

提案具有真实性、具体性等特点，提案所涉及的内容必须真实具体，不能含糊其词，提案所提出的相关方法和措施也必须符合客观实际，具有可操作性。

提案通常以会议提案的形式出现，按类别划分，可以分为经济类提案、教育类提案、文化生活类提案、医疗卫生事业类提案等。

3.8.2 提案的写作格式

提案主要由标题、发文字号、案由、提案人、原因和措施等部分组成。

1. 标题

标题部分主要由"提案人/提案单位名称＋会议名称＋提案"构成。比如，《××××市第××届人民代表大会第××次会议提案》。

2. 发文字号

在标题下方居中位置写清发文字号，比如，第××××号。

3. 案由

案由是指提案的核心意思，即案由主要应标明该提案是围绕什么内容进行的，案由一般由"介词＋事由＋文种"构成，比如"关于采取有力措施，强化农村卫生工作和合作医疗制度建设的若干问题和建议的提案"。

4. 提案人

在案由下方，注明提案人的身份和姓名。如果是以集体名义写的提案，就要注明单位全称。

5. 原因和措施

说明提出建议或者意见的办法，措施要得当，理由要充分，通篇要符合实际情况，具有可操作性。

3.8.3 注意事项

中国人民政治协商会议全国委员会官网中，对提案作出如下要求：

提案应当坚持严肃性、科学性、可行性，围绕国家大政方针、中心工作和经济、政治、文化、社会生活中的重要问题，以及人民群众普遍关心的问题建言献策。

提案必须一事一案，实事求是、简明扼要，做到有情况、有分析、有具体的建议。

委员联名提出的提案，发起人作为第一提案人，签名列于首位；以界别、小组或者联组名义提出的提案，必须由召集人签名；以党派、人民团体、政协专门委员会名义提出的提案，必须由该组织署名并加盖公章。

提案必须按照规定的格式提交。

3.8.4 医疗卫生事业类提案

📑 **范例 3-25** --

关于农村卫生工作和合作医疗制度建设的若干问题和建议的提案
全国政协十届二次会议提案
第 0195 号

案　由：关于农村卫生工作和合作医疗制度建设的若干问题和建议的提案
审查意见：建议国务院交卫生部会同财政部研究办理
提案人：××××
理　由：
2003 年 7 月，民革中央就我国农村卫生工作和合作医疗制度建设问题进行了调研，特提出如下看法和建议。
我国农村卫生工作和合作医疗存在的主要问题：

一是城乡之间卫生资源配置不合理。长期以来，我国医疗卫生投资过分向城市倾斜，城乡占有卫生资源特别是公共卫生资源的差距较大。由于对农村卫生投入不足，本应由公共财政承担的疾病预防、计划免疫、卫生保健、改水改厕、社区卫生服务等公共卫生服务职能，在多数地区没有实施到位，"治防并举，预防为主"的方针没有很好地得到落实。

二是农村卫生机构基础设施条件差，设备落后，卫生防疫技术人才匮乏，不能满足农民日益增长的医疗卫生需求。主要是分布在中西部地区的乡镇卫生院，房屋破旧，缺乏基本设备，无法进行检验和简单手术。一些地方的乡镇卫生院仍然依靠"老三件"（听诊器、血压计、体温表）问诊，而且仍有部分乡镇卫生院的现有医疗设备是六七十年代的装备。

…………

办　法：

对我国农村卫生工作和推行新型农村合作医疗制度的几点建议：

第一，农村卫生工作要坚决贯彻"三个代表"重要思想。要教育各级干部把解决农民看病难、减轻农民看病负担和建立农村医疗保障制度，提高到促进农村脱贫奔小康、保持社会稳定、实现全面建设小康社会奋斗目标的高度来认识，作为实践"三个代表"重要思想的"民心工程"来抓。

…………

范例 3-26

关于严肃查处违法药品广告，确保消费者合法权益的建议案
全国政协十届二次会议提案
第 0489 号

案　由：关于严肃查处违法药品广告，确保消费者合法权益的建议案
审查意见：建议国务院交工商总局会同国家食品药品监管局研究办理
提案人：赵　龙　郑建和
理　由：

根据国家各级药品监管部门和工商管理部门的统计，近几年来，撤销药品广告批准文号、通报批评和查处的案件不断增加。但经济处罚也好，公开曝光也好，收回或撤销药品广告批准文号也好，违法药品广告仍屡禁不绝。造成的原因主要有以下几方面：

一、处罚力度不大。根据新修订的《药品管理法》规定：药品监管部门可以撤销违法药品广告的批准文号，并在一年内不受理该药品的广告申请。但有的违法企业并不在意，因为目前很多违法广告都不经审批自行刊布。依照《广告法》规定：广告监督部门可以责令广告主停止发布违法广告，并处以广告费用一倍以上五倍以下的罚款。但是这样的处罚远未触到痛处，因为违法广告带来的丰厚非法利润要高出罚款许多倍。

…………

措施和办法：

一、修订和完善现行的相关法规。对现行的《药品管理法》和《广告法》进行修订和完善，为药品广告的审批、监督、管理和处罚提供有力的法律支持。

二、加大执法力度，确保法律的尊严。对违法药品广告的广告主和媒介都要加大经济处罚力度，使违法成本大大高于收益。对累累发布违法药品广告的不改者应取消其生产、经营药品和刊布媒介资格。只有使违法者付出沉重的代价才能使他们有所顾忌，起到警示作用。

三、要加快企业信用分类管理体制建设。把是否存在发布违法药品广告行为作为药品生产经营企业信用等级评定标准之一，并在社会上公布，使那些无视法规、不讲诚信和信用等级低的企业在生产经营活动中受到制约。

…………

3.8.5 经济类提案

范例 3-27

关于发展循环经济，振兴东北老工业基地的建议案
全国政协十届二次会议提案
第 0015 号

案　由：关于发展循环经济，振兴东北老工业基地的建议案
审查意见：建议国务院交国家发改委研究办理
提案人：×××
理　由：
实施西部大开发战略，加快东部地区发展并率先实现全面小康和现代化，支

持东北地区等老工业基地加快调整改造，实行东西互动，带动中部，促进区域经济协调发展，这是中共中央作出的我国现代化建设的重大战略布局。东北地区老工业基地既拥有很强的科技、人才优势，同时又存在着产业结构和产品结构不合理、环境污染和生态破坏比较突出等一系列问题，严重制约了地区社会经济的可持续发展。如何在资源存量和环境承载能力有限的情况下，走出一条科技含量高、经济效益好、资源消耗低、环境污染少、人力资源得到充分发挥的新型工业化道路，是实现老工业基地振兴的一个重要课题。

....

措施和办法：

我们认为，发展循环经济是实施可持续发展战略的一个重要实现方式，是进行产业结构调整，解决环境污染，促进区域经济规模化发展的有效途径。辽宁省积极推行循环经济，进行了有益的探索，在建设循环经济型企业、生态工业园区和城市资源循环型社会三个层面上，取得了明显收益，为东北老工业基地的振兴提供了可资借鉴的经验。为此，我们建议：

第一，把发展循环经济与老工业基地的改造、振兴结合起来，走新型工业化道路。循环经济是以物质闭环流动为特征的生态经济，与传统的"资源—产品—污染排放"的单向流动的线性经济不同，它要求把经济系统组成"资源—产品—再生资源"的反馈式流程，最大限度地提高资源环境的配置效率，实现社会经济的生态化转向。东北等老工业基地，经过四年国企改革与脱困，目前正处在经济结构调整和加快发展的关键时期，大力发展循环经济，有利于重新构建老工业基地新型发展模式，对产业结构调整和优化升级，加快老工业基地的振兴，将起到积极的促进作用。

....

3.9　方案

方案是一种操作性很强的计划类文书，主要从目的、要求、方式等方面就某事项进行安排和部署。方案的种类很多，比如，工程设计方案、作战演练方案、金融投资方案，虽然每种方案的作用和意义并不相同，但是其写作的基本结构大体相同。

3.9.1 方案的特征及种类

在实际工作中方案的使用非常广泛，几乎涉及人们工作、学习、生活的方方面面，具有很强的计划性、可操作性。与计划相比，方案对某事项的安排部署更详细、更复杂，不但对即将进行的事项的具体流程、操作方法等交代明白，还对在操作过程中可能出现的问题考虑周全，并紧密结合实际，给出相应的解决方法以供借鉴。如果在实践操作过程中出现了新情况和新问题，影响了事项的正常顺利进行，就要对方案及时进行补充和修订。

从用途上讲，方案可以分为会议方案、工程方案、工作方案等种类。

3.9.2 方案的写作格式

方案主要由标题、正文、落款等部分组成。

1. 标题

方案的标题有以下几种：

一是由"制发机关＋事由＋文种"构成。比如，《××××公司××××工程方案》等。

二是由"事由＋文种"构成。比如，《工程质量验收方案》《作战演练方案》等。

2. 正文

一般情况下，方案的正文包括开头、主体、结尾等部分。开头部分要交代清楚单位、时间、地点、事由，以及原因和依据等要素；主体部分要交代清楚具体操作流程、做法、有关情况，以及应对方法等内容；结尾部分要对相关受文单位和人员提出相关要求，以确保方案的贯彻落实。

3. 落款

落款，在正文右下角写上拟制实施方案的单位或个人，以及发文日期。

3.9.3 注意事项

1. 内容要具体

方案的拟制要紧密结合实际情况，将所涉及的相关内容规划完整，不要涉及与本方案无关的事项，在内容的规划上也要详细，从时间、地点到具体操作流程都要具体说明。

2. 层次要清晰

在拟制方案时，一定要注意层次清晰，比如时间、地点、相关人员等要单独列出，以便使方案清晰易懂，这一点与文学作品有非常明显的区别。

3.9.4 会议方案

范例3-28

××××党委三届二次全体扩大会议筹备方案

为了做好××××党委三届二次全体扩大会议筹备工作，确保会议顺利召开，现就会议的有关筹备工作提出如下方案。

一、指导思想

以……思想为指导，全面贯彻落实……，深入贯彻落实……

二、会议时间、地点

拟定于××××年××月××日至××日，召开××××党委三届二次全体扩大会议，会期一天半时间，会议地点在……

三、参加人员

××××党委常委，各党委书记、副书记，全体党员，共计××××人。

四、会议内容

1. 传达学习××××党委扩大会议精神。

2. 总结××××年工作和部署××××年任务。

…………

五、组织领导

为了加强对会议筹备工作的组织领导，确保会议顺利圆满地召开，成立会议筹备领导小组。

组　长：×××

副组长：×××

…………

（一）会务组

组　　长：×××

成　　员：×××、×××、×××、×××、×××

会务组的主要职责是：负责参加会议人员签到、开会召集人员、座位安排和会议组织，制作会标和出席证，会场布置、领导座位安排和音响调试，会议宣传和录像照相，制定《会议须知》，管理和印发会议材料，制作奖状（牌匾）和购买奖品，颁奖仪式的组织，协调处理会议其他有关事项等工作。具体分工如下：

……………

（二）材料组

组　　长：×××

成　　员：×××、×××、×××

材料组的主要职责是：负责××××党委工作报告、××××领导讲话、纪委工作报告的起草、送审、打印和校对，会议主持词、会议印发材料和大会发言材料的审核把关等工作。具体分工如下：

……………

（三）保障组

组　　长：×××

成　　员：×××、×××、×××

保障组的主要职责是：负责会议代表的接送站、安排住宿，医疗卫生保障、车辆运输保障等工作。

……………

六、几点要求

一是要高度重视……

二是要加强统筹……

三是要按时限完成……

×××××××

××××年××月××日

3.9.5 工作方案

■ 范例3-29

2018年××××安全监管局政务公开工作实施方案

2018年市安全监管局政务公开工作的总体要求是：全面贯彻党的十九大和十九届二中、三中全会精神，以习近平新时代中国特色社会主义思想为指导，在市委、市政府的坚强领导下，全面贯彻中共中央办公厅、国务院办公厅印发的《关于全面推进政务公开工作的意见》及其实施细则，深入落实市委办公厅、市政府办公厅印发的《关于全面推进政务公开工作的实施意见》。把公开透明作为政府工作的基本要求，坚持以公开为常态、不公开为例外，全面推进本市安全生产政务公开工作，提高安全生产工作的透明度和公信力，推动转变政府职能、深化简政放权、创新监管方式，助力城市生产安全和运行安全。

一、推进落实主动公开重点

坚持需求导向、问题导向、效果导向，坚持统筹兼顾、突出重点，大力推进决策、执行、管理、服务、结果公开，不断提升政务公开的质量和实效。

（一）强化安全生产领域改革信息公开。按照相关规定和程序，对制定出台涉及公共利益、公众权益的安全生产政策文件信息予以公开，使政策执行更加阳光透明……

二、强化政策解读舆情回应

（一）强化政策解读。对出台的相关政策措施，把握好政策解读的节奏和力度，主动回应关切，增强宏观引导，为推动政策落实营造良好环境，赢得人民群众的理解和支持。对专业性较强的政策，注重运用客观数据、生动实例等，进行形象化、通俗化解读，把政策解释清楚，避免误解误读。（政策法规处牵头）落实信息发布的主体责任，统筹做好局主要负责同志和相关负责同志以及处室主要负责人重大政策解读人职责，通过参加市政府新闻办新闻发布会、政风行风热线等方式，深入解读政策背景、重点任务、后续工作考虑等，及时准确传递权威信息和政策意图。

…………

三、加强政务公开工作保障

（一）加强组织领导。充分发挥局政务公开领导小组的统筹以及工作机构的协调作用，加强检查指导，提高工作能力。局主要领导年内至少听取 1 次政务公开工作汇报，研究部署有关工作。（办公室负责）加强政务公开工作力量配置，配齐配强专职工作人员，明确岗位职责。扎实推进培训工作，健全信息公开经常性教育培训机制，将有关内容纳入公务员培训计划，重点开展处级以上干部的专题培训。优化考核评估，按照市政府规定的分值权重将政务公开工作纳入处室绩效考核体系，确保政府信息公开工作扎实、严谨、规范、有序推进。

…………

局机关各处室要高度重视，认真落实好本实施方案部署的各项任务；接受市安全监管局委托承担相关工作的直属事业单位，要按照要求与相关处室做好对接，做好相关信息公开工作。为做好市政府办公厅组织开展的政务公开落实情况专项督查和第三方评估工作，请于××××年××月××日前报送各项工作落实情况，××××年××月××日前报送年度工作落实情况。

3.9.6 行动方案

▤ 范例 3-30 ------

×××××× 市建设 ××××××××× 行动方案
（××××—××××年）

为贯彻落实《国务院办公厅关于印发促进科技成果转移转化行动方案的通知》（国办发〔××××〕×× 号）、《×××× 市人民政府办公厅关于印发 ×××××× 市促进科技成果转移转化行动方案（××××—××××年）的通知》（沪府办发〔××××〕×××× 号），根据《科技部关于印发国家科技成果转移转化示范区建设指引的通知》（国科发创〔××××〕×× 号）和《科技部关于支持 ×××× 建设 ××××××××× 的函》（国科函创〔××××〕×××× 号）精神，制定本行动方案。

一、指导思想和总体目标

（一）指导思想

全面贯彻落实党的十九大精神，深入贯彻习近平总书记系列重要讲话精神，围绕国家创新驱动发展战略要求和 ×××× 经济社会发展迫切需求，深化科技体制改革，破解科技成果转移转化过程中的关键瓶颈问题，推动重大创新成果转移转化，形成具有闵行特色的科技成果转化机制和模式，支撑引领供给侧结构性改革和经济转型升级，为加快推动 ×××× 建设成为具有全球影响力的科技创新中心发挥积极作用。

（二）总体目标

…………

二、主要任务

…………

三、保障机制

…………

第4章

规章制度类公文写作
要领及范例

　　本书所指的规章制度类公文，就是我们国家的党政机关、企事业单位、人民团体以及其他社会组织为了对所属人员的言行、工作、管理等方面起到很好的约束和规范作用，以便形成一定的人文氛围、行为规范、制度准则等而在其职权范围内以一定的强制力推行的、用以规范和约束人们行为的各种规章制度的统称。好的规章制度可以有效地确保相关组织的正常有效运转，规章制度的制定必须以我国现行的各项法律法规为基准，不得违反法律法规的规定。

4.1 章程

《现代汉语词典》对章程的解释是："书面写定的组织规程或办事条例。"也就是说，章程是指一定的组织、社团等为了确保其组织正常运转，按照特定的程序研究制定的，用以阐明本单位性质宗旨、规范成员基本权利和义务、规范本单位办事流程和规则、明确纪律和奖惩规定等，并要求全体成员共同遵守的文书。它是一种根本性的规章制度，能够确保本单位思想统一、运行顺畅。

4.1.1 章程的特征及种类

章程具有明显的稳定性、权威性、法规性等特点，章程一旦确定下来，就不能朝令夕改，如果在运行的过程中出现了一些问题，必须对章程进行修改补充，且必须经过专门机构的充分讨论研究，才可以进行修订，此外，不得改变章程原有的中心思想。在具体的某个组织系统内，其所出台的章程具有一定的权威性，目的是维护全体成员的共同利益，反映全体成员的共同愿望和意志，因此要求全体成员必须无条件服从和遵守。

章程的分类比较多，具体来讲，有组织章程、公司章程、业务工作章程、项目章程等。

4.1.2 章程的写作格式

章程一般由标题、通过章程的会议名称和时间、正文等部分组成。

1. 标题

章程的标题一般由"制发机关＋文种"构成。比如，《中国共产党章程》《××企业章程》等。

2. 通过章程的会议名称和时间

在标题的正下方、正文的正上方写明通过章程的会议名称和时间，内容要完整，要写清楚什么机关批准通过、什么时间公布，并用小括号括起来。如果是未通过的章程，要在标题末尾加上"草案"字样。

3. 正文

章程的正文主要包括总则、分则、附则等部分。总则主要对组织或者章程制定者系统的性质、宗旨、任务、目标、指导思想等进行总的概括说明，以起到统领全文的作用，这一点与在党政团体和企事业团体等组织的章程中写法基本一致。分则就是在总则的基础上，对章程的进一步补充和完善，一般分为若干章或者若干条，分别对成员的结构、成员的性质（包括权利、义务等相关内容）、组织类别、组织性质、经费保障等进行说明。附则主要对总则、分则中没有说明，或者在总则、分则中不方便表述的内容进行附加说明，这部分内容主要涵盖一些章程的发布者、制定权、修改权、解释权等相关内容。

4.1.3 注意事项

1. 语言要精练

章程的语言要简练扼要，不要用修饰语，以免引起歧义；用词要准确，对一些掌握不准的提法和难以阐明的定义，不要勉强写入。

2. 目标要合理

章程中提到的一些规则、要求、目标等，一定要切合实际情况，不要好高骛远，更不要提过高的要求，要在符合实际的前提下进行拟制，谨防成员无法遵守的情况出现。

3. 内容要有理有据

写入章程的内容，一定要有理有据，要以国家颁布的方针政策、法律法规等为基本依据，不能将有悖于法律法规的内容写入章程中，行文过程中一定要严谨规范。

4.1.4　组织章程

■范例 4-1

中国共产党章程（内容节选，仅展示写作格式）

（中国共产党第 ×× 次全国代表大会部分修改，

×××× 年 ×× 月 ×× 日通过）

总纲

中国共产党是中国工人阶级的先锋队，同时是中国人民和中华民族的先锋队，是中国特色社会主义事业的领导核心，代表中国先进生产力的发展要求，代表中国先进文化的前进方向，代表中国最广大人民的根本利益。党的最高理想和最终目标是实现共产主义。

中国共产党以马克思列宁主义、毛泽东思想、邓小平理论、"三个代表"重要思想、科学发展观、习近平新时代中国特色社会主义思想作为自己的行动指南。

马克思列宁主义揭示了人类社会历史发展的规律，它的基本原理是正确的，具有强大的生命力。中国共产党人追求的共产主义最高理想，只有在社会主义社会充分发展和高度发达的基础上才能实现。社会主义制度的发展和完善是一个长期的历史过程。坚持马克思列宁主义的基本原理，走中国人民自愿选择的适合中国国情的道路，中国的社会主义事业必将取得最终的胜利。

…………

党的建设必须坚决实现以下五项基本要求：

第一，坚持党的基本路线……

第二，坚持解放思想，实事求是，与时俱进，求真务实……

第三，坚持全心全意为人民服务……

第四，坚持民主集中制……

第五，坚持从严管党治党……

中国共产党的领导是中国特色社会主义最本质的特征，是中国特色社会主义制度的最大优势……

第一章　党员

第一条　年满十八岁的中国工人、农民、军人、知识分子和其他社会阶层的先进分子，承认党的纲领和章程，愿意参加党的一个组织并在其中积极工作、执行党的决议和按期交纳党费的，可以申请加入中国共产党。

第二条　中国共产党党员是中国工人阶级的有共产主义觉悟的先锋战士。

············

第三条　党员必须履行下列义务：

············

第四条　党员享有下列权利：

（一）参加党的有关会议，阅读党的有关文件，接受党的教育和培训。

（二）在党的会议上和党报党刊上，参加关于党的政策问题的讨论。

（三）对党的工作提出建议和倡议。

············

第五条　发展党员，必须把政治标准放在首位，经过党的支部，坚持个别吸收的原则。

············

第二章　党的组织制度

第十条　党是根据自己的纲领和章程，按照民主集中制组织起来的统一整体。党的民主集中制的基本原则是：

（一）党员个人服从党的组织，少数服从多数，下级组织服从上级组织，全党各个组织和全体党员服从党的全国代表大会和中央委员会。

············

第三章　党的中央组织

第十九条　党的全国代表大会每五年举行一次，由中央委员会召集。中央委员会认为有必要，或者有三分之一以上的省一级组织提出要求，全国代表大会可以提前举行；如无非常情况，不得延期举行。

············

第四章　党的地方组织

第二十五条　党的省、自治区、直辖市的代表大会，设区的市和自治州的代表大会，县（旗）、自治县、不设区的市和市辖区的代表大会，每五年举行一次。

············

第五章　党的基层组织

第三十条　企业、农村、机关、学校、科研院所、街道社区、社会组织、人民解放军连队和其他基层单位，凡是有正式党员三人以上的，都应当成立党的基层组织。

············

第六章　党的干部

第三十五条　党的干部是党的事业的骨干，是人民的公仆，要做到忠诚干净担当。……

············

第七章　党的纪律

第三十九条　党的纪律是党的各级组织和全体党员必须遵守的行为规则，是维护党的团结统一、完成党的任务的保证。党组织必须严格执行和维护党的纪律，共产党员必须自觉接受党的纪律的约束。

············

第八章　党的纪律检查机关

第四十五条　党的中央纪律检查委员会在党的中央委员会领导下进行工作。

············

第九章　党组

第四十八条　在中央和地方国家机关、人民团体、经济组织、文化组织和其他非党组织的领导机关中，可以成立党组……

············

第十章　党和共产主义青年团的关系

第五十一条　中国共产主义青年团是中国共产党领导的先进青年的群团组织，是广大青年在实践中学习中国特色社会主义和共产主义的学校，是党的助手和后备军……

············

第十一章　党徽党旗

第五十三条　中国共产党党徽为镰刀和锤头组成的图案。

第五十四条　中国共产党党旗为旗面缀有金黄色党徽图案的红旗。

第五十五条　中国共产党的党徽党旗是中国共产党的象征和标志。党的各级组织和每一个党员都要维护党徽党旗的尊严。要按照规定制作和使用党徽党旗。

4.1.5 招生章程

■ 范例 4-2

×××××× 学院 ×××× 年招生章程

第一章 总则

第一条 依据《中华人民共和国教育法》《中华人民共和国高等教育法》和教育主管部门的有关政策和规定，结合学校的实际情况，制定本章程。

第二章 学校概况

第二条 学校全称：×××××××××××××××××××××

第三条 学校国标码：××××××

第四条 校址：×××××××××××××××××××

第五条 学校性质：学校是全日制省属公办高职院校。学校是联合国教科文组织国际职业技术教育与培训联系中心、首批国家优秀骨干高职院校、教育部第一批教育信息化试点单位、教育部电子商务教学资源库项目主持单位……

…………

第三章 招生计划

第七条 根据教育部、××× 省教育厅核准的年度招生规模编制分省分专业招生计划。以各省招生主管部门公布的招生计划为准。

…………

第四章 录取规则

第九条 按教育部要求，实行"学校负责，省教育考试院监督"的录取体制，坚持"公平、公正、公开"的原则，择优录取。

…………

第五章 其他

第二十三条 收费标准严格按照国家规定，并向物价部门备案。学校 2018 年新生收费标准，非艺术类专业学费 ×××× 元 / 年（各专业学费详见招生信息网），艺术类专业学费 ×××× 元 / 年，中外合作专业学费 ×××× 元 / 年；住宿费六人间 ×××× 元 / 人·年，四人间 ×××× 元 / 人·年。

…………

第六章　附则

第二十六条　本章程由我校招生就业处负责解释。

4.1.6　公司章程

📃**范例 4-3**

×××××××××有限公司章程

第一章　总则

第一条　公司宗旨：通过设立公司组织形式，由股东共同出资筹集资本金，建立新的经营机制，为振兴经济作贡献。依照《中华人民共和国公司法》和《中华人民共和国公司登记管理条例》的有关规定，制定本公司章程。

第二条　公司名称：×××××××××××××

第三条　公司住所：×××××××××××××

第四条　公司由2个股东出资设立，股东以认缴出资额为限对公司承担责任；公司以其全部资产对公司的债务承担责任。公司享有股东投资形成的全部法人财产权，并依法享有民事权利，承担民事责任，具有企业法人资格。

股东名称（姓名）证件号（身份证号）

甲　×××××××××××××××

乙　×××××××××××××××

…………

第二章　注册资本、认缴出资额、实缴资本额

第七条　公司注册资本为200万元人民币，实收资本为200万元人民币。公司注册资本为在公司登记机关依法登记的全体股东认缴的出资额，公司的实收资本为全体股东实际交付并经公司登记机关依法登记的出资额。

…………

第三章　股东的权利、义务和转让出资的条件

第十二条　股东作为出资者按出资比例享有所有者的资产收益、重大决策和选择管理者等权利，并承担相应的义务。

第十三条　股东的权利：

…………

第十四条　股东的义务：

………………

第十五条　出资地转让：

………………

第四章　公司机构及高级管理人员资格和义务

第十六条　为保障公司生产经营活动的顺利、正常开展，公司设立股东会、执行董事和监事，负责全公司生产经营活动的策划和组织领导、协调、监督等工作。

第十七条　本公司设经理、业务部、财务部等具体办理机构，分别负责处理公司在开展生产经营活动中的各项日常具体事务。

………………

第五章　股东会

第二十六条　公司设股东会。股东会由公司全体股东组成，股东会为公司最高权力机构。股东会会议，由股东按照出资比例行使表决权。出席股东会的股东必须超过全体股东表决权的半数以上，方能召开股东会。首次股东会由出资最多的股东召集，以后股东会由执行董事召集主持。

………………

第六章　执行董事、经理、监事

第二十八条　本公司不设董事会，只设董事一名。执行董事由股东会代表三分之二以上表决权的股东同意选举产生。

第二十九条　执行董事为本公司法定代表人。

………………

第七章　财务、会计

第三十四条　公司依照法律、行政法规和国家财政行政主管部门的规定建立本公司的财务、会计制度。

第三十五条　公司应当在每一会计年度终了时编制财务会计报表，按国家和有关部门的规定进行审计，报送财政、税务、工商行政管理等部门，并送交各股东审查。

………………

第八章　合并、分立和变更注册资本

第三十九条　公司合并、分立或者减少注册资本，由公司的股东会作出决议；按《中华人民共和国公司法》的要求签订协议，清算资产、编制资产负债及财产清单，通知债权人并公告，依法办理有关手续。

············

第九章 破产、解散、终止和清算

第四十二条　公司因《中华人民共和国公司法》第一百八十条所列（一）（二）（四）（五）项规定而解散的，应当在解散事由出现之日起15日内成立清算组，开始清算。逾期不成立清算组进行清算的，债权人可以申请人民法院指定有关人员组成清算组进行清算。

············

第十章 工会

第四十三条　公司按照国家有关法律和《中华人民共和国工会法》的规定设立工会。工会独立自主地开展工作，公司应支持工会的工作。公司劳动用工制度严格按照《中华人民共和国劳动法》执行。

第十一章 附则

第四十四条　公司章程的解释权属公司股东会。

第四十五条　公司章程经全体股东签字盖章生效。

············

4.2　制度

制度一般指的是为了使某组织或者某方面内容顺利运行或者达到预期的目的而要求大家共同遵守的办事规程或行动准则，或者在一定历史条件下形成的政治、经济、文化等方面的体系和规格。可以说，不同的行业、不同的组织、不同的岗位都有其特定的行事准则，这些准则就是我们常说的制度。

本书所指的制度类公文，就是我国的党政机关、企事业单位、人民团体或者其他社会组织等，在其职权范围内，用文字的形式，将这些行事准则固定下来，以一定的强制力推行并要求大家共同遵守的、约束人们行为的各种规章制度的统称。

4.2.1　制度的特征及种类

制度是一种准则，从国家机关到社会团体，各个行业、各个领域、各个岗位都有涉及，可以说，制度的应用非常广泛，内容涉及人们工作和日常生活的方方面面，具有较强的限定性、强制性、规范性等特点，比如财务制度、学习制度、办公制度等。需要注意的是，制度一旦确定下来，所涉及的人员就必须无条件遵守和执行，同时制度对相应的工作具有指导和规范的积极作用。制度是检验某项工作是否达到预期要求的基本准绳，只有在不违反制度的前提下完成的各项工作，才能被认定为符合标准的工作。

国家机关、企事业团体等均有权在法定范围内制定自身内部的各项制度，制度的形式有很多种，既可以是以文件形式存在的，也可以是张贴式的。制度的种类有很多，比如财务制度、办公制度、值班制度等。

4.2.2 制度的写作格式

制度一般包括标题、适用范围和时间、正文、落款等部分。

1. 标题

制度的标题有以下两种：

一是由"制发机关＋事由＋文种"构成。比如，《×××××× 公司财务制度》。

二是由"事由＋文种"构成。比如，《值班制度》《休假制度》等。

2. 适用范围和时间

在标题的正下方、正文的正上方写明制度的适用范围和通过制度的相关会议名称及时间，并用小括号括起来。

3. 正文

制度的正文一般分为三个部分：第一部分写制定制度的主要原因和依据等内容，做到该制度有理有据、有据可查，并用"特制定本制度"引起下文；第二部分主要采取分条式的方法，写明需要大家共同遵守的各项条款；第三部分将实施范围、生效日期、修订权、解释权等内容交代清楚。

4. 落款

制度的落款与一般公文的基本格式差不多，主要注明制发单位和制发日期，需要注意的是，落款的制发单位必须是机关或者单位的名称，不能写具体人的姓名，因为制度是以组织的名义制发的，如果标题中已经注明制发单位及日期，则落款可以省略。

4.2.3　注意事项

1. 语言要精练

制度的语言要简明扼要，不要用修饰语，以免引起歧义，用词要准确，对一些掌握不准的提法和难以阐明的定义，不要勉强写入。

2. 内容要明确

制度一般是就某方面事项，要求所涉及的人员按照规定进行遵守和操作，因此，在拟定制度时，一定要将某方面事项应该做什么、不应该做什么表达清楚，不容许出现任何的含糊或歧义，同时要把不按规定操作或者违反制度条款应该受到的惩罚表达清楚，以便大家共同遵守。

3. 内容要有理有据

写入制度的内容，一定要有理有据，要以国家颁布的方针政策、法律法规等为基本依据，不能将有悖于法律法规的内容写入制度中，行文一定要严谨规范。

4.2.4　通勤制度

📋 范例 4-4 --

通勤制度

为保证机关干部准时上下班，更好地完成各项工作任务，特制定机关通勤制度。

1. 通勤时间为每周一至周五，按上下班时间通勤。机关干部在固定地点候车。

2. 注意保持车内卫生，不准吸烟，不准乱扔杂物，不准有蹬踏座椅等不良行为，严禁捎带大件物品。

3. 禁止非机关干部人员搭乘通勤车。

4. 此项制度由机关事务办负责检查、落实。

4.2.5 卫生制度

范例 4-5

卫生制度

为树立机关整体良好形象，创造良好的工作环境，促进卫生工作达标，特制定本制度。

1. 机关事务办公室负责镇机关卫生全面管理工作。

2. 卫生保洁员负责院内及楼内卫生保洁等工作。

3. 楼内卫生随时清扫，时刻保持干净，做到地面无积尘，无纸屑、烟头等杂物，门窗、屋顶、墙面等处无尘土。

4. 院内机动车、非机动车在指定地点，按顺序停放。

5. 机关干部负责各自办公室、宿舍卫生保洁，办公用品、文件码放整齐，个人生活用品保持整洁。

6. 会议室、接待室由专人负责卫生保洁。

7. 每周五下午为机关干部集中打扫卫生时间，机关事务办进行检查。

8. 每月对各办公室、宿舍进行卫生工作评比一次，在机关会上通报评比结果。

9. 此项制度由机关事务办负责检查、落实。

4.2.6 值班制度

范例 4-6

值班制度

为明确工作职责，严肃值班纪律，实现规范化管理，特制定如下值班制度。

一、值班安排

所有工作人员都应当履行值班职责，按照要求做好值班工作，具体值班安排由办公室负责。

二、值班分工

（1）工作日及加班期间夜间值班

值班地点：办公室

值班时间：夏季　冬季

（2）节假日值班

值班地点：办公室

值班时间：参照日常作息时间及夜间值班时间

三、值班要求

1.值班人员必须按时到岗值班，坚守工作岗位，不得脱岗、睡岗、漏岗，处理好办公室一切日常事务和领导交办事项，按要求做好值班记录，遇有重要或紧急事件要及时向领导汇报。

2.值班人员要按照卫生制度规定做好卫生工作，确保卫生区干净整洁。

3.夜间值班结束值班人员离开前关好门窗、关闭用电设备；白天值班人员应在早上上班前准备好各办公室饮用热水。

4.值班期间，接待客人、接听电话、下达通知等，要做到用语规范，态度和蔼，礼貌待客。

5.值班期间，值班人员要提高安全意识，负责安全保卫和检查工作。

6.对于临时外出、学习、开会等原因不能值班的，由办公室进行调剂。

4.3　办法 ✎

为了贯彻落实某政策法规或者某指示决定而采取的工作方法、工作步骤、工作措施等，并将其以文件的形式固定下来，就是办法。所以，办法是党政机关、企事业单位、社会团体等为了落实某项法规、条令或者某项工作，依据党和国家的方针、政策及有关法律法规制定的有关做法和要求的一种规范性文件。

4.3.1　办法的特征及种类

办法在我国党政机关、企事业单位、人民团体的日常工作中有非常广泛的应用，它具有非常明显的可操作性、具体性、实践性等特点。办法中所提到的具体措施和方法，必须能够对需要贯彻落实的政策法规、条令条例、命令指示等具有切实可行的操作性，所提出的办法也必须是具体的、完整的，不能笼统抽象。

根据内容、性质不同，办法可分为实施文件办法和工作管理办法两种。

4.3.2　办法的写作格式

办法一般包括标题、发布单位和时间、正文三部分。

1. 标题

办法的标题有以下三种：

第一种由"发文机关＋事由＋文种"构成。比如，《国家行政机关公文处理办法》《中华人民共和国看守所条例实施办法》。

第二种由"事由＋文种"构成。比如，《知识产权对外转让有关工作办法（试行）》《商品条码管理办法》。

第三种由"有关法令或者指示＋文种"构成。比如，《森林防火条例实施办法》。

2. 发布单位和时间

在标题的正下方、正文的正上方居中位置，要写清楚发布单位名称和发布时间，并用括号括起来，也可以视情况将本部分内容体现在正文内容中，比如范例4-7，将发布时间体现在办法的最后一条。

3. 正文

一般情况下，办法的正文采取分条式的方式进行书写，主要将缘由、主体和结尾等情况写清楚即可。

（1）缘由：写清楚制发办法的缘由、目的、意义等内容。

（2）主体：为了使办法更清晰易懂，一般情况下，办法的主体部分都要采取分条式、分段式或者章程式的方法进行书写，以一条、一段或者一章为一个内容。具体采取哪种方法比较合适，主要取决于办法的复杂程度。

（3）结尾：一般情况下，结尾部分主要对办法的适用范围、解释权限、实施日期、相关要求等进行说明。

4.3.3 注意事项

1.语言要精练

这一点符合规章制度类文书的基本特点,办法也一样,书写的内容必须简练,不能拖泥带水,要就事论事,用通俗易懂的文字将问题说明即可。

2.内容要明确

办法所提出的贯彻落实有关法令、指示等的方法、步骤、措施等一定要明确,不能用修饰语,也不能用模棱两可的表述方法,以免引起歧义。

4.3.4 工作管理办法

范例 4-7

企业所得税税前扣除凭证管理办法

第一条 为规范企业所得税税前扣除凭证(以下简称"税前扣除凭证")管理,根据《中华人民共和国企业所得税法》(以下简称"企业所得税法")及其实施条例、《中华人民共和国税收征收管理法》及其实施细则、《中华人民共和国发票管理办法》及其实施细则等规定,制定本办法。

第二条 本办法所称税前扣除凭证,是指企业在计算企业所得税应纳税所得额时,证明与取得收入有关的、合理的支出实际发生,并据以税前扣除的各类凭证。

第三条 本办法所称企业是指企业所得税法及其实施条例规定的居民企业和非居民企业。

第四条 税前扣除凭证在管理中遵循真实性、合法性、关联性原则。真实性是指税前扣除凭证反映的经济业务真实,且支出已经实际发生;合法性是指税前扣除凭证的形式、来源符合国家法律、法规等相关规定;关联性是指税前扣除凭证与其反映的支出相关联且有证明力。

....

第十九条 企业租用(包括企业作为单一承租方租用)办公、生产用房等资产发生的水、电、燃气、冷气、暖气、通信线路、有线电视、网络等费用，出租方作为应税项目开具发票的，企业以发票作为税前扣除凭证；出租方采取分摊方式的，企业以出租方开具的其他外部凭证作为税前扣除凭证。

第二十条　本办法自 2018 年 7 月 1 日起施行。

4.3.5　实施文件办法

📋 范例 4-8

高等学校科技成果转化和技术转移基地认定暂行办法
（教育部 ××××××××）

为深入贯彻落实《国家技术转移体系建设方案》和《促进科技成果转移转化行动方案》，有序推进高等学校科技成果转化和技术转移基地（以下简称基地）认定工作，特制定本办法。

一、指导思想

全面贯彻党的十九大精神，大力实施创新驱动发展战略，落实教育"奋进之笔"攻坚行动计划任务，推进实施高等学校服务国家战略行动，加强与地方、行业协同创新，聚焦科技成果转化推动经济高质量发展，探索高校科技成果转化机制和模式，完善高校促进科技成果转化的管理体系、制度体系和服务支撑体系，加速高校科技成果转移转化。

二、发展目标

以服务国家重大区域发展战略和经济社会发展需求为导向，充分发挥科技创新对高校人才培养和"双一流"建设的带动作用……

三、认定条件

（一）基本条件：科技创新基础好、成果转化需求强烈、高校成果转化工作特色鲜明、转化协同成效显著的地方和高校，服务国家、区域重大战略实施及重点产业发展贡献突出……

…………

四、认定程序

（一）提出申请。根据《高等学校科技成果转化和技术转移基地认定工作指导标准》（详见附件 1），结合自身实际编制《高等学校科技成果转化和技术转移基地认定申请书》（详见附件2），以地方为基本依托单位申请的基地经省级教育行政部门同意，以高校为基本依托单位申请的基地经主管部门同意，正式行文报送教育部。

…………

五、组织实施

（一）加强组织领导。各地方、各高校要积极推动基地各项任务的落实。基地要制定工作方案，明确任务分工和进度安排。教育部支持并协调各项改革措施的衔接、协同。

…………

附件：1.高等学校科技成果转化和技术转移基地认定工作指导标准

2.高等学校科技成果转化和技术转移基地认定申请书

3.高等学校科技成果转化和技术转移基地评估指标体系

第5章

司法类公文写作
要领及范例

　　在日常生活中，当人们遇到此类文书的写作时，会感到比较困惑，不得已转而采取有价服务的方式，求助于有关律师机构，掏钱买服务，甚至有时候，钱没少花，但是效果并不太好。因此，本书特别增加了本章内容，目的就是为读者提供方便易学、可直接套用的司法类文书写作方法和案例。

5.1 起诉状

当原告向有关人民法院提出对被告的指控，希望维护自身合法权益时，就需要递交起诉状这种公文。起诉状是指原告自身合法权益遭受不法侵害时，向有关人民法院提起诉讼请求的文书。公民、法人或者符合我国法律法规规定的相关组织，都可以向各级人民法院递交起诉状。

5.1.1 起诉状的特征及种类

与一般意义上的公文使用的范围不同的是，起诉状只在原告、被告和相关法院之间进行使用，起诉状是有关法院对涉法纠纷进行调解和审理的基础和依据。为了使有关法院机关能够更加清晰地厘清原告、被告双方的责权利关系，为公平、公正审判提供依据，就需要原告对起诉状进行科学合理的拟制。

起诉状具有非常明显的明确性、专属性、规范性等特点。起诉状所表达的内容必须真实，同时起诉人必须是受到某具体方面的特定伤害的对象。

按照使用范围和特点进行划分，起诉状可以分为民事起诉状、行政起诉状和刑事自诉状三类。

5.1.2 起诉状的写作格式

一份合格的起诉状应该涵盖标题、当事人基本情况、诉讼请求、事实与理由、证据和证据来源、当事人签名盖章以及签署的日期等内容，具体来讲，其格式如下。

1. 标题

在顶部中央写"××××起诉状"字样。

2. 当事人基本情况

交代清楚原告的基本情况，包括姓名、年龄、性别、民族、籍贯、职业、工作单位等，如果涉及原告代理人的，需要在后面注明原告代理人的基本情况，以及原告代理人与原告的关系。原告为法定组织的，同样需要将原告的基本情况写清楚。

3. 诉讼请求

应写明需要人民法院依法解决的具体事项和明确要求，内容要实事求是、依法依规、简明扼要。

4. 事实与理由

交代清楚原告需要人民法院依法维护其合法权益的事实和理由，先写事实，后写理由。事实部分要写明相关事项的时间、地点、经过、原因、后果等内容。理由部分要阐明认定事实的理由和所依据的法律法规。

5. 证据和证据来源

按照我国法律规定的"谁主张，谁举证"的原则，原告需要在这部分将相关的证据详细列出，以便为法院公正裁决提供依据，并要写明各条证据的名称、来源及所要证明的问题，以备法院查找核实。

6. 结束语

结束语部分不仅要总括说明被告人触犯了什么法律，还要综合以上提出的各种事实与理由等内容进行总结性陈述，通常总括叙述被告人的行为触犯了什么法律、构成了什么罪行并请求法院对被告予以合法惩处。

7. 结尾

结尾应顶格写明人民法院的名称，其后不加标点符号，而后在正文的右下方注明具状人姓名、日期等内容，最后写明附件内容，附件内容应该涵盖附件的名称、份数等信息。

5.1.3 注意事项

1. 内容要真实

起诉状所涉及的内容一定要实事求是，不能有任何的虚假表示。根据我国法律规定，提供虚假证据等情况是需要负法律责任的，而且不真实的内容也无益于法院法官对案件的公平公正审判。因此，起诉状所涉及的内容一定要真实且符合法律要求。

2. 诉求要合理

原告向法院法官提出的相关诉求一定要在法律规定的范围内，不能提无理要求，无理要求既无助于法官的公平公正审判，也不受我国法律保护。

3. 证据来源要合法

起诉状所涉及的相关证据，一定要通过合法途径获得，并且要符合我国法律法规相关要求，通过非法途径所获得的证据不受法律保护，也无助于法院法官对案件的公平公正审判。

4. 需要牢记的相关法规法条

《中华人民共和国民事诉讼法》规定：

第一百零八条　起诉必须符合下列条件：

（一）原告是与本案有直接利害关系的公民、法人和其他组织；

（二）有明确的被告；

（三）有具体的诉讼请求和事实、理由；

（四）属于人民法院受理民事诉讼的范围和受诉人民法院管辖。

第一百零九条　起诉应当向人民法院递交起诉状，并按照被告人数提出副本。书写起诉状确有困难的，可以口头起诉，由人民法院记入笔录，并告知对方当事人。

第一百一十条　起诉状应当记明下列事项：

（一）当事人的姓名、性别、年龄、民族、职业、工作单位和住所，法人或者其他组织的名称、住所和法定代表人或者主要负责人的姓名、职务；

（二）诉讼请求和所根据的事实与理由；

（三）证据和证据来源，证人姓名和住所。

《中华人民共和国行政诉讼法》规定：

第二条　公民、法人或者其他组织认为行政机关和行政机关工作人员的具体行政行为侵犯其合法权益，有权依照本法向人民法院提起诉讼。

…………

第四十一条　提起诉讼应当符合下列条件：

（一）原告是认为具体行政行为侵犯其合法权益的公民、法人或者其他组织；

（二）有明确的被告；

（三）有具体的诉讼请求和事实根据；

（四）属于人民法院受案范围和受诉人民法院管辖。

5.1.4　行政起诉状

📄 范例 5-1 --

行政起诉状

原告：（自然人姓名）　　　　　　性别：

年龄：　　　　　　　　　　　　　民族：

工作单位：　　　　　　　　　　　电话：

住址：　　　　　　　　　　　　　邮编：

原告：（单位名称）　　　　　　　电话：

法定代表人姓名：　　　　　　　　职务：

地址：　　　　　　　　　　　　　邮编：

被告：（行政机关名称）　　　　　电话：

法定代表人姓名：　　　　　　　　职务：

地址：　　　　　　　　　　　　　邮编：

案由：

…………

诉讼请求：

…………

事实和理由：

…………

证据和证据来源：（含证人的姓名和住址）

…………

此致

×××人民法院

原告：（签字、盖章）

××××年××月××日

5.1.5 刑事附带民事起诉状

范例 5-2

刑事附带民事起诉状

附带民事诉讼原告人：	性别：
民族：	出生年月日：
籍贯：	现住址：
联系电话：	
附带民事诉讼被告人：	性别：
民族：	出生年月日：
籍贯：	现住址：
联系电话：	

诉讼请求：

…………

事实与理由：

…………

证据和证据来源：（含证人的姓名和住址）

…………

此致

××××区人民法院

附：本刑事附带民事起诉状副本　份

附带民事诉讼原告人：（签字、盖章）

××××年××月××日

5.1.6 民事起诉状

范例 5-3

民 事 起 诉 状

（个人起诉单位适用）

原告：（姓名）　　　　　　　　　　性别：

年龄：　　　　　　　　　　　　　　民族：

职业：　　　　　　　　　　　　　　工作单位：

住所：　　　　　　　　　　　　　　联系电话：

被告：（单位名称）　　　　　　　　单位地址：

法定代表人：（姓名）　　　　　　　职务：

联系电话：　　　　　　　　　　　　案由：

诉讼请求：

…………

事实与理由：

…………

…………

此致

×××××××人民法院

具状人：（签名）

××××年××月××日

范例 5-4

民 事 起 诉 状

（个人起诉个人适用）

原告：（姓名）　　　　　　　　　　性别：

年龄：   民族：

职业：   工作单位：

住所：

联系方式：

被告：（姓名）   性别：

工作单位：   住所：

联系电话：

案由：

....

诉讼请求：

....

事实与理由：

....

证据和证据来源：

....

....

证人姓名和住所：

....

此致

×××××××人民法院

具状人：（签名）

××××年××月××日

范例 5-5

民事起诉状

（单位起诉个人适用）

原告：（单位名称）   单位地址：

法定代表人：（姓名）   职务：

联系电话：

被告：（姓名）   性别：

年龄：   民族：

职业：   住址：

联系电话：

案由：

…………

诉讼请求：

…………

事实与理由：

此致

×××××××人民法院

具状人：（加盖公章）

××××年××月××日

范例 5-6

民 事 起 诉 状

（单位起诉单位适用）

原告：（单位名称）   单位地址：

法定代表人：（姓名）   职务：

联系电话：

被告：（单位名称）   单位地址：

法定代表人：（姓名）   职务：

联系电话：

案由：

…………

诉讼请求：

…………

事实与理由：

…………

此致

×××××××人民法院

具状人：（加盖公章）

××××年××月××日

5.2 答辩状

答辩状就是被告（人）、被反诉人、被上诉人等相同性质的人员，在法定期限内根据事实和法律的真相、依法依规向人民法院进行回答和辩驳的文书，也是诉状中使用频率最高的文种之一。答辩状的目的是方便司法机关进一步全面了解案情，作出正确裁决，以免自身合法权益受到侵犯。

5.2.1 答辩状的特征及种类

答辩状是法律赋予处于被告地位的案件当事人的一种权利，答辩状的正确适用，不仅有利于维护被告（人）的正当合法权益，更有利于人民法院在全面了解案情的基础上，全面了解当事人的意见、建议和要求，判明是非，依法合理处理好案件。

答辩状具有被动性、时效性等特点。被告（人）、被反诉人、被上诉人等应法院的相关要求，就原告诉诸法院的相关问题进行答辩，这种答辩不仅是被动的，而且具有非常明显的时效性，必须在法院规定的期限内作出相关的答辩，以使法院的判决顺利进行。

按照使用范围和特点，答辩状可以分为民事答辩状、行政答辩状和刑事答辩状三类。

5.2.2 答辩状的写作格式

一份合格的答辩状应该涵盖标题、答辩人基本情况、答辩事由、尾部与附项等几个部分的内容。

1. 标题

在顶部中央，依据事件性质写"××××答辩状"。

2. 答辩人基本情况

这部分应该涵盖答辩人的基本情况，包括答辩人姓名、年龄、性别、民族、身份、职业等内容，如果有代理人或者委托代理人，还要写上代理人的基本情况，包括与答辩人的关系等。如果答辩人是企事业单位、机关、团体（法人）的，则应该交代清楚答辩人及其单位全称和所在地、该单位的法定代表人及其姓名、职务以及委托代理人及其姓名、职务。

3. 答辩事由

针对一审案件进行答辩时，一般采取如下写法："因××××一案，现提出答辩如下："；针对二审案件，一般采取如下写法："上诉人×××（姓名）因××××（案由）一案不服××××人民法院××××年××月××日××字第××号×事判决（或裁定），提起上诉，现提出答辩如下："。

无论是针对一审判决，还是针对二审判决，答辩人在进行答辩时，一定要最大限度地提出对自己有利的事实、证据和理由，从而为自己争取主动权。

4. 尾部与附项

结尾应顶格写明相关人民法院的名称，其后不加标点符号，而后在正文的右下方注明具状人姓名、日期等内容，最后写明附件内容，附件内容应该涵盖附件的名称、份数等信息。

5.2.3 注意事项

1. 内容要真实

答辩状所涉及的内容一定要实事求是，经得起推敲，绝不能歪曲或者隐瞒事实真相，更不能有任何的虚假表示。根据我国法律规定，提供虚假证据等情况是需要负法律责任的，而且不真实的内容也无益于法院法官对案件的公平公正审判。因此，起诉状所涉及的内容一定要真实且符合法律要求。

2. 内容要有理有据

对原告或者上诉状中的事项进行辩驳时，一定要有理有据，不能凭空捏造事实，一定要提出足以对抗原告或者上诉状所述事项的事实，或者足以否定其所述事实的证据。

5.2.4 民事答辩状

范例 5-7

民事答辩状

答辩人：王××，男，50岁，汉族，山东××××人，××××单位员工，住址：×××××××××，邮编：××××××××××

被答辩人：肖××，男，35岁，汉族，新疆××××人，外来务工人员，……，住址：×××××××××，邮编：××××××××××

答辩人王××（姓名）因××××（案由）一案不服×××人民法院××××年××月××日××字第××号×事判决（或裁定），做答辩如下：

答辩人认为被答辩人所诉××××纯属捏造的不实之词。答辩人不能同意被答辩人××××的要求。理由有三：

1.……

2.……

3.……

综上所述，被答辩人提出的本案上诉，没有事实和法律依据，其提出的上诉理由和观点，均不能成立，因此，请求贵院驳回被答辩人的全部上诉请求，维持原判。

此致

××××××人民法院

答辩人：王××

××××年××月××日

（写明递交答辩状的日期）

附：1.本答辩状副本××份。

2.……

3.……

5.2.5 行政答辩状

范例 5-8

行政答辩状

答辩人×××，……（写明名称、地址、法定代表人等基本信息）

法定代表人×××，……（写明姓名、职务等基本信息）

委托代理人×××，……（写明姓名、工作单位等基本信息）

因×××诉我单位……（写明案由或起因）一案，现答辩如下：

答辩请求：……

事实和理由：……（写明答辩的观点、事实与理由）

此致

××××人民法院

答辩人：×××（盖章）

××××年××月××日

（写明递交答辩状的日期）

附：1. 答辩状副本×份。

2. 其他文件×份。

3. 证物或书证×件。

5.2.6 刑事答辩状

范例 5-9

刑事答辩状

答辩人：李××，男，50岁，汉族，河北××××人，××××公司员工，住址：××××××××，邮编：×××××××××××，电话：×××××××××

被答辩人：王××，男，35岁，汉族，黑龙江××××人，外来务工人员，……，住址：××××××××，邮编：×××××××××××，电话：

××××××××××

答辩人因王××指控恶意伤害罪一案，做答辩如下：

一、答辩人的行为不构成恶意伤害罪，事情经过和理由如下：

1.……

2.……

3.……

二、王××的行为存在恶意诈骗，正是因为王××的恶意诈骗，导致了答辩人与被答辩人的纠纷以及后续的殴斗，其事情经过和理由如下：

1.……

2.……

3.……

三、证据和证据来源、证人姓名及其他信息：

1.……

2.……

3.……

此致

××××××人民法院

答辩人：李××

××××年××月××日

（写明递交答辩状的日期）

附：1.本答辩状副本×份。

2.……

3.……

5.3　司法类申请书

在司法实践中，司法当事人经常会遇到需要申请法院依法执行某司法事项的情况，这时就需要采取向相关法院递交司法申请书的方式，向法院表达自身诉求，希望法院能够按照自身意愿依法执行相关事项，本书把涉及此方面的相关申请书统一进行归类，以"司法类申请书"的方式予以展示。比如，当事人对法院作出的某项裁定不服，希望法院依法进行复议时，就需要向当事法院递交复议申请书。再如，当事人希望法院依法对相关财产进行保全时，就需要向相关法院递交财产保全申请书等。

5.3.1 司法类申请书的特征及种类

司法类申请书主要在当事人希望法院就某案件按照自身意愿进行裁决时使用，这种申请书一般涵盖当事人的基本信息、案件基本情况、事实与理由、相关依据、希望法院执行的相关事项等内容。司法类申请书具有明显的真实性、规范性和强烈的意愿性等特点，纳入司法类申请书中的相关信息必须是绝对真实的，不能有任何的虚构和不实信息，否则申请人要承担相应的法律责任。无论是从当事人的角度来讲，还是从法院的角度来讲，只有将最真实的事实递交法院，法院才能做到最公平公正的裁决，才能最大限度地保护好当事人的合法权益。同时，这种申请书是申请人自身意愿的充分表达，是当事人希望法院按照自身意愿就某事项依法依规进行裁决的意愿表达。

按照司法实践的使用情况进行分类，常见的司法类申请书有复议申请书、财产保全申请书、证据保全申请书、公示催告申请书、支付令申请书等。

5.3.2 司法类申请书的写作格式

司法类申请书通常涵盖标题、答辩人基本情况、事实与理由、申请事项、落款等几个部分。

1. 标题

在顶部中央依据事件性质写"××××申请书"，不能笼统地写"申请书"三个字。

2. 答辩人基本情况

这部分应该视申请的具体情况，合理地涵盖申请人、被申请人的基本情况，申请人是公民的，要写清姓名、性别、民族、籍贯、住址、联系方式、单位名称等信息，如果有代理人，还要把代理人的信息以及与当事人的关系交代清楚。被申请人的基本情况与申请人书写一样。

3. 事实与理由

因为是对已经经法院裁决过的案件的某方面内容进行申请，所以这一部分要用简练的语言，将案件的基本情况进行概括性叙述，不需要详写，主要交代清楚具体案件的事实、理由、证据及其来源等，也可以将相关依据表达清楚，以便为法院公平公正地进行裁决提供依据。

4. 申请事项

这部分要用简洁明了的语言，精确地将申请人的意愿充分表达清楚，语言要精练准确，不要拖泥带水，更不要使用修饰语，以免产生歧义，造成法院误解。

5. 落款

这部分要交代清楚送达的人民法院名称、署名、时间和附项等内容。在正文下方左侧写明"此致"字样，并另起一行，顶格写清楚送达的人民法院的名称，而后在右下方署明申请人的签名和日期，最后加上附项的相关内容。

5.3.3 注意事项

1. 内容要真实

司法类申请书所涉及的内容一定要实事求是、经得起推敲，绝不能歪曲或者隐瞒事实真相，更不能有任何的虚假表示。根据我国法律规定，提供虚假证据等情况是需要负法律责任的，而且不真实的内容也无益于法院法官对案件的公平公正审判。因此起诉状所涉及的内容一定要真实且符合法律要求。

2. 语言要精练

司法类申请书的语言一定要精练，不要拖泥带水，尤其是申请事项部分，一定要用最简练通俗的语言，准确地将申请事项传达给法院，不要用任何的修饰手法，以免引起歧义。

5.3.4　复议申请书

📄 范例 5-10 --

复议申请书

申请人：……（写明姓名、名称、联系方式、住所地等基本情况）

申请人因×××（当事人）与×××（当事人）×××××（案由）一案，对××××人民法院作出的××××××决定（或裁定）不服，特向××××人民法院申请复议。

复议请求：撤销（或变更）××××人民法院作出的××××××决定（或裁定），请求……（写明诉求）。

事实与理由：……

此致

××××人民法院

申请人：（签字、盖章）

××××年××月××日

5.3.5　财产保全申请书

📄 范例 5-11 --

财产保全申请书

申请人：……（写明姓名或名称、联系方式、住所地等基本情况）

被申请人：……（写明姓名、名称、联系方式、住所地等基本情况）

上列申请人与被申请人，因××××××纠纷，于××××年××月××日向你院起诉在案（或申请人即将提起诉讼），被申请人有毁损（或隐匿）诉讼争议标的物的可能（或者其他原因），为此，申请给予实施财产保全。

请求事项：……

事实与理由：……

此致

××××人民法院

申请人：（签字、盖章）

××××年××月××日

5.3.6　证据保全申请书

范例5-12

证据保全申请书

申请人：……（写明姓名、名称、联系方式、住所地等基本情况）

申请人×××与×××因××××纠纷一案，已于××××年××月××日向你院提起诉讼。现因该案证据即将灭失（或者以后难以取得），为此，申请给予保全证据。现将案件事实、理由和具体请求目的分述如下：

请求事项：……

事实与理由：……

此致

××××人民法院

申请人：（签字、盖章）

××××年××月××日

5.3.7　公示催告申请书

范例5-13

公示催告申请书

申请人：……（写明姓名、名称、联系方式、住所地等基本情况）

请求事项：……（写明请求××××人民法院发出公告，督促利害关系人申报权利等内容）

事实与理由：……（写明取得票据的事实、丧失票据的有关情况。特别要写

明该票据的种类、票据号码、票面金额、出票人、持票人、背书人、票据支付银行等具体信息）

此致

××××人民法院

附：……（有关证据材料）

申请人：×××（签字、盖章）

××××年××月××日

5.3.8 支付令申请书

📄 **范例5-14**

支付令申请书

申请人：……（写明姓名或名称、联系方式、住所地等基本情况）

被申请人：……（写明姓名或名称、联系方式、住所地等基本情况）

（"申请人""被申请人"栏，如系公民的，应写明姓名、性别、出生年月日、民族、籍贯、职业或工作单位和职务、住所等；如系法人或其他组织的，应写明名称和所在地址、法定代表人或主要负责人的姓名和职务）

申请事项：请求××××人民法院向被申请人发出支付令，督促被申请人给付……（写明要求给付金钱或者有价证券的名称和数量）

事实与理由：……（写明申请人与被申请人之间形成债权债务关系的经过、依据和要求支付的原因等）

此致

××××人民法院

附：……（有关证据材料）

申请人：×××（签字、盖章）

××××年××月××日

5.3.9　民事再审申请书

▤ 范例 5-15

民事再审申请书

（法人或其他组织诉法人或其他组织用）

申请再审人（一、二审诉讼地位）：（名称、所在地址）

法定代表人或者代表人：（姓名、职务、联系方式、地址）

委托代理人：（姓名、性别、出生年月日、民族、出生地、文化程度、职业或者工作单位和职务、电话、住址等）

被申请人（一、二审诉讼地位）：（名称、所在地址）

法定代表人或者代表人：（姓名、职务、联系方式、地址）

委托代理人：（姓名、性别、出生年月日、民族、出生地、文化程度、职业或者工作单位和职务、电话、住址等）

申请再审人因与被申请人×××……（案由）纠纷一案，不服××××人民法院于××××年××月××日作出的××字第××号民事××××书，现依据《中华人民共和国民事诉讼法》第×××条第××××项之规定，申请再审。

请求事项：

（可根据生效法律文书确定的内容选择填写）

…………

事实与理由：

…………

此致

××××人民法院

附：本民事再审申请书副本×份（再审申请书副本份数应当按当事人人数提交）

原审书复印件×份

申请再审人：（签字、盖章）

（应当写明全称，由法定代表人或者代表人签名，加盖单位公章）

××××年××月××日

5.3.10　国家赔偿申请书

范例5-16

国家赔偿申请书

（向人民法院赔偿委员会申请国家赔偿用）

　　赔偿请求人：【写明姓名、性别、有效身份证件号码（包括身份证号、军官证号、护照号等）、民族、职业（或工作单位和职务）、住址、送达地址、联系方式；有别名或者曾用名的，应在姓名之后用括号标明】

　　（赔偿请求人是法人的，写明其名称、住所地，并写明法定代表人的姓名和职务、联系方式）

　　（赔偿请求人是依法成立的不具备法人资格的其他组织的，写明其名称和住所地，并写明负责人姓名和职务、联系方式）

　　【赔偿请求人有法定代理人的，应写明其姓名、性别、职业（或工作单位和职务）及住址、联系方式】

　　【赔偿请求人有委托代理人的，应写明其姓名、性别、职业（或工作单位和职务）及住址、联系方式】

　　赔偿义务机关：（写明名称、住所地）

　　法定代表人：（写明姓名、职务）

　　复议机关：（写明名称、住所地）

　　法定代表人：（写明姓名、职务）

　　×××（赔偿请求人姓名或名称）因……（申请国家赔偿案由），申请××××（赔偿义务机关名称）……（申请国家赔偿的具体要求）

　　……（事实与理由，主要是认为赔偿义务机关及其工作人员侵权造成赔偿请求人合法权益受到损害的事实和根据；已经向赔偿义务机关申请国家赔偿、向复议机关申请复议，认为赔偿义务机关、复议机关作出决定错误的理由，或者逾期不作出决定的事实和证据；根据有关法律规定应当获得国家赔偿的理由；赔偿请求人依法应向复议机关申请复议的，应当写明复议机关的决定内容或逾期不作出决定的情形）

　　……（证据和证据来源，证人姓名和住址）

　　此致

××××人民法院赔偿委员会（申请指向的人民法院赔偿委员会名称）

附：……（本国家赔偿申请书副本三份和有关法律文书及证明材料目录，根据具体情况分别列项标注）

赔偿请求人：（签字、盖章）

（如系自然人，应当亲笔签名或盖章；如系法人或者其他组织的，应当写明全称，由法定代表人或者代表人签名，加盖单位公章）

××××年××月××日

范例5-17

国家赔偿申请书
（人民法院作为赔偿义务机关申请国家赔偿用）

赔偿请求人：【姓名、性别、有效身份证件号码（包括身份证号、军官证号、护照号等）、民族、职业（或工作单位和职务）、住址、送达地址、联系方式；有别名或者曾用名的，应在姓名之后用括号标明】

（赔偿请求人是法人的，写明其名称、住所地，并写明法定代表人的姓名和职务、联系方式）

（赔偿请求人是依法成立的不具备法人资格的其他组织的，写明其名称和住所地，并写明负责人姓名和职务、联系方式）

【赔偿请求人有法定代理人的，应写明其姓名、性别、职业（或工作单位和职务）及住址、联系方式】

【赔偿请求人有委托代理人的，应写明其姓名、性别、职业（或工作单位和职务）及住址、联系方式】

赔偿义务机关：（写明名称、住所地）

法定代表人：（写明姓名、职务等基本情况）

×××（赔偿请求人姓名或名称）因……（申请国家赔偿案由），申请××××人民法院（被申请人民法院名称）……（申请国家赔偿的具体要求）

……（事实与理由，主要是认为人民法院及其工作人员侵权造成赔偿请求人合法权益受到损害的事实和根据、申请国家赔偿的法律依据等）

此致

××××人民法院

附：……（有关法律文书及证明材料目录，根据具体情况分别列项标注，附件目录应与提交的有关法律文书及证明材料相符）

赔偿请求人：（签字、盖章）

（如系自然人，应当亲笔签名或盖章；如系法人或者其他组织的，应当写明全称，由法定代表人或者代表人签名，加盖单位公章）

××××年××月××日

5.4　上诉状

当事人对某项案件的一审判决不服时，常常需要按照法定程序和法定时限，向上一级人民法院提出复审的请求，向上级人民法院提起上诉请求时所使用的文书就叫作上诉状。

5.4.1　上诉状的特征及种类

上诉状在司法实践中的使用非常广泛，通过合理的上诉，可以很好地维护涉案当事人的合法权益，而就法院来讲，通过上一级人民法院的依法再审，可以进一步发现案件审理中的不妥之处，及时予以纠正，最大限度地保护当事人的合法权益。

上诉状具有很强的规范性、期限性和对象特定性的特点。我国采取二审终审制度，一旦二审作出判决，将不能再提起上诉，同时必须是对地方各级人民法院的裁定或者判决向上一级人民法院提起上诉，对最高人民法院作出的判决，不能提起上诉。提起上诉一定要在法律规定的期限内进行，超过法律规定的期限将不能再进行上诉，比如我国民事判决的上诉期限是从收到判决书之日算起的 15 天之内，超过 15 天将不能再提起上诉。上诉所涉及的内容必须是一审判决相关的内容，同时上诉涉及的当事人也必须是一审判决所涉及的当事人。

按照司法实践的使用情况进行分类，常见的上诉状有民事上诉状、行政上诉状和刑事上诉状等。

5.4.2 上诉状的写作格式

上诉状的写作内容涵盖标题、上诉人和被上诉人基本情况、上诉事项、上诉请求、上诉理由、结尾等几个部分。

1. 标题

在顶部中央依据事件性质写"××××上诉状",不能笼统地写"上诉状"三个字。

2. 上诉人和被上诉人基本情况

这部分主要写上诉人和被上诉人的基本情况,包括姓名、年龄、性别、民族、籍贯、职业、工作单位等信息,如果有代理人,还应当写上代理人的基本情况。

3. 上诉事项

这部分要写清楚上诉的具体事项,也就是说,上诉人应该标明具体对哪个裁决不服,比如 "上诉人因……一案,不服人民法院××××年××月××日作出的××××字第××××号判决,现依法提出上诉"。

4. 上诉请求

这部分首先要简明扼要地写清楚案情概况,然后把原审判的结果写清楚,并重点写明对原审判的哪一部分不服,最后用简洁明了的语言,把上诉请求写清楚。

5. 上诉理由

这部分主要是把不服一审判决的理由讲清楚:为什么不服,不服的主要依据是什么等,比如原审判决性质、认定的事实、主要证据、法定程序等是否合理合法等。

6. 结尾

结尾首先应顶格写明人民法院的名称,其后不加标点符号,然后在正文的右下方注明具状人姓名、日期等内容,最后写明附件内容,附件内容应该涵盖附件的名称、份数等信息。

5.4.3 注意事项

上诉状必须以书面形式提出，不能以口头形式提出，上诉是法律赋予公民的基本权利，所有涉案的当事人均具有上诉的权利。

5.4.4 民事上诉状

📋 范例5-18

民事上诉状

上诉人（一审诉讼地位、反诉诉讼地位）：（姓名、性别、出生年月日、民族、工作单位及职务、联系方式、住所；如系法人或者其他组织，应当写明名称、所在地址、法定代表人或者代表人的姓名和职务）

委托代理人：（姓名、性别、出生年月日、民族、出生地、文化程度、职业或者工作单位和职务、联系方式、住址等）

被上诉人（一审诉讼地位、反诉诉讼地位）：（姓名、性别、出生年月日、民族、工作单位及职务、联系方式、住所；如系法人或者其他组织，应当写明名称、所在地址、法定代表人或者代表人的姓名和职务）

委托代理人：（姓名、性别、出生年月日、民族、出生地、文化程度、职业或者工作单位和职务、联系方式、住址等）

上诉事项：

⋯⋯⋯⋯

上诉请求：

⋯⋯（可根据一审法律文书确定的内容选择填写）

事实与理由：

⋯⋯⋯⋯

此致

××××人民法院

附：上诉状副本 × 份（上诉状副本份数应当按被上诉人人数提交）

上诉人：（签字、盖章）

（上诉人如系自然人，应当亲笔签名或盖章；如系法人或者其他组织，应当写明全称，由法定代表人或者代表人签名，加盖单位公章）

×××× 年 ×× 月 ×× 日

5.4.5 行政上诉状

范例 5-19

行政上诉状

上诉人（一审诉讼地位）：（姓名、性别、出生年月日、民族、工作单位及职务、联系方式、住所）

（如上诉人系法人或者其他组织，应当写明名称、所在地址、法定代表人或者代表人的姓名和职务）

被上诉人（一审诉讼地位）：（名称、所在地址、法定代表人或者代表人的姓名和职务）

上诉人因 ××××× 纠纷一案，不服 ×××× 人民法院于 ×××× 年 ×× 月 ×× 日作出的 ×× 字第 ×× 号行政 ×× 书，现提出上诉。

上诉请求：

…………（可根据一审法律文书确定的内容选择填写）

事实与理由：

…………

此致

×××× 人民法院

附：上诉状副本 × 份（上诉状副本份数应当按被上诉人人数提交）

上诉人：（签字、盖章）

（上诉人如系自然人，应当亲笔签名或盖章；如系法人或者其他组织，应当写明全称，由法定代表人或者代表人签名，加盖单位公章）

×××× 年 ×× 月 ×× 日

5.4.6　刑事上诉状

范例5-20

××××××× 上诉状

上诉人（原审原告）：李××，男，50 岁，汉族，山东××××人，××××公司员工，……，住址：×××××××，邮编：××××××

被上诉人（原审被告）：王××，男，35 岁，汉族，黑龙江××××人，外来务工人员，……，住址：×××××××，邮编：××××××

上诉人因不服××××人民法院××月××日作出的（××××）××刑初字第××××号行政判决，现提起上诉。

上诉请求：请求二审法院查清本案情节，正确适用法律，对被上诉人予以严惩。

上诉理由：1.……；2.……

综上，上诉人认为……，特依据《中华人民共和国刑事诉讼法》第××××条第××款之规定，向你院上诉，请求二审法院依法撤销原判，对被上诉人予以严惩。

此致

××××人民法院

上诉人：李××

××××年××月××日

附：1.本上诉状副本×份。

　　2.……

　　3.……

5.5　委托书

委托书是当事人依法委托他人代表自己行使合法权益的文书。委托书是受委托人行使权利时的法律凭证，没有委托书是不容许代表被委托人行使权利的，同时受委托人一旦接受了委托书，就不得以任何理由反悔委托事项。需要特别注意的是，委托人所接受的委托，必须是被委托人合法的权益，委托人有权拒绝和终止受委托人的违背国家法律的任何权益，在委托人的委托书上的合法权益内，被委托人行使的全部职责和责任都将由委托人承担，被委托人不承担任何法律责任。

5.5.1 委托书的特征及种类

在日常生活或工作中，当我们急需办理某件事情，却由于身处异地或者难以抽出时间等原因无法亲自办理时，委托其他可信任之人办理，是我们最好的选择。委托书是一种承诺书，委托书是否能够发挥作用，主要在于受委托人是否自愿接受委托，一旦受委托人作出了承诺，委托书即宣告生效。通常情况下，委托书双方是无偿服务关系，只有在法律规定的或者当事人双方事前约定好需要支付报酬的情况下，委托书才能包含有偿服务成分。委托书所规范的是委托处理事务的行为，而不是委托处理事务的目的，不能以是否完成事务且必须有成果作为委托书成立的要件。

5.5.2 委托书的写作格式

委托书应当涵盖标题、称谓、正文、落款等几个部分。

1. 标题

在委托书顶部中央依据事件性质写"事项性质＋委托书"即可。比如，《授权委托书》。

2. 称谓

按照公文的一般格式，在标题下方、正文上方顶格书写受委托人的姓名。

3. 正文

委托书的正文主要交代清楚委托的原因、委托的事项、法律责任、委托书的有效期等相关内容，并另起一行，用"特此委托"结束正文。

4. 落款

落款主要是介绍清楚委托人的签字及委托日期。

5.5.3 注意事项

委托书的语言要精练直白，不要用修饰语，以免产生歧义，对于所委托的事项一定要用最简练通俗的语言写清楚、写明白，防止因出现歧义而引发不必要的后果。

5.5.4 授权委托书

■ 范例 5-21 ----------

授权委托书

（法人或其他组织用）

委托单位名称：

住所地：

法定代表人（负责人）姓名：　　　　职务：

受委托人姓名：　　　　性别：

工作单位：

住址：　　　　电话：

现委托×××在我单位与×××因××××纠纷一案中，作为我方参加诉讼的委托代理人。

委托权限如下：……

（特别授权的，须注明具体权限内容，如代为承认、放弃、变更诉讼请求，代为上诉等。）

委托单位：（盖章）

法定代表人：（签名或盖章）

××××年××月××日

附：

代理人：　　　　　　　　住址：

电话：

代理人：　　　　　　　　住址：

电话：

注：1.授权委托书须由委托人签名或盖章，并说明委托事项和权限方有效。诉讼代理人代为承认、放弃或者变更诉讼请求、进行和解、提起反诉或者上诉，必须有被代理人的特别授权。

2.诉讼代理权限发生变更或解除，当事人应当书面告知人民法院，并由人民法院通知对方当事人。

3.此书一式二份，一份由委托人存查，一份由委托人交由受委托人递交人民法院。

📄范例5-22

授权委托书

（公民个人用）

××××人民法院：

你院受理××××××××与我××××××纠纷一案，依照法律规定，特委托×××（性别：　　年龄：　　工作单位：　　职业：　　住址：　　）为我的诉讼代理人。

委托事项和权限如下：……

（特别授权的，须注明具体权限内容，如代为承认、放弃、变更诉讼请求，代为上诉等。）

委托人：×××

受委托人：×××

××××年××月××日

第6章

经贸类公文写作
要领及范例

经贸类文书涵盖的内容很广，种类也很多，与我们联系最密切的、日常生活中经常会用到的经贸类文书有合同、催款函、询价函、报价函、推销产品函、订购函、理赔函、索赔函、合作意向书、商业营销策划书等。

6.1 合同

合同是一种协议，这种协议所涉及的是当事双方的一种民事关系，通常也称为合同书、契约、协议等，是就某事项处于平等地位的当事双方之间，通过协商一致而订立的设立、变更、终止某种民事关系的协议。依法成立的合同，受到法律的保护。合同作为一种民事法律行为，是当事人协商一致的产物，是两个以上的意思表示相一致的协议。合同的订立需要建立在我国法律法规所限定的范围之内，只有当事人所作出的意思表示合法，合同才具有法律约束力。依法成立的合同从成立之日起生效，具有国家法律约束力。

6.1.1　合同的特征及种类

合同具有平等性、法律性、明确性等特点，合同对于当事双方具有同等的约束力，当事双方在合同框架内具有平等的权利和义务，当然，这种权利和义务是事前经过双方协商达成一致意见的，是在协商一致、平等自愿的基础上订立的。通过订立合同，能够将当事各方的权利和义务以文字的形式固定下来，以便共同遵守，能够解决和预防各类纠纷问题的发生。合同一旦确定下来，就具有了相应的法律约束力，受到法律的保护。因此，涵盖到合同里的权利和义务一定要明确，对相关事项的设立、变更、终止一定要明确。

按照合同的适用范围和特点，可以将合同分为买卖合同、供用电水气热力合同、赠与合同、借款合同、租赁合同、融资租赁合同、承揽合同、建设工程合同、运输合同、技术合同、保管合同、仓储合同、委托合同、行纪合同、居间合同等。

6.1.2　合同的写作格式

一份合格的合同应该涵盖标题、当事人基本情况、正文、落款等内容。

1. 标题

在顶部中央注明合同的性质和文种。比如，《产品购销合同》《房屋租赁合同》等。

2. 当事人基本情况

交代清楚当事双方的基本情况，包括姓名、年龄、性别、民族、籍贯、职业、工作单位等，一般情况下，用甲方、乙方分别代表当事双方。

3. 正文

合同的正文部分通常采取分段的方法，交代清楚订立合同的原因、目的、依据，双方的权利和义务，违约责任，违约后的解决方法，合同有效期限等相关内容。

4. 落款

在正文下方，分为左右两个部分，分别写清楚当事双方的姓名、合同订立的日期，并加盖印章或者按手印等。

6.1.3 注意事项

1. 条款要全

涵盖到合同内的相关条款内容一定要全面，尤其是当事双方的权利和义务、交易内容、履约方式、期限、金额、违约责任等一定要写清楚。

2. 字迹要清楚

为了最大限度地确保合同的真实性和有效性，防止伪造合同等情况的出现，合同中有关当事双方的姓名、电话、身份证号、金额等信息需要当事人双方进行手写，以便在必要时进行笔迹比对，尤其是金额部分，除了用阿拉伯数字进行书写外，为了防止伪造，一般都要用汉字再写一遍，这样可以最大限度地防止伪造或者非法变更。鉴于以上原因，合同中凡是手写的部分，字迹一定要清晰、整洁，尽量不要涂改；如果遇到确实需要涂改的情况，要由当事人在涂改处签字或按手印以防伪造。

6.1.4　施工合同

⊟ 范例 6-1

施工合同

甲方：＿＿＿＿＿＿＿＿＿＿＿＿＿＿＿＿＿

乙方：＿＿＿＿＿＿＿＿＿＿＿＿＿＿＿＿＿

甲方将＿＿＿＿＿＿＿＿＿施工任务委托乙方做建筑设计与施工。经双方协商达成如下协议：

一、工程地点：＿＿＿＿＿＿＿＿＿＿＿＿＿＿＿＿＿＿＿＿＿＿

二、工程量：＿＿＿＿＿＿＿＿＿＿＿＿＿＿＿＿＿＿＿＿＿＿＿

三、工程造价：＿＿＿＿＿＿＿＿＿＿＿＿＿＿＿＿＿＿＿＿＿

四、付款方式：乙方设备进场开始＿＿＿＿＿＿＿＿作业，甲方支付乙方工程款的 50%，尾款待工程完工后一次性付清。

五、甲乙双方责任

（一）甲方责任：

1. 负责＿＿＿＿＿＿＿＿＿＿＿＿＿＿，以方便乙方＿＿＿＿＿＿＿＿作业。

2. 派人员协助乙方做好施工安全警戒工作。

（二）乙方责任：

1. 负责到政府各有关部门办理施工手续。

2. 负责整个施工过程的安全工作，负责确保施工对甲方＿＿＿＿＿楼体结构不予影响及破坏。

3. 作业人员持证上岗。

4. 加强安全警戒工作。

六、违约责任

1. 乙方按甲方要求完成施工。

2. 甲方按时结算工程款，不得以任何借口拖欠工程款。

七、本合同未尽事宜，双方另行协商解决。

八、本合同一式四份，双方各执二份。

甲方（盖章）：＿＿＿＿＿＿　　　乙方（盖章）：＿＿＿＿＿＿

甲方代表（签字）：＿＿＿＿＿　　乙方代表（签字）：＿＿＿＿＿

＿＿＿＿年＿＿月＿＿日　　　　＿＿＿＿年＿＿月＿＿日

6.1.5　技术转让合同

◎ 范例 6-2

技术转让合同

甲方：　　　　　　　　　地址：

乙方：　　　　　　　　　地址：

一、签约时间与地点

本许可证合同于××××年××月××日在××××××签订。

二、合同条款

鉴于甲方拥有××××、××××、××××产品的专有技术，是该项技术的合法所有者，愿将该技术转让给乙方。

三、合同中所涉及的关键名词的定义

本合同所涉及的关键名词的定义如下：

专有技术（××××）系指为制造××××××产品所需的，为甲方所掌握的一切知识、经验和技能，包括技术资料和不能形成文字的各种经验和技能。

技术资料系指上述专有技术的全部文字资料（或扼要指明资料的范围）。

…………

四、合同范围与内容

1. 甲方同意乙方在中国设计、制造、使用和销售合同产品的专有技术（或专利技术）。在该地区受方享有有利该技术独占性制造产品和销售产品的权利（或者是一项非独占的许可证）。

2. 甲方负责向乙方提供××××× 技术的研究报告、设计、计算、产品图纸、制造工艺、质量控制、试验、安装、调试、运行、维修等一切技术数据、资料（详见附件×）和经验，以便乙方能实施制造产品（产品的型号、规格、技术参数详见附件×）。

…………

五、价格或许可证使用费

1. 根据本合同规定，甲方向乙方提供的技术和技术服务等，乙方应向甲方支付的合同总价为××××××万美元，其中：技术使用费××××××元；资料费××××××元；技术服务费××××元。

2. 乙方有义务对根据许可证转让的技术支付下列费用：

（1）入门费 _____ 美元。

（2）乙方在合同有效期内应向甲方支付常年提成费，其提成率为合同产品净销售价的×××ׯ。

六、技术资料的交付

甲方应按本合同附件 × 的规定向受方提供技术资料。

七、交换改进技术及对技术资料的修改

1. 甲方提供的技术资料，如有不适合于乙方生产条件的，甲方有责任协助乙方修改技术资料，并加以确认。

2. 甲方在合同有效期内改进和发展的技术资料，应免费提供给乙方。乙方改进和发展的技术也应按照对等原则提供给甲方，但改进和发展的技术所有权属于乙方，对方不得申请专利或转让给第三方。双方交换技术资料，均不附加任何限制。

八、性能考核和验收

1. 在合同产品首批生产后，由双方根据本合同附件 × 的规定，共同进行产品性能考核。

2. 经考核合同产品的性能符合本合同技术文件规定的技术指标，即通过验收，双方签署合同产品性能考核合格证明书，一式四份，每方各执二份。

…………

九、保证与索赔

1. 甲方保证所提供的资料是正确的、完整的、清晰和可靠的，与甲方生产使用的技术资料完全一样。

2. 甲方保证按本合同附件 × 的规定提供给乙方的技术资料是甲方所掌握的最新资料，并保证向乙方及时提供任何发展和改进的技术资料。

…………

十、税收

1. 凡因执行本合同有关的一切税款，在乙方国内的由乙方负担。在乙方以外的则均由甲方负担。

2. 甲方因履行本合同而在中国境内取得的许可证使用费的收入，必须按中国税法（或按 _____ 国与 _____ 国的税收协定）纳税。

十一、仲裁

1. 因执行本合同所发生的或与本合同有关的一切争议，应通过双方友好协商解决。如协商仍不能解决时，应提交仲裁解决。

············

十二、不可抗力

1.本合同的任何一方，由于战争、严重水灾、火灾、台风以及地震等不可抗力的事故，致使本合同不能执行时，可延迟履行本合同，延迟的期限相当于事故影响的期限。

············

十三、合同的生效、期限、终止及其他

1.本合同由双方代表于 _____ 年 ____ 月 ____ 日在 _____ 市签字。签字后由各方分别向本国政府有关当局申请批准，争取在六十天内获得批准，以最后批准的日期为合同生效日期。如签字后六个月仍得不到批准，双方有权撤销本合同。

2.本合同从生效日起 _____ 年内有效，有效期满后合同自动失效。如合同期满前三个月内，经一方提出，另一方同意后可延长 _____ 年。

3.本合同期满时，债务人对债权人未了债务应继续予以支付。

4.本合同条款的任何修改、补充，须经双方协商同意后授权代表签署书面文件，作为本合同的组成部分。

5.本合同附件一至附件 _____，为本合同的组成部分，与合同正文具有同等效力。

6.本合同用中文和 _____ 文两种文字写成，正本一式四份，具有同等效力，双方各执两份。

甲方：_____   乙方：_____

_____ 国 _____ 公司   中国 _____ 进出口总公司

代表 _____（签字）   代表 _____（签字）

6.1.6　图书赠与合同

范例 6-3

图书赠与合同

赠与人：　　　　（以下简称甲方）

受赠人：　　　　（以下简称乙方）

双方就赠与图书事宜签订本合同，其条件如下：

第一条 甲方将以下图书赠与乙方：

1.……

2.……

第二条 甲方于××××年××月××日前将上述图书交付乙方。

第三条 乙方将受赠的图书陈设于乙方协会的阅览室，并委托管理员，提供会员阅览，保管费用由乙方负担。

第四条 乙方若未能履约或善尽保管的义务时，甲方可撤销合同。

第五条 乙方如欲解散协会，则对所受赠图书的处理须遵照甲方的指示。

本合同一式两份，甲、乙双方各执一份为凭。

赠与人（甲方）：

受赠人（乙方）：

6.2　商务用函

在各类商务活动中，当遇到不能面对面进行交流洽谈的情况时，经常会采取发函的方式商谈工作、联系业务，或者就某方面的商务活动进行咨询和答复，为了达到这一目的而拟制的公文就是函。当然，与普通意义上的函不同的是，这类函都是有关商务活动的内容。

6.2.1　商务用函的特征及种类

商务用函具有明显的多样性、商务性特征，商务用函的适用范围非常广泛，内容也是多种多样，主要在互不隶属的两个商务部门之间进行使用。按照行文的方向进行划分，商务用函可以分为去函和复函。去函是向对方主动发出的，而复函则是受函单位向去函单位就函的相关内容而作出的答复。

按照商务用函的内容划分，可以分为商洽函、询价函、报价函、答复函、催款函、邀请函等。

6.2.2　商务用函的写作格式

商务用函一般涵盖标题、受函单位名称、正文、落款等内容。

1. 标题

商务用函的标题符合一般公文标题的规范写法,主要由"事由＋文种"构成。比如,《催款函》《接洽函》等。

2. 受函单位名称

按照正常公文写作格式,在标题下方、正文上方顶格书写受函单位的名称,名称要写全。

3. 正文

主要对所需要商洽的有关内容进行叙述,一般情况下,要讲明白发函(复函)的原因、发函(复函)的事项以及结束语等,具体事项部分内容一般要精练,不要啰唆,正文结束后,用"特此函告""特此复函"结束全文。

4. 落款

落款按照一般公文格式进行书写即可,主要包括发函单位的名称、主要负责人的签名以及发函日期。

6.2.3 注意事项

1. 措辞要委婉

因为函是用于不相隶属的两个单位之间的行文,因此在拟制函时,一定要注意措辞,语气要委婉平和,既要符合本机关职权身份,又要尊重对方、讲究礼节。

2. 主旨要明确

函的主旨一定要明确。为了达到这一目的,一般情况下都采取一事一函的方式进行书写拟制,内容不宜过长,不相干的事项不要写到同一个函中。

6.2.4 催款函

催款函

××××公司：

　　截至××××年××月××日，我公司已经为贵公司完成了××××工程的全部内容，为了完成贵公司工程任务，我公司累计货款金额计××××万元（大写人民币××××万元），发票编号为××××。现我公司急于归还银行贷款，按照贵公司与我公司的合同约定，贵公司应于××××年××月××日归还我公司工程欠款×××××元人民币，但是，可能由于贵方业务过于繁忙，以致忽略承付。故特致函提醒，请即进行结算。如有特殊情况，请即与我公司××××联系，手机：××××××××××，邮编：××××××，地址：×××××××。

　　特此函达。

　　我公司账户名称：

　　开户银行：

　　账号：

　　此致

××××公司（印章）

××××年××月××日

6.2.5 询价函

×××××公司×××型号钢材采购询价函

××××供应商：

　　根据我公司××××建设工程进展的需要，我公司拟采购一批×××型号钢材，特向贵单位发函询价，望贵单位给予复函为盼。

　　一、规格型号

　　…………

二、报价时间及地址

敬请贵单位就以上规格钢材在×××× 年 ×× 月 ×× 日下午 3 点前向我处传真报价，本报价一经我公司认可，即为签订合同的最终依据。

三、供应商复函须知

1. 报价函应由贵单位加盖公章，复函报价应该包含……

2. 供应商在报价函中，应就以下条款给予说明：

（1）供货时间：×××× 年 ×× 月 ×× 日

（2）供货地址：×××××××××××

（3）供货质量满足国家质量标准的相关证明

…………

四、结算方式

…………

五、联系方式

公司：×××× 省 ×××× 市 ×××× 建筑工程公司

地址：

本项目联系人：

电话：

传真：

邮箱：

邮编：

×××× 公司（印章）

×××× 年 ×× 月 ×× 日

6.2.6 报价函

范例 6-6

报价函

×××× 建筑工程公司：

由衷感谢贵公司来函询价，现将我公司……的有关信息提供如下：

产品编号：

产品质量：

产品规格：

产品包装：

产品价格：

产品结算方式：

交货方式：

送货日期：

优惠价格：

与本报价有关一切往来通信请寄至：

地址：

本项目联系人：

电话：

传真：

邮箱：

邮编：

××××公司（印章）

××××年××月××日

6.2.7　订购函

范例6-7 --

订购函

××××公司：

　　贵公司××××年××月××日的报价函已收悉，经我公司讨论认为，贵公司报价比较合理，特订购如下产品：

品种名称	数量	单价	总计（元）
××××彩电	5台	××××	×××××
××××打印机	5台	××××	×××××
××××电脑	10台	××××	×××××
××××碎纸机	5台	××××	×××××

××××饮水机　　5 台　　××××　　×××××

结算方式：转账支票

交货地点：××××××××××

收货人姓名：×××

交货日期：××××年××月××日

联系电话：×××××××××

请准时运达货物，我方接到贵单位货物，将立即开具转账支票。

谢贵公司的支持与配合！

特此函告。

××××公司

××××年××月××日

6.2.8　理赔函

范例 6-8

理赔函

××××生产有限责任公司：

贵公司于××××年××月××日的来函已经收到，我公司对来函中提到的相关理赔要求进行了彻底的调查，调查结果显示，导致问题发生的原因是……这些损失是由我公司造成的，我公司应该负全部责任，对此我公司特向贵公司表示诚挚的歉意。

经研究决定，我公司对贵公司在来函中提到的所有要求都予以接受，同意对贵公司进行相关赔偿，我公司将在最短时间内，以最快的速度和最诚挚的态度对贵公司的损失作出赔偿。

赔偿机器损失费＿＿＿＿＿＿＿＿万元人民币；

赔偿＿＿＿＿＿＿＿＿；

赔偿＿＿＿＿＿＿＿＿。

此事件也给我公司的管理工作敲响了警钟，我公司将进一步强化管理责任，提高认识，端正态度，积极杜绝此类事件的再次发生。

如有疑问，请致电××××××××××××，或者来函告知，来函地址：

_____。

特此复函。

××××××××

××××年××月××日

6.2.9 索赔函

📑**范例6-9**

索 赔 函

××××快递公司：

××××年××月××日，我公司委托贵公司将一台机械设备运输至××××地，交付给收货人×××，但是，在××××地进行收货时，收货人×××发现，该设备的关键零件已经损坏，因而收货人拒绝接收，经检查发现，该损害系贵公司快递员在装卸货物的时候用力过大导致。

此设备的损坏，不但导致我公司购买的该款设备无法使用，而且由于该设备不能及时投入我公司的生产环节，给我公司造成了巨大的经济损失，同时使我公司对客户的信誉度大幅下降，因此，我公司决定向贵公司提出如下索赔要求：

重新购买设备所需经费××××万元人民币；

因该设备无法投入生产而对我公司造成的经济损失××××万元人民币（按照该设备投入生产后每天生产产品××××万元计算）；

因该设备无法投入使用，而使我公司信誉度下降造成的损失××××万元人民币（按照每流失一个客户损失××××万元人民币计算）。

以上各项费用合计××××万元人民币。

以上是我公司的最低要求，敬请贵公司××日内支付上述赔偿金，如果贵公司到期不赔付赔偿金，我公司将通过法律途径向贵公司追偿全部损失，不再另行通知。

顺祝商祺！

××××××××

××××年××月××日

6.3 合作意向书 ✎

合作意向书是合作的各方就所需要合作的事项达成基本一致的态度后，共同签订的、表达自身意愿、承担相应责任的文书。合作意向书是相关事项顺利进行的基础条件。

6.3.1 合作意向书的特征及种类

合作意向书对所涉及的相关事项真正进入实质性运转起到非常重要的作用。合作意向书的签订，既可以避免合作问题的出现，又可以进一步促进合作各方的协作关系，激励合作各方为达到共同的目标而努力。

合作意向书具有明显的同向性、临时性和合法性，通过合作意向书的签订，能够使合作各方的意见趋于一致、目标一致，并受到法律的保护，同时合作意向书也会随着合作事务的最终完成而宣告终止。

6.3.2 合作意向书的写作格式

合作意向书一般涵盖标题、基本情况、正文、落款等内容。

1. 标题

合作意向书的标题符合一般公文标题的规范写法，主要有以下几种格式：
一是直接写"合作意向书"五个字即可。
二是由"事项性质＋文种"组成。比如，《关于××××××的合作意向书》。
三是由"当事双方名称＋事项性质＋文种"组成。比如，《××××学院与××××学院关于××××的合作意向书》。

2. 基本情况

基本情况部分要交代清楚合作的具体事项，包括依据、原因、目的等内容，并用"经友好协商，达成如下合作意向"来引领下文。

3. 正文

正文主要是采用分条式或者分段式的方式，把经过当事人各方协调一致的意见分别罗列出来，行文逻辑性要强，使受文者一目了然。

4. 落款

落款按照正常公文格式进行书写即可，主要包括当事人各方的名称和主要负责人的签名以及日期并盖章。

6.3.3　注意事项

1. 措辞要直截了当

合作意向书是在当事人各方自愿平等协商的基础上签订的，不存在互相迁就的问题，也不存在提无理要求的问题，否则就会给后期的合作埋下隐患，因此在措辞上一定要直截了当，不要委婉含蓄，以免出现麻烦。

2. 内容要清楚

合作意向书中对当事人各方的责任、权利和义务等内容一定要表述清楚，不要含混不清，避免给后期合作埋下隐患。

6.3.4　合作意向书

范例6-10

××××××项目合作意向书

甲方：＿＿＿＿＿＿＿＿（以下简称甲方）

乙方：＿＿＿＿＿＿＿＿（以下简称乙方）

双方本着"友好、平等、互利"的原则精神，于××××年××月××日，在××××××就有关××××××事宜进行了友好协商，在此基础上，双方同意××××××，现达成协议如下：

一、××××问题

1. ×××××。

甲方同意本项目进入××××××××实现产业化。初步确定项目建设地点位于××××，占地约×××亩。其中独自使用面积×××亩，代征道路面积×××亩，确切位置坐标和土地面积待甲方规划土地建设管理部门实测后确认。甲方将国有土地使用权以有偿出让方式提供给乙方。

2. 合作期限与货币计算名称。

合作期限：……

货币计算名称：双方不管以什么方式进行投资，一律以美元作为计算单位进行核算。

3. 付款方式。

…………

二、工程建设

1. 开工条件。

…………

2. 工程进度。

…………

3. 竣工时间。

…………

三、违约责任

1. 如果乙方未按《×××××》约定及时支付×××××款项，从滞纳之日起，每日按应缴纳费用的×××%缴纳滞纳金。逾期×××日而未全部付清的，甲方有权解除协议，并可请求违约赔偿。

2. 乙方取得××××后未按协议规定建设的，应缴纳已付土地出让金××%的违约金；连续两年不投资建设的，甲方有权按照国家有关规定收回土地使用权。

3. 如果由于甲方原因使乙方延期占用土地使用权时，甲方应赔偿乙方已付土地出让金××%的违约金。

…………

四、其他

1. 在履行本协议时，若发生争议，双方协商解决；协商不成的，双方同意向济南市仲裁委员会申请仲裁，没有达成书面仲裁协议的，可向人民法院起诉。

2. 任何一方对于因发生不可抗力且自身无过错造成延误不能履行本协议有关条款之规定义务时，该种不履行将不构成违约，但当事一方必须采取一切必要的补救措施以减少造成的损失，并在发生不可抗力三十日内向另一方提交协议不能履行或部分不能履行的，以及需延期的理由报告，同时，提供有关部门出具的不可抗力证明。

　　3.本协议一式两份，甲、乙双方各执一份。两份协议具有同等法律效力，经甲、乙双方法定代表人（或委托代理人）签字盖章后生效。

　　4.本协议于××××年××月××日在中华人民共和国×××××省××××市签订。

　　5.本协议有效期限自××××年××月××日起至××××年××月××日止。

　　6.本协议未尽事宜，双方可另行约定后作为本协议附件，与本协议具有同等法律效力。

　　甲方：（章）_____　　　　乙方：（章）_____

　　法定代表人（委托代理人）：　　　　　　法定代表人（委托代理人）：

　　_____　　　　　　　　　　_____

　　法人住所地：_____　　　　法人住所地：_____

　　邮政编码：_____　　　　　邮政编码：_____

　　电话号码：_____　　　　　电话号码：_____

第7章

礼仪类公文写作
要领及范例

　　礼仪类公文是出于礼仪的目的而使用的各类文书的统称，比如请柬、贺电、慰问信、感谢信等，这类文书最大的特点就是具有礼仪性，要根据不同的对象和不同的时机来使用不同的语言，力求做到恰如其分，让受文者如沐春风。

7.1 邀请函

邀请函主要在婚庆宴会、学术报告、庆典礼仪、商务交流等活动中使用。邀请函所邀请的一般都是具有一定身份的人士，能够充分体现发函方的邀请愿望和对受函方的高度重视，能够进一步促进合作交流。

7.1.1 邀请函的写作格式

邀请函主要涵盖标题、称谓、正文、落款等内容。

1. 标题

在正文上方居中位置写"××××邀请函"。

2. 称谓

在标题下方、正文上方顶格书写受函对象的名称，根据受函对象身份加上尊称。

3. 正文

邀请函的正文主要应该涵盖致函的原因、目的、事项、要求、时间等，内容要有条理，语言要精练，结尾处用一些礼貌用语。

4. 落款

落款按照一般公文的落款格式进行书写，在正文右下方写上撰文方的名称、日期，并加盖单位印章或者个人签字。

7.1.2 注意事项

邀请函的注意事项主要有两点：一是语言要精练，二是语言要含蓄。

7.1.3 邀请函

范例 7-1

××××× 活动邀请函

亲爱的家长朋友们：

为了 ×××××××，同时增强 ×××××，培养 ×××××××，我们将举行"×××××"活动，欢迎大家前来参加，与 ××××× 共享快乐时光！

活动时间：×× 月 ×× 日下午 ×× 点 ×× 分

活动地点：×××××××

活动流程：

1.……

2.……

温馨小提示：

活动当天请提前十分钟进场，自觉停放好车辆，维护现场卫生……

×××××××××

×××× 年 ×× 月 ×× 日

范例 7-2

×××××（单位名称）：

×××××××× 工程是我省今年 ×××× 工程计划安排的一项重要工程，经有关部门批准，现采取招标方式进行发包。

你单位多年从事此方面的工程建设，施工任务完成得非常好，我们深表赞赏，故特邀请贵单位参加该工程投标。

随函邮寄"××××××××× 启事"一份，接函后，如同意，望于 ×××× 年 ×× 月 ×× 日上午 ×× 时到 ××××× 领取"投标文件"，并请按照规定日期参加工程投标。

招标单位：×××××××

地址：××××××××

联系人：×××

电话：××××××××××

×××× 年 ×× 月 ×× 日

7.2 聘书

聘书就是我们经常所说的聘请书，是通过聘请具有某方面特长的人担任本单位特定职位时所使用的带有证明作用的文书。这种公文在学校、企事业单位、学术科研机构等使用得比较频繁，通过聘请具有某方面特长的人担任本单位某项任务，弥补本单位某方面工作的弱点。

聘书具有较强的规范性、选择性和凭据性。聘书是在双方同意的情况下拟制的，聘书一旦发出，就具有了严格的责任意义，当事双方都不可以轻易终止这种关系，同时具有了一种凭证效应，是被聘用者证明自身合法权益的重要依据。

常见的聘书主要有学校聘书、企业聘书等。

7.2.1 聘书的写作格式

聘书主要涵盖标题、称谓、正文、结尾、落款等部分。

1. 标题

聘书的标题一般将"聘书"两字用烫金大字写在证书上方正中的位置。

2. 称谓

一般情况下，直接在标题下方空两格书写"兹聘请×××同志为×××××"。

3. 正文

聘书的正文主要涵盖以下内容：聘用的原因和所要担任的工作职务、聘任的待遇和对聘任者的希望。

4. 结尾

一般情况下，聘书的结尾要写上表示敬意和祝颂的结束用语，如"此致——敬礼""此聘"等。

5. 落款

落款按照一般公文的落款格式进行书写，在正文右下方写上撰文方的名称、日期，并加盖单位印章或者个人签字。

7.2.2 聘书

▤ 范例 7-3 --

聘　书

兹聘请 ××× 同志为我院首席国际观察学讲师，聘期为两年。

特发此证。

×××××××××
××××年××月××日

▤ 范例 7-4 --

聘　书

为进一步提高我院 ××××× 教学水平，我院专门成立了经济学教学研讨会，特聘请 ××× 教授为我院名誉讲师，并负责该研讨会的指导工作。

特此聘请。

×××××××××
××××年××月××日

7.3　解聘书

解聘书通常以解聘通知书的形式出现，实践中经常会遇到虽然聘书约定时间还没到，但是由于某方面特殊原因，不得不提前解除双方关系的情况，这时聘用单位就会以解聘通知书的形式向被聘用者提出解聘说明，比如，企业辞退员工时，就需要制作解聘书等。解聘书具有较强的说明性和时间性，必要时，解聘书可以作为重要的证据提供给仲裁委员会或者法院。

7.3.1　解聘书的特征

解聘书具有较强的说明性、时间性和实事求是的特点。虽然聘用关系解除了，但是聘用者对被聘用者的实际情况仍然应该作一个客观的评价，言语要中肯，态度要谦和，评价要实事求是。

7.3.2　解聘书的写作格式

解聘书一般涵盖标题、称谓、正文、落款等部分。

1. 标题

解聘书的标题比较简单，只需要在正文的上方正中位置写"解聘书"三个字即可。

2. 称谓

在标题下方、正文上方顶格书写被聘用者的姓名。

3. 正文

正文主要涵盖对被聘用者工作成绩和现实表现的评价、被解聘的原因、相关要求、相关补偿以及对被解聘者的关心等内容。

4. 落款

落款按照一般公文的落款格式进行书写即可，主要包括拟制解聘书单位名称、主要负责人的签名并盖章、日期、被解聘人的签名。

7.3.3　注意事项

要把解聘原因和解聘的日期写清楚，理由要实事求是，语言要含蓄，尽最大努力使被解聘者理解和接受，以免引起不必要的纠纷，同时要保留一份副本，详细写明有关情况，以备后期查看使用。

7.3.4 解聘书

■ 范例 7-5

解聘书

甲方：

注册地址：

乙方：

身份证号码：

性别：

民族：

出生年月日：

籍贯：

乙方自××××年××月××日应甲方聘请，担任甲方××××××职务，但是，因为××××××××，甲方需要跟乙方解除劳动聘用关系，签订本解聘书，自××××年××月××日起生效。

本解聘书一式两份，双方各执一份，保留备用。

甲方：（签名盖章）　　　　　　　　乙方：（签字）

××××年××月××日　　　　　　××××年××月××日

7.4 各种礼仪"信" ✎

本节的"信"，就是出于礼仪的需要，而向特定对象表示感谢、公开、表扬、批评、慰问、致敬等的公文，这类公文都具有特定的感情色彩。比如，感谢信就是用文字形式，将个人或者集体对自己的邀请、关心、支持、帮助等表示感谢的内容固定下来的文书，这种文书具有感谢和表扬的双重特性，重点在感谢，通过感谢信，可以使对方得到心理满足。再如公开信，当国家机关或者领导人，或者社会团体和各级机关单位遇到重大公务问题需要向社会或者有关人员进行公开宣告时，就需要用到公开信。而表扬信则是对某些单位、个人等好的思想、行为、事迹等用文字的形式进行表扬时所使用的一种文书。

7.4.1　礼仪"信"的特征及种类

各类礼仪方面的"信"都具有明显的感情色彩、公关色彩，多样性和事务性等特点。在实际应用中，有的既可以对社会公开发表，也可以向特定对象表达特定的感情，应用领域很广泛，比如公开信；有的既可以直接送达对方单位，也可以采取广播、电视等媒体方式，表达对对方的感谢，比如感谢信。从某种程度上讲，这种感谢也是一种公关的良好手段，能够迅速拉近双方的关系。而表扬信不但可以称赞对方好的做法、行为、思想品德等，也可以表达感谢。

7.4.2　礼仪"信"的写作格式

礼仪"信"一般涵盖标题、称谓、正文、落款等部分。

1. 标题

礼仪"信"的标题有以下两种：

一是直接写"××××信"。

二是"×××致×××的感谢信""关于×××的批评信""对×××××××的慰问信"等，也可以用比较灵活的写法，比如以"硬逼顾客吃饭做法不可取"作为批评信的标题，说法就比较委婉，而且比较新颖。

2. 称谓

在标题下方、正文上方顶格书写受信者的姓名或者称呼。

3. 正文

为了将需要表达的感情充分表达出来，礼仪"信"的正文通常采取分段式进行拟制，一段一个内容，条理清晰，感情真挚，表达充分。感谢信的正文就可以采用分段式进行书写，主要写感谢的内容和心情，在正文部分，首先应该陈述感谢的事实，用精练的语言，对感谢的前因后果进行明确的表达，而后对对方的行为表示高度的评价和赞扬，最后用对对方表示敬意的语句进行结尾；如果是发往对方单位的感谢信，也可以向对方单位提出自己的意愿，比如"衷心希望贵单位能对××××的这种精神给予表扬"等。再如，表扬信的正文部分，需要分段介绍基本事迹，对特定对象的特定行为、思想、品德的评价、赞扬、希望和要求等内容。

4. 落款

落款按照一般公文格式进行书写即可，主要包括拟制礼仪"信"的人或者单位的名称和主要负责人的签名及日期。

7.4.3 注意事项

在撰写礼仪"信"时，相关要素一定要齐全，要让受信者知道该"信"是出于什么原因拟制的、想要表达什么意思。比如，在拟制感谢信时，一定要将时间、地点、事件详细情况等写清楚，防止张冠李戴，全文要围绕"感谢"这个主题展开。当然，在表达感谢时，语言的使用要符合对方的身份，这样可以将自己的感谢恰到好处地表达出来。

7.4.4 感谢信

范例 7-6

致 ××××× 公司的感谢信

尊敬的 ××××× 公司领导：

你们好！

××××公司自成立以来，一直得到你们的支持和帮助，感谢你们多年来对××××的支持和厚爱。××××全体员工向你们及家人表示最诚挚的祝福和最衷心的感谢，感谢你们一直以来对××××的信任和支持。

我们深知，××××所取得的每一点进步和成功都离不开×××××的关注、信任、支持和参与。你们的理解和信任是我们进步的强大动力，你们的支持和参与是我们成长的不竭动力。你们的每一次参与、每一个建议，都让我们激动不已……

在今后的岁月里，希望能够继续得到你们的关心和支持，我们将为客户提供更全面、更贴心的服务，让你们的付出有所回报，在你们的大力支持下全力打造顶级的装饰服务品牌。

最后，再一次感谢你们的支持和帮助，恭祝你们身体健康！阖家幸福！事业兴旺！万事如意！

××××××××

××××年××月××日

7.4.5　公开信

📋 范例 7-7 --

××××市综合保税区关于"××××××"专题问计

征求意见的公开信

社会各界朋友们：

　　大家好！

　　按照××××市"双问计"活动领导小组办公室《××××活动的通知》要求，我委现针对××××××××××××等方面反映突出的问题广泛征集社会各界和人民群众的意见建议。

　　请重点围绕以下 10 个方面反映问题、提供线索、提出建议。

　　1.群众意识淡薄，工作效率低下、办事拖沓，让群众反复跑腿、多次反映且不予解决等问题；

　　2.门难进、脸难看、事难办或门好进、脸好看、事难办等问题；

　　3.人为限制服务对象人数，工作窗口应开未开等问题；

　　4.服务承诺成摆设等问题；

　　5.人为设置或提高审批门槛，"备案变审批"以及"前店后厂"等问题；

　　6.对服务和执法对象"吃拿卡要"等问题；

　　7.故意刁难服务对象，打着执法名义、端着法规条文死抠字眼以行营私之实等问题；

　　8.执法简单粗暴生硬等问题；

　　9.基层微腐败问题；

　　10."黑中介"问题。

　　广大人民群众可从即日起至××月××日将意见建议以书信或电子邮件方式反馈至×××××××（地址：×××××××××，邮箱：×××××××）。

谢谢！

××××市×××××××局

××××年××月××日

7.4.6　表扬信

🖹 **范例 7-8** --

对×××同志的表扬信

×××××××：

我中心接到×××通知，×××同志在××××年××月××日—××日，接待××××××学院×××××一行旅游时，服务热情周到，行程安排科学合理，景点讲解生动深刻，充分展示了我市导游的素质和水平。在发生游客财物丢失的情况时，更是不辞辛劳，反复和宾馆联系，避免了游客的财产损失，体现了高度的责任感和荣誉感。

在此，特对×××同志爱岗敬业、热情服务、尽职尽责的精神予以表扬！

同时，号召广大导游向×××同志学习，恪尽职守、不断进步，树立我市导游的新风尚、新面貌、新形象！

××××××

××××年××月××日

7.4.7　慰问信

🖹 **范例 7-9** --

致全市道德模范的慰问信

尊敬的××道德模范：

你们好！

猴年送旧家家乐，鸡历迎新处处歌，值此××××年新春佳节来临之际，谨向全市获得全国、省、市道德模范和"中国好人""河北好人"、×××市文明公民标兵荣誉称号的同志们致以节日的祝福和亲切的慰问。

人无德不立，国无德不兴。长期以来，×××市委、市政府不断加强公民思想道德建设，弘扬主旋律、凝聚正能量，涌现出一大批全国、省、市道德模范，"中国好人""河北好人"、×××市文明公民标兵，成为我们这座城市的宝贵财富和人民群众心中的道德标杆。你们孝老爱亲、助人为乐、诚实守信、见义勇为、敬业奉献的高贵品质和先进事迹，温暖了人心，感动了省会，为全社会树立了榜样。

当前，全市上下正在全面学习贯彻落实党的××××××全会、省第××次党代会和市委××届××次全会精神，培育和践行社会主义核心价值观，争创全国文明城市。在新的起点上，希望你们不忘初心，再接再厉，一如既往地发挥榜样示范作用，带动人们从自身做起、从小事做起、从基本道德规范做起，把良好道德行为落实到日常生活和工作之中，为早日实现×××××××的目标贡献更大的力量。

祝你们新春快乐、身体健康、阖家欢乐、万事如意！

××××省×××××委员会

××××年××月

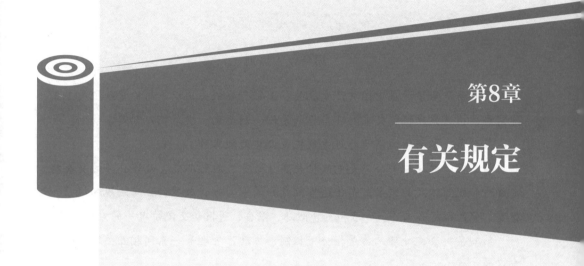

第8章

有关规定

8.1 党政机关公文处理工作条例

党政机关公文处理工作条例

第一章 总则

第一条 为了适应中国共产党机关和国家行政机关（以下简称党政机关）工作需要，推进党政机关公文处理工作科学化、制度化、规范化，制定本条例。

第二条 本条例适用于各级党政机关公文处理工作。

第三条 党政机关公文是党政机关实施领导、履行职能、处理公务的具有特定效力和规范体式的文书，是传达贯彻党和国家的方针政策，公布法规和规章，指导、布置和商洽工作，请示和答复问题，报告、通报和交流情况等的重要工具。

第四条 公文处理工作是指公文拟制、办理、管理等一系列相互关联、衔接有序的工作。

第五条 公文处理工作应当坚持实事求是、准确规范、精简高效、安全保密的原则。

第六条 各级党政机关应当高度重视公文处理工作，加强组织领导，强化队伍建设，设立文秘部门或者由专人负责公文处理工作。

第七条 各级党政机关办公厅（室）主管本机关的公文处理工作，并对下级机关的公文处理工作进行业务指导和督促检查。

第二章 公文种类

第八条 公文种类主要有：

（一）决议。适用于会议讨论通过的重大决策事项。

（二）决定。适用于对重要事项作出决策和部署、奖惩有关单位和人员、变更或者撤销下级机关不适当的决定事项。

（三）命令（令）。适用于公布行政法规和规章、宣布施行重大强制性措施、批准授予和晋升衔级、嘉奖有关单位和人员。

（四）公报。适用于公布重要决定或者重大事项。

（五）公告。适用于向国内外宣布重要事项或者法定事项。

（六）通告。适用于在一定范围内公布应当遵守或者周知的事项。

（七）意见。适用于对重要问题提出见解和处理办法。

（八）通知。适用于发布、传达要求下级机关执行和有关单位周知或者执行的事项，批转、转发公文。

（九）通报。适用于表彰先进、批评错误、传达重要精神和告知重要情况。

（十）报告。适用于向上级机关汇报工作、反映情况，回复上级机关的询问。

（十一）请示。适用于向上级机关请求指示、批准。

（十二）批复。适用于答复下级机关请示事项。

（十三）议案。适用于各级人民政府按照法律程序向同级人民代表大会或者人民代表大会常务委员会提请审议事项。

（十四）函。适用于不相隶属机关之间商洽工作、询问和答复问题、请求批准和答复审批事项。

（十五）纪要。适用于记载会议主要情况和议定事项。

第三章　公文格式

第九条　公文一般由份号、密级和保密期限、紧急程度、发文机关标志、发文字号、签发人、标题、主送机关、正文、附件说明、发文机关署名、成文日期、印章、附注、附件、抄送机关、印发机关和印发日期、页码等组成。

（一）份号。公文印制份数的顺序号。涉密公文应当标注份号。

（二）密级和保密期限。公文的秘密等级和保密的期限。涉密公文应当根据涉密程度分别标注"绝密""机密""秘密"和保密期限。

（三）紧急程度。公文送达和办理的时限要求。根据紧急程度，紧急公文应当分别标注"特急""加急"，电报应当分别标注"特提""特急""加急""平急"。

（四）发文机关标志。由发文机关全称或者规范化简称加"文件"二字组成，也可以使用发文机关全称或者规范化简称。联合行文时，发文机关标志可以并用联合发文机关名称，也可以单独用主办机关名称。

（五）发文字号。由发文机关代字、年份、发文顺序号组成。联合行文时，使用主办机关的发文字号。

（六）签发人。上行文应当标注签发人姓名。

（七）标题。由发文机关名称、事由和文种组成。

（八）主送机关。公文的主要受理机关，应当使用机关全称、规范化简称或者同类型机关统称。

（九）正文。公文的主体，用来表述公文的内容。

（十）附件说明。公文附件的顺序号和名称。

（十一）发文机关署名。署发文机关全称或者规范化简称。

（十二）成文日期。署会议通过或者发文机关负责人签发的日期。联合行文时，署最后签发机关负责人签发的日期。

（十三）印章。公文中有发文机关署名的，应当加盖发文机关印章，并与署名机关相符。有特定发文机关标志的普发性公文和电报可以不加盖印章。

（十四）附注。公文印发传达范围等需要说明的事项。

（十五）附件。公文正文的说明、补充或者参考资料。

（十六）抄送机关。除主送机关外需要执行或者知晓公文内容的其他机关，应当使用机关全称、规范化简称或者同类型机关统称。

（十七）印发机关和印发日期。公文的送印机关和送印日期。

（十八）页码。公文页数顺序号。

第十条　公文的版式按照《党政机关公文格式》国家标准执行。

第十一条　公文使用的汉字、数字、外文字符、计量单位和标点符号等，按照有关国家标准和规定执行。民族自治地方的公文，可以并用汉字和当地通用的少数民族文字。

第十二条　公文用纸幅面采用国际标准 A4 型。特殊形式的公文用纸幅面，根据实际需要确定。

第四章　行文规则

第十三条　行文应当确有必要，讲求实效，注重针对性和可操作性。

第十四条　行文关系根据隶属关系和职权范围确定。一般不得越级行文，特殊情况需要越级行文的，应当同时抄送被越过的机关。

第十五条　向上级机关行文，应当遵循以下规则：

（一）原则上主送一个上级机关，根据需要同时抄送相关上级机关和同级机关，不抄送下级机关。

（二）党委、政府的部门向上级主管部门请示、报告重大事项，应当经本级党委、政府同意或者授权；属于部门职权范围内的事项应当直接报送上级主管部门。

（三）下级机关的请示事项，如需以本机关名义向上级机关请示，应当提出倾向性意见后上报，不得原文转报上级机关。

（四）请示应当一文一事。不得在报告等非请示性公文中夹带请示事项。

（五）除上级机关负责人直接交办事项外，不得以本机关名义向上级机关负责人报送公文，不得以本机关负责人名义向上级机关报送公文。

（六）受双重领导的机关向一个上级机关行文，必要时抄送另一个上级机关。

第十六条 向下级机关行文，应当遵循以下规则：

（一）主送受理机关，根据需要抄送相关机关。重要行文应当同时抄送发文机关的直接上级机关。

（二）党委、政府的办公厅（室）根据本级党委、政府授权，可以向下级党委、政府行文，其他部门和单位不得向下级党委、政府发布指令性公文或者在公文中向下级党委、政府提出指令性要求。需经政府审批的具体事项，经政府同意后可以由政府职能部门行文，文中须注明已经政府同意。

（三）党委、政府的部门在各自职权范围内可以向下级党委、政府的相关部门行文。

（四）涉及多个部门职权范围内的事务，部门之间未协商一致的，不得向下行文；擅自行文的，上级机关应当责令其纠正或者撤销。

（五）上级机关向受双重领导的下级机关行文，必要时抄送该下级机关的另一个上级机关。

第十七条 同级党政机关、党政机关与其他同级机关必要时可以联合行文。属于党委、政府各自职权范围内的工作，不得联合行文。

党委、政府的部门依据职权可以相互行文。

部门内设机构除办公厅（室）外不得对外正式行文。

第五章 公文拟制

第十八条 公文拟制包括公文的起草、审核、签发等程序。

第十九条 公文起草应当做到：

（一）符合党的理论路线方针政策和国家法律法规，完整准确体现发文机关意图，并同现行有关公文相衔接。

（二）一切从实际出发，分析问题实事求是，所提政策措施和办法切实可行。

（三）内容简洁，主题突出，观点鲜明，结构严谨，表述准确，文字精练。

（四）文种正确，格式规范。

（五）深入调查研究，充分进行论证，广泛听取意见。

（六）公文涉及其他地区或者部门职权范围内的事项，起草单位必须征求相关地区或者部门意见，力求达成一致。

（七）机关负责人应当主持、指导重要公文起草工作。

第二十条　公文文稿签发前，应当由发文机关办公厅（室）进行审核。审核的重点是：

（一）行文理由是否充分，行文依据是否准确。

（二）内容是否符合党的理论路线方针政策和国家法律法规；是否完整准确体现发文机关意图；是否同现行有关公文相衔接；所提政策措施和办法是否切实可行。

（三）涉及有关地区或者部门职权范围内的事项是否经过充分协商并达成一致意见。

（四）文种是否正确，格式是否规范；人名、地名、时间、数字、段落顺序、引文等是否准确；文字、数字、计量单位和标点符号等用法是否规范。

（五）其他内容是否符合公文起草的有关要求。

需要发文机关审议的重要公文文稿，审议前由发文机关办公厅（室）进行初核。

第二十一条　经审核不宜发文的公文文稿，应当退回起草单位并说明理由；符合发文条件但内容需作进一步研究和修改的，由起草单位修改后重新报送。

第二十二条　公文应当经本机关负责人审批签发。重要公文和上行文由机关主要负责人签发。党委、政府的办公厅（室）根据党委、政府授权制发的公文，由受权机关主要负责人签发或者按照有关规定签发。签发人签发公文，应当签署意见、姓名和完整日期；圈阅或者签名的，视为同意。联合发文由所有联署机关的负责人会签。

第六章　公文办理

第二十三条　公文办理包括收文办理、发文办理和整理归档。

第二十四条　收文办理主要程序是：

（一）签收。对收到的公文应当逐件清点，核对无误后签字或者盖章，并注明签收时间。

（二）登记。对公文的主要信息和办理情况应当详细记载。

（三）初审。对收到的公文应当进行初审。初审的重点是：是否应当由本机关办理，是否符合行文规则，文种、格式是否符合要求，涉及其他地区或者部门职权范围内的事项是否已经协商、会签，是否符合公文起草的其他要求。经初审不符合规定的公文，应当及时退回来文单位并说明理由。

（四）承办。阅知性公文应当根据公文内容、要求和工作需要确定范围后分送。批办性公文应当提出拟办意见报本机关负责人批示或者转有关部门办理；需要两个以上部门办理的，应当明确主办部门。紧急公文应当明确办理时限。承办部门对交办的公文应当及时办理，有明确办理时限要求的应当在规定时限内办理完毕。

（五）传阅。根据领导批示和工作需要将公文及时送传阅对象阅知或者批示。办理公文传阅应当随时掌握公文去向，不得漏传、误传、延误。

（六）催办。及时了解掌握公文的办理进展情况，督促承办部门按期办结。紧急公文或者重要公文应当由专人负责催办。

（七）答复。公文的办理结果应当及时答复来文单位，并根据需要告知相关单位。

第二十五条　发文办理主要程序是：

（一）复核。已经发文机关负责人签批的公文，印发前应当对公文的审批手续、内容、文种、格式等进行复核；需作实质性修改的，应当报原签批人复审。

（二）登记。对复核后的公文，应当确定发文字号、分送范围和印制份数并详细记载。

（三）印制。公文印制必须确保质量和时效。涉密公文应当在符合保密要求的场所印制。

（四）核发。公文印制完毕，应当对公文的文字、格式和印刷质量进行检查后分发。

第二十六条　涉密公文应当通过机要交通、邮政机要通信、城市机要文件交换站或者收发件机关机要收发人员进行传递，通过密码电报或者符合国家保密规定的计算机信息系统进行传输。

第二十七条　需要归档的公文及有关材料，应当根据有关档案法律法规以及机关档案管理规定，及时收集齐全、整理归档。两个以上机关联合办理的公文，原件由主办机关归档，相关机关保存复制件。机关负责人兼任其他机关职务的，在履行所兼职务过程中形成的公文，由其兼职机关归档。

第七章　公文管理

第二十八条　各级党政机关应当建立健全本机关公文管理制度，确保管理严格规范，充分发挥公文效用。

第二十九条　党政机关公文由文秘部门或者专人统一管理。设立党委（党组）的县级以上单位应当建立机要保密室和机要阅文室，并按照有关保密规定配备工作人员和必要的安全保密设施设备。

第三十条　公文确定密级前，应当按照拟定的密级先行采取保密措施。确定密级后，应当按照所定密级严格管理。绝密级公文应当由专人管理。

公文的密级需要变更或者解除的，由原确定密级的机关或者其上级机关决定。

第三十一条　公文的印发传达范围应当按照发文机关的要求执行；需要变更的，应当经发文机关批准。

涉密公文公开发布前应当履行解密程序。公开发布的时间、形式和渠道，由发文机关确定。

经批准公开发布的公文，同发文机关正式印发的公文具有同等效力。

第三十二条　复制、汇编机密级、秘密级公文，应当符合有关规定并经本机关负责人批准。绝密级公文一般不得复制、汇编，确有工作需要的，应当经发文机关或者其上级机关批准。复制、汇编的公文视同原件管理。

复制件应当加盖复制机关戳记。翻印件应当注明翻印的机关名称、日期。汇编本的密级按照编入公文的最高密级标注。

第三十三条　公文的撤销和废止，由发文机关、上级机关或者权力机关根据职权范围和有关法律法规决定。公文被撤销的，视为自始无效；公文被废止的，视为自废止之日起失效。

第三十四条　涉密公文应当按照发文机关的要求和有关规定进行清退或者销毁。

第三十五条　不具备归档和保存价值的公文，经批准后可以销毁。销毁涉密公文必须严格按照有关规定履行审批登记手续，确保不丢失、不漏销。个人不得私自销毁、留存涉密公文。

第三十六条　机关合并时，全部公文应当随之合并管理；机关撤销时，需要归档的公文经整理后按照有关规定移交档案管理部门。

工作人员离岗离职时，所在机关应当督促其将暂存、借用的公文按照有关规定移交、清退。

第三十七条　新设立的机关应当向本级党委、政府的办公厅（室）提出发文立户申请。经审查符合条件的，列为发文单位，机关合并或者撤销时，相应进行调整。

第八章 附则

第三十八条 党政机关公文含电子公文。电子公文处理工作的具体办法另行制定。

第三十九条 法规、规章方面的公文，依照有关规定处理。外事方面的公文，依照外事主管部门的有关规定处理。

第四十条 其他机关和单位的公文处理工作，可以参照本条例执行。

第四十一条 本条例由中共中央办公厅、国务院办公厅负责解释。

第四十二条 本条例自 2012 年 7 月 1 日起施行。1996 年 5 月 3 日中共中央办公厅发布的《中国共产党机关公文处理条例》和 2000 年 8 月 24 日国务院发布的《国家行政机关公文处理办法》停止执行。

8.2 党政机关公文格式（仅作参考使用）

党政机关公文格式

GB/T 9704—2012

2012-07-01 实施

1 范围

本标准规定了党政机关公文通用的纸张要求、排版和印制装订要求、公文格式各要素的编排规则，并给出了公文的式样。

本标准适用于各级党政机关制发的公文。其他机关和单位的公文可以参照执行。

使用少数民族文字印制的公文，其用纸、幅面尺寸及版面、印制等要求按照本标准执行，其余可以参照本标准并按照有关规定执行。

2 规范性引用文件

下列文件对于本标准的应用是必不可少的。凡是注日期的引用文件，仅所注日期的版本适用于本标准。凡是不注日期的引用文件，其最新版本（包括所有的修改单）适用于本标准。

GB/T 148 印刷、书写和绘图纸幅面尺寸

GB 3100 国际单位制及其应用

GB 3101　有关量、单位和符号的一般原则

GB 3102（所有部分）　量和单位

GB/T 15834　标点符号用法

GB/T 15835　出版物上数字用法

3　术语和定义

下列术语和定义适用于本标准。

3.1

字　word

标示公文中横向距离的长度单位。在本标准中，一字指一个汉字宽度的距离。

3.2

行　line

标示公文中纵向距离的长度单位。在本标准中，一行指一个汉字的高度加 3 号汉字高度的 7/8 的距离。

4　公文用纸主要技术指标

公文用纸一般使用纸张定量为 $60\ g/m^2$~$80\ g/m^2$ 的胶版印刷纸或复印纸。纸张白度 80%~90%，横向耐折度 ≥ 15 次，不透明度 ≥ 85%，pH 值为 7.5~9.5。

5　公文用纸幅面尺寸及版面要求

5.1　幅面尺寸

公文用纸采用 GB/T 148 中规定的 A4 型纸，其成品幅面尺寸为：210 mm × 297 mm。

5.2　版面

5.2.1　页边与版心尺寸

公文用纸天头（上白边）为 37 mm±1 mm，公文用纸订口（左白边）为 28 mm±1 mm，版心尺寸为 156 mm×225 mm。

5.2.2　字体和字号

如无特殊说明，公文格式各要素一般用 3 号仿宋体字。特定情况可以作适当调整。

5.2.3　行数和字数

一般每面排 22 行，每行排 28 个字，并撑满版心。特定情况可以作适当调整。

5.2.4　文字的颜色

如无特殊说明，公文中文字的颜色均为黑色。

6 印制装订要求

6.1 制版要求

版面干净无底灰，字迹清楚无断划，尺寸标准，版心不斜，误差不超过 1 mm。

6.2 印刷要求

双面印刷；页码套正，两面误差不超过 2 mm。黑色油墨应当达到色谱所标 BL100%，红色油墨应当达到色谱所标 Y80%、M80%。印品着墨实、均匀；字面不花、不白、无断划。

6.3 装订要求

公文应当左侧装订，不掉页，两页页码之间误差不超过 4 mm，裁切后的成品尺寸允许误差 ±2 mm，四角成 90°，无毛茬或缺损。

骑马订或平订的公文应当：

a）订位为两钉外订眼距版面上下边缘各 70 mm 处，允许误差 ±4 mm；

b）无坏钉、漏钉、重钉，钉脚平伏牢固；

c）骑马订钉锯均订在折缝线上，平订钉锯与书脊间的距离为 3 mm~5 mm。

包本装订公文的封皮（封面、书脊、封底）与书芯应吻合、包紧、包平、不脱落。

7 公文格式各要素编排规则

7.1 公文格式各要素的划分

本标准将版心内的公文格式各要素划分为版头、主体、版记三部分。公文首页红色分隔线以上的部分称为版头；公文首页红色分隔线（不含）以下、公文末页首条分隔线（不含）以上的部分称为主体；公文末页首条分隔线以下、末条分隔线以上的部分称为版记。

页码位于版心外。

7.2 版头

7.2.1 份号

如需标注份号，一般用 6 位 3 号阿拉伯数字，顶格编排在版心左上角第一行。

7.2.2 密级和保密期限

如需标注密级和保密期限，一般用 3 号黑体字，顶格编排在版心左上角第二行；保密期限中的数字用阿拉伯数字标注。

7.2.3 紧急程度

如需标注紧急程度，一般用 3 号黑体字，顶格编排在版心左上角；如需同时标注份号、密级和保密期限、紧急程度，按照份号、密级和保密期限、紧急程度的顺序自上而下分行排列。

7.2.4　发文机关标志

由发文机关全称或者规范化简称加"文件"二字组成，也可以使用发文机关全称或者规范化简称。

发文机关标志居中排布，上边缘至版心上边缘为 35 mm，推荐使用小标宋体字，颜色为红色，以醒目、美观、庄重为原则。

联合行文时，如需同时标注联署发文机关名称，一般应当将主办机关名称排列在前；如有"文件"二字，应当置于发文机关名称右侧，以联署发文机关名称为准上下居中排布。

7.2.5　发文字号

编排在发文机关标志下空二行位置，居中排布。年份、发文顺序号用阿拉伯数字标注；年份应标全称，用六角括号"〔〕"括入；发文顺序号不加"第"字，不编虚位（即 1 不编为 01），在阿拉伯数字后加"号"字。

上行文的发文字号居左空一字编排，与最后一个签发人姓名处在同一行。

7.2.6　签发人

由"签发人"三字加全角冒号和签发人姓名组成，居右空一字，编排在发文机关标志下空二行位置。"签发人"三字用 3 号仿宋体字，签发人姓名用 3 号楷体字。

如有多个签发人，签发人姓名按照发文机关的排列顺序从左到右、自上而下依次均匀编排，一般每行排两个姓名，回行时与上一行第一个签发人姓名对齐。

7.2.7　版头中的分隔线

发文字号之下 4 mm 处居中印一条与版心等宽的红色分隔线。

7.3　主体

7.3.1　标题

一般用 2 号小标宋体字，编排于红色分隔线下空二行位置，分一行或多行居中排布；回行时，要做到词意完整，排列对称，长短适宜，间距恰当，标题排列应当使用梯形或菱形。

7.3.2　主送机关

编排于标题下空一行位置，居左顶格，回行时仍顶格，最后一个机关名称后标全角冒号。如主送机关名称过多导致公文首页不能显示正文时，应当将主送机关名称移至版记，标注方法见 7.4.2。

7.3.3 正文

公文首页必须显示正文。一般用 3 号仿宋体字，编排于主送机关名称下一行，每个自然段左空二字，回行顶格。文中结构层次序数依次可以用"一、""（一）""1.""（1）"标注；一般第一层用黑体字、第二层用楷体字、第三层和第四层用仿宋体字标注。

7.3.4 附件说明

如有附件，在正文下空一行左空二字编排"附件"二字，后标全角冒号和附件名称。如有多个附件，使用阿拉伯数字标注附件顺序号（如"附件：1.××××× "）；附件名称后不加标点符号。附件名称较长需回行时，应当与上一行附件名称的首字对齐。

7.3.5 发文机关署名、成文日期和印章

7.3.5.1 加盖印章的公文

成文日期一般右空四字编排，印章用红色，不得出现空白印章。

单一机关行文时，一般在成文日期之上、以成文日期为准居中编排发文机关署名，印章端正、居中下压发文机关署名和成文日期，使发文机关署名和成文日期居印章中心偏下位置，印章顶端应当上距正文（或附件说明）一行之内。

联合行文时，一般将各发文机关署名按照发文机关顺序整齐排列在相应位置，并将印章一一对应、端正、居中下压发文机关署名，最后一个印章端正、居中下压发文机关署名和成文日期，印章之间排列整齐、互不相交或相切，每排印章两端不得超出版心，首排印章顶端应当上距正文（或附件说明）一行之内。

7.3.5.2 不加盖印章的公文

单一机关行文时，在正文（或附件说明）下空一行右空二字编排发文机关署名，在发文机关署名下一行编排成文日期，首字比发文机关署名首字右移二字，如成文日期长于发文机关署名，应当使成文日期右空二字编排，并相应增加发文机关署名右空字数。

联合行文时，应当先编排主办机关署名，其余发文机关署名依次向下编排。

7.3.5.3 加盖签发人签名章的公文

单一机关制发的公文加盖签发人签名章时，在正文（或附件说明）下空二行右空四字加盖签发人签名章，签名章左空二字标注签发人职务，以签名章为准上下居中排布。在签发人签名章下空一行右空四字编排成文日期。

联合行文时，应当先编排主办机关签发人职务、签名章，其余机关签发人职务、签名章依次向下编排，与主办机关签发人职务、签名章上下对齐；每行只编

排一个机关的签发人职务、签名章；签发人职务应当标注全称。

签名章一般用红色。

7.3.5.4　成文日期中的数字

用阿拉伯数字将年、月、日标全，年份应标全称，月、日不编虚位（即1不编为01）。

7.3.5.5　特殊情况说明

当公文排版后所剩空白处不能容下印章或签发人签名章、成文日期时，可以采取调整行距、字距的措施解决。

7.3.6　附注

如有附注，居左空二字加圆括号编排在成文日期下一行。

7.3.7　附件

附件应当另面编排，并在版记之前，与公文正文一起装订。"附件"二字及附件顺序号用3号黑体字顶格编排在版心左上角第一行。附件标题居中编排在版心第三行。附件顺序号和附件标题应当与附件说明的表述一致。附件格式要求同正文。

如附件与正文不能一起装订，应当在附件左上角第一行顶格编排公文的发文字号并在其后标注"附件"二字及附件顺序号。

7.4　版记

7.4.1　版记中的分隔线

版记中的分隔线与版心等宽，首条分隔线和末条分隔线用粗线（推荐高度为0.35 mm），中间的分隔线用细线（推荐高度为0.25 mm）。首条分隔线位于版记中第一个要素之上，末条分隔线与公文最后一面的版心下边缘重合。

7.4.2　抄送机关

如有抄送机关，一般用4号仿宋体字，在印发机关和印发日期之上一行、左右各空一字编排。"抄送"二字后加全角冒号和抄送机关名称，回行时与冒号后的首字对齐，最后一个抄送机关名称后标句号。

如需把主送机关移至版记，除将"抄送"二字改为"主送"外，编排方法同抄送机关。既有主送机关又有抄送机关时，应当将主送机关置于抄送机关之上一行，之间不加分隔线。

7.4.3　印发机关和印发日期

印发机关和印发日期一般用4号仿宋体字，编排在末条分隔线之上，印发机关左空一字，印发日期右空一字，用阿拉伯数字将年、月、日标全，年份应标全称，月、日不编虚位（即1不编为01），后加"印发"二字。

版记中如有其他要素，应当将其与印发机关和印发日期用一条细分隔线隔开。

7.5　页码

一般用 4 号半角宋体阿拉伯数字，编排在公文版心下边缘之下，数字左右各放一条一字线；一字线上距版心下边缘 7 mm。单页码居右空一字，双页码居左空一字。公文的版记页前有空白页的，空白页和版记页均不编排页码。公文的附件与正文一起装订时，页码应当连续编排。

8　公文中的横排表格

A4 纸型的表格横排时，页码位置与公文其他页码保持一致，单页码表头在订口一边，双页码表头在切口一边。

9　公文中计量单位、标点符号和数字的用法

公文中计量单位的用法应当符合 GB 3100、GB 3101 和 GB 3102（所有部分），标点符号的用法应当符合 GB/T 15834，数字用法应当符合 GB/T 15835。

10　公文的特定格式

10.1　信函格式

发文机关标志使用发文机关全称或者规范化简称，居中排布，上边缘至上页边为 30 mm，推荐使用红色小标宋体字。联合行文时，使用主办机关标志。

发文机关标志下 4 mm 处印一条红色双线（上粗下细），距下页边 20 mm 处印一条红色双线（上细下粗），线长均为 170 mm，居中排布。

如需标注份号、密级和保密期限、紧急程度，应当顶格居版心左边缘编排在第一条红色双线下，按照份号、密级和保密期限、紧急程度的顺序自上而下分行排列，第一个要素与该线的距离为 3 号汉字高度的 7/8。

发文字号顶格居版心右边缘编排在第一条红色双线下，与该线的距离为 3 号汉字高度的 7/8。

标题居中编排，与其上最后一个要素相距二行。

第二条红色双线上一行如有文字，与该线的距离为 3 号汉字高度的 7/8。

首页不显示页码。

版记不加印发机关和印发日期、分隔线，位于公文最后一面版心内最下方。

10.2　命令（令）格式

发文机关标志由发文机关全称加"命令"或"令"字组成，居中排布，上边缘至版心上边缘为 20 mm，推荐使用红色小标宋体字。

发文机关标志下空二行居中编排令号，令号下空二行编排正文。

签发人职务、签名章和成文日期的编排见 7.3.5.3。

10.3　纪要格式

纪要标志由"×××××纪要"组成，居中排布，上边缘至版心上边缘为 35 mm，推荐使用红色小标宋体字。

标注出席人员名单，一般用 3 号黑体字，在正文或附件说明下空一行左空二字编排"出席"二字，后标全角冒号，冒号后用 3 号仿宋体字标注出席人单位、姓名，回行时与冒号后的首字对齐。

标注请假和列席人员名单，除依次另起一行并将"出席"二字改为"请假"或"列席"外，编排方法同出席人员名单。

纪要格式可以根据实际制定。

11　式样

A4 型公文用纸页边及版心尺寸见图 1；公文首页版式见图 2；联合行文公文首页版式 1 见图 3；联合行文公文首页版式 2 见图 4；公文末页版式 1 见图 5；公文末页版式 2 见图 6；联合行文公文末页版式 1 见图 7；联合行文公文末页版式 2 见图 8；附件说明页版式见图 9；带附件公文末页版式见图 10；信函格式首页版式见图 11；命令（令）格式首页版式见图 12。

（图略）

8.3　标点符号用法（GB/T　15834—2011）（仅作参考使用）

标点符号用法

GB/T 15834—2011

（2011 年 12 月 30 日发布，2012 年 6 月 1 日开始实施）

▲标点符号的种类

1. 点号

点号的作用是点断，主要表示停顿和语气。分为句末点号和句内点号。

（1）句末点号：用于句末的点号，表示句末停顿和句子的语气。包括句号、问号、叹号。

（2）句内点号：用于句内的点号，表示句内各种不同性质的停顿。包括逗号、顿号、分号、冒号。

2. 标号

标号的作用是标明，主要标示某些成分（主要是词语）的特定性质和作用。包括引号、括号、破折号、省略号、着重号、连接号、间隔号、书名号、专名号、分隔号。

▲ 标点符号的定义、形式和用法

一、句号

1. 定义

句末点号的一种，主要表示句子的陈述语气。

2. 形式

句号的形式是"。"。

3. 基本用法

（1）用于句子末尾，表示陈述语气。使用句号主要根据语段前后有较大停顿、带有陈述语气和语调，并不取决于句子的长短。

示例①：北京是中华人民共和国的首都。

示例②：（甲：咱们走着去吧？）乙：好。

（2）有时也可表示较缓和的祈使语气和感叹语气。

示例①：请您稍等一下。

示例②：我不由得感到，这些普通劳动者也同样是很值得尊敬的。

二、问号

1. 定义

句末点号的一种，主要表示句子的疑问语气。

2. 形式

问号的形式是"？"。

3. 基本用法

（1）用于句子末尾，表示疑问语气（包括反问、设问等疑问类型）。使用问号主要根据语段前后有较大停顿、带有疑问语气和语调，并不取决于句子的长短。

示例①：你怎么还不回家去呢？

示例②：难道这些普通的战士不值得歌颂吗？

示例③：（一个外国人，不远万里来到中国，帮助中国的抗日战争。）这是什么精神？这是国际主义的精神。

（2）选择问句中，通常只在最后一个选项的末尾用问号，各个选项之间一般用逗号隔开。当选项较短且选项之间几乎没有停顿时，选项之间可不用逗号。当选项较多或较长，或有意突出每个选项的独立性时，也可每个选项之后都用问号。

示例①：诗中记述的这场战争究竟是真实的历史描述，还是诗人的虚构？

示例②：这是巧合还是有意安排？

示例③：要一个什么样的结尾：现实主义的？传统的？大团圆的？荒诞的？民族形式的？有象征意义的？

示例④：（他看着我的作品称赞了我。）但到底是称赞我什么：是有几处画得好？还是什么都敢画？抑或只是一种对于失败者的无可奈何的安慰？我不得而知。

示例⑤：这一切都是由客观的条件造成的？还是由行为的惯性造成的？

（3）在多个问句连用或表达疑问语气加重时，可叠用问号。通常应先单用，再叠用，最多叠用三个问号。在没有异常强烈的情感表达需要时不宜叠用问号。

示例：这就是你的做法吗？你这个总经理是怎么当的？？你怎么竟敢这样欺骗消费者？？？

（4）问号也有标号的用法，即用于句内，表示存疑或不详。

示例①：马致远（1250？—1321），大都人，元代戏曲家、散曲家。

示例②：钟嵘（？—518），颍川长社人，南朝梁代文学批评家。

示例③：出现这样的文字错误，说明作者（编者？校者？）很不认真。

三、叹号

1.定义

句末点号的一种，主要表示句子的感叹语气。

2.形式

叹号的形式是"！"。

3.基本用法

（1）用于句子末尾，主要表示感叹语气，有时也可表示强烈的祈使语气、反问语气等。使用叹号主要根据语段前后有较大停顿、带有感叹语气和语调或带有强烈的祈使、反问语气和语调，并不取决于句子的长短。

示例①：才一年不见，这孩子都长这么高啦！

示例②：你给我住嘴！

示例③：谁知道他今天是怎么搞的！

（2）用于拟声词后，表示声音短促或突然。

示例①：咔嚓！一道闪电划破了夜空。

示例②：咚！咚咚！突然传来一阵急促的敲门声。

（3）表示声音巨大或声音不断加大时，可叠用叹号；表达强烈语气时，也可叠用叹号，最多叠用三个叹号。在没有异常强烈的情感表达需要时不宜叠用叹号。

示例①：轰！！在这天崩地塌的声音中，女娲猛然醒来。

示例②：我要揭露！我要控诉！！我要以死抗争！！！

（4）当句子包含疑问、感叹两种语气且都比较强烈时（如带有强烈感情的反问句和带有惊愕语气的疑问句），可在问号后再加叹号（问号、叹号各一）。

示例①：这么点困难就能把我们吓倒吗？！

示例②：他连这些最起码的常识都不懂，还敢说自己是高科技人才？！

四、逗号

1. 定义

句内点号的一种，表示句子或语段内部的一般性停顿。

2. 形式

逗号的形式是"，"。

3. 基本用法

（1）复句内各分句之间的停顿，除了有时用分号，一般都用逗号。

示例①：不是人们的意识决定人们的存在，而是人们的社会存在决定人们的意识。

示例②：学历史使人更明智，学文学使人更聪慧，学数学使人更精细，学考古使人更深沉。

示例③：要是不相信我们的理论能反映现实，要是不相信我们的世界有内在和谐，那就不可能有科学。

（2）用于下列各种语法位置：

a）较长的主语之后。

示例①：苏州园林建筑各种门窗的精美设计和雕镂功夫，都令人叹为观止。

b）句首的状语之后。

示例②：在苍茫的大海上，狂风卷集着乌云。

c）较长的宾语之前。

示例③：有的考古工作者认为，南方古猿生存于上新世至更新世的初期和中期。

d）带句内语气词的主语（或其他成分）之后，或带句内语气词的并列成分之间。

示例④：他呢，倒是很乐意地、全神贯注地干起来了。

示例⑤：（那是个没有月亮的夜晚。）可是整个村子——白房顶啦，白树木啦，雪堆啦，全看得见。

e）较长的主语中间、谓语中间或宾语中间。

示例⑥：母亲沉痛的诉说，以及亲眼见到的事实，都启发了我幼年时期追求真理的思想。

示例⑦：那姑娘头戴一顶草帽，身穿一条绿色的裙子，腰间还系着一根橙色的腰带。

示例⑧：必须懂得，对于文化传统，既不能不分青红皂白统统抛弃，也不能不管精华糟粕全盘继承。

f）前置的谓语之后或后置的状语、定语之前。

示例⑨：真美啊，这条蜿蜒的林间小路。

示例⑩：她吃力地站了起来，慢慢地。

示例⑪：我只是一个人，孤孤单单的。

（3）用于下列各种停顿处：

a）复指成分或插说成分前后。

示例①：老张，就是原来的办公室主任，上星期已经调走了。

示例②：车，不用说，当然是头等。

b）语气缓和的感叹语、称谓语或呼唤语之后。

示例③：哎哟，这儿，快给我揉揉。

示例④：大娘，您到哪儿去啊？

示例⑤：喂，你是哪个单位的？

c）某些序次语（"第"字头、"其"字头及"首先"类序次语）之后。

示例⑥：为什么许多人都有长不大的感觉呢？原因有三：第一，父母总认为自己比孩子成熟；第二，父母总要以自己的标准来衡量孩子；第三，父母出于爱心而总不想让孩子在成长的过程中走弯路。

示例⑦：《玄秘塔碑》所以成为书法的范本，不外乎以下几方面的因素：

其一，具有楷书点画、构体的典范性；其二，承上启下，成为唐楷的极致；其三，字如其人，爱人及字，柳公权高尚的书品、人品为后人所崇仰。

示例⑧：下面从三个方面讲讲语言的污染问题：首先，是特殊语言环境中的语言污染问题；其次，是滥用缩略语引起的语言污染问题；最后，是空话和废话引起的语言污染问题。

五、顿号

1. 定义

句内点号的一种，表示语段中并列词语之间或某些序次语之后的停顿。

2. 形式

顿号的形式是"、"。

3. 基本用法

（1）用于并列词语之间。

示例①：这里有自由、民主、平等、开放的风气和氛围。

示例②：造型科学、技艺精湛、气韵生动，是盛唐石雕的特色。

（2）用于需要停顿的重复词语之间。

示例：他几次三番、几次三番地辩解着。

（3）用于某些序次语（不带括号的汉字数字或"天干地支"类序次语）之后。

示例①：我准备讲两个问题：一、逻辑学是什么？二、怎样学好逻辑学？

示例②：风格的具体内容主要有以下四点：甲、题材；乙、用字；丙、表达；丁、色彩。

（4）相邻或相近两数字连用表示概数通常不用顿号。若相邻两数字连用为缩略形式，宜用顿号。

示例①：飞机在 6000 米高空水平飞行时，只能看到两侧八九公里和前方一二十公里范围内的地面。

示例②：这种凶猛的动物常常三五成群地外出觅食和活动。

示例③：农业是国民经济的基础，也是二、三产业的基础。

（5）标有引号的并列成分之间、标有书名号的并列成分之间通常不用顿号。若有其他成分插在并列的引号之间或并列的书名号之间（如引语或书名号之后还有括注），宜用顿号。

示例①："日""月"构成"明"字。

示例②：店里挂着"顾客就是上帝""质量就是生命"等横幅。

示例③：《红楼梦》《三国演义》《西游记》《水浒传》，是我国长篇小说的四大名著。

示例④：李白的"白发三千丈"（《秋浦歌》）、"朝如青丝暮成雪"（《将进酒》）都是脍炙人口的诗句。

示例⑤：办公室里订有《人民日报》（海外版）、《光明日报》和《时代周刊》等报刊。

六、分号

1. 定义

句内点号的一种，表示复句内部并列关系分句之间的停顿，以及非并列关系的多重复句中第一层分句之间的停顿。

2. 形式

分号的形式是"；"。

3. 基本用法

（1）表示复句内部并列关系的分句（尤其当分句内部还有逗号时）之间的停顿。

示例①：语言文字的学习，就理解方面说，是得到一种知识；就运用方面说，是养成一种习惯。

示例②：内容有分量，尽管文章短小，也是有分量的；内容没有分量，即使写得再长也没有用。

（2）表示非并列关系的多重复句中第一层分句（主要是选择、转折等关系）之间的停顿。

示例①：人还没看见，已经先听见歌声了；或者人已经转过山头望不见了，歌声还余音缭绕。

示例②：尽管人民革命的力量在开始时总是弱小的，所以总是受压的；但是由于革命的力量代表历史发展的方向，因此本质上又是不可战胜的。

示例③：不管一个人如何伟大，也总是生活在一定的环境和条件下；因此，个人的见解总难免带有某种局限性。

示例④：昨天夜里下了一场雨，以为可以凉快些；谁知没有凉快下来，反而更热了。

（3）用于分项列举的各项之间。

示例：特聘教授的岗位职责为：一、讲授本学科的主干基础课程；二、主持本学科的重大科研项目；三、领导本学科的学术队伍建设；四、带领本学科赶超或保持世界先进水平。

七、冒号

1. 定义

句内点号的一种，表示语段中提示下文或总结上文的停顿。

2. 形式

冒号的形式是"："。

3. 基本用法

（1）用于总说性或提示性词语（如"说""例如""证明"等）之后，表示提示下文。

示例①：北京紫禁城有四座城门：午门、神武门、东华门和西华门。

示例②：她高兴地说："咱们去好好庆祝一下吧！"

示例③：小王笑着点了点头："我就是这么想的。"

示例④：这一事实证明：人能创造环境，环境同样也能创造人。

（2）表示总结上文。

示例：张华上了大学，李萍进了技校，我当了工人：我们都有美好的前途。

（3）用在需要说明的词语之后，表示注释和说明。

示例①：（本市将举办首届大型书市。）主办单位：市文化局；承办单位：市图书进出口公司；时间：8 月 15 日—20 日；地点：市体育馆观众休息厅。

示例②：（做阅读理解题有两个办法。）办法之一：先读题干，再读原文，带着问题有针对性地读课文。办法之二：直接读原文，读完再做题，减少先入为主的干扰。

（4）用于书信、讲话稿中称谓语或称呼语之后。

示例①：广平先生：……

示例②：同志们、朋友们：……

（5）一个句子内部一般不应套用冒号。在列举式或条文式表述中，如不得不套用冒号时，宜另起段落来显示各个层次。

示例：第十条　遗产按照下列顺序继承：

第一顺序：配偶、子女、父母。

第二顺序：兄弟姐妹、祖父母、外祖父母。

八、引号

1. 定义

标号的一种，标示语段中直接引用的内容或需要特别指出的成分。

2. 形式

引号的形式有双引号""""和单引号"''"两种。左侧的为前引号，右侧的为后引号。

3. 基本用法

（1）标示语段中直接引用的内容。

示例：李白诗中就有"白发三千丈"这样极尽夸张的语句。

（2）标示需要着重论述或强调的内容。

示例：这里所谓的"文"，并不是指文字，而是指文采。

（3）标示语段中具有特殊含义而需要特别指出的成分，如别称、简称、反语等。

示例①：电视被称作"第九艺术"。

示例②：人类学上常把古人化石统称为尼安德特人，简称"尼人"。

示例③：有几个"慈祥"的老板把捡来的菜叶用盐浸浸就算作工友的菜肴。

（4）当引号中还需要使用引号时，外面一层用双引号，里面一层用单引号。

示例：他问："老师，'七月流火'是什么意思？"

（5）独立成段的引文如果只有一段，段首和段尾都用引号；不止一段时，每段开头仅用前引号，只在最后一段末尾用后引号。

示例：我曾在报纸上看到有人这样谈幸福：

"幸福是知道自己喜欢什么和不喜欢什么。……

"幸福是知道自己擅长什么和不擅长什么。……

"幸福是在正确的时间作了正确的选择。……"

（6）在书写带月、日的事件、节日或其他特定意义的短语（含简称）时，通常只标引其中的月和日；需要突出和强调该事件或节日本身时，也可连同事件或节日一起标引。

示例①："5·12"汶川大地震。

示例②："五四"以来的话剧，是我国戏剧中的新形式。

示例③：纪念"五四运动"90周年。

九、括号

1. 定义

标号的一种，标示语段中的注释内容、补充说明或其他特定意义的语句。

2. 形式

括号的主要形式是圆括号"（）"，其他形式还有方括号"[]"、六角括号

"〔 〕"和方头括号"【 】"等。

3. 基本用法

（1）标示下列各种情况，均用圆括号：

a）标示注释内容或补充说明。

示例①：我校拥有特级教师（含已退休的）17 人。

示例②：我们不但善于破坏一个旧世界，我们还将善于建设一个新世界！（热烈鼓掌）

b）标示订正或补加的文字。

示例③：信纸上用稚嫩的字体写着："阿夷（姨），你好！"

示例④：该建筑公司负责的建设工程全部达到优良工程（的标准）。

c）标示序次语。

示例⑤：语言有三个要素：（1）声音；（2）结构；（3）意义。

示例⑥：思想有三个条件：（一）事理；（二）心理；（三）伦理。

d）标示引语的出处。

示例⑦：他说得好："未画之前，不立一格；既画之后，不留一格。"（《板桥集·题画》）

e）标示汉语拼音注音。

示例⑧："的（de）"这个字在现代汉语中最常用。

（2）标示作者国籍或所属朝代时，可用方括号或六角括号。

示例①：[英] 赫胥黎《进化论与伦理学》

示例②：〔唐〕杜甫著

（3）报刊标示电讯、报道的开头，可用方头括号。

示例：【新华社南京消息】

（4）标示公文发文字号中的发文年份时，可用六角括号。

示例：国发〔2011〕3 号文件

（5）标示被注释的词语时，可用六角括号或方头括号。

示例①：〔奇观〕奇伟的景象。

示例②：【爱因斯坦】物理学家。生于德国，1933 年因受纳粹政权迫害，移居美国。

（6）除科技书刊中的数学、逻辑公式外，所有括号（特别是同一形式的括号）应尽量避免套用。必须套用括号时，宜采用不同的括号形式配合使用。

示例：〔茸（róng）毛〕很细很细的毛。

十、破折号

1. 定义

标号的一种，标示语段中某些成分的注释、补充说明或语音、意义的变化。

2. 形式

破折号的形式是"——"。

3. 基本用法

（1）标示注释内容或补充说明（也可用括号）。

示例①：一个矮小而结实的日本中年人——内山老板走了过来。

示例②：我一直坚持读书，想借此唤起弟妹对生活的希望——无论环境多么困难。

（2）标示插入语（也可用逗号）。

示例：这简直就是——说得不客气点——无耻的勾当！

（3）标示总结上文或提示下文（也可用冒号）。

示例①：坚强，纯洁，严于律己，客观公正——这一切都难得地集中在一个人身上。

示例②：画家开始娓娓道来——数年前的一个寒冬，……

（4）标示话题的转换。

示例："好香的干菜，——听到风声了吗？"赵七爷低声说道。

（5）标示声音的延长。

示例："嘎——"传过来一声水禽被惊动的鸣叫。

（6）标示话语的中断或间隔。

示例①："班长他牺——"小马话没说完就大哭起来。

示例②："亲爱的妈妈，你不知道我多爱您。——还有你，我的孩子！"

（7）标示引出对话。

示例：——你长大后想成为科学家吗？

　　　　——当然想了！

（8）标示事项列举分承。

示例：根据研究对象的不同，环境物理学分为以下五个分支学科：

——环境声学；

——环境光学；

——环境热学；

——环境电磁学；

——环境空气动力学。

（9）用于副标题之前。

示例：飞向太平洋——我国新型号运载火箭发射目击记

（10）用于引文、注文后，标示作者、出处或注释者。

示例①：先天下之忧而忧，后天下之乐而乐。

——范仲淹

示例②：乐浪海中有倭人，分为百余国。

——《汉书》

示例③：很多人写好信后把信笺折成方胜形，我看大可不必。（方胜，指古代妇女戴的方形首饰，用彩绸等制作，由两个斜方部分叠合而成。——编者注）

十一、省略号

1. 定义

标号的一种，标示语段中某些内容的省略及意义的断续等。

2. 形式

省略号的形式是"……"。

3. 基本用法

（1）标示引文的省略。

示例：我们齐声朗诵起来："……俱往矣，数风流人物，还看今朝。"

（2）标示列举或重复词语的省略。

示例①：对政治的敏感，对生活的敏感，对性格的敏感，……这都是作家必须要有的素质。

示例②：他气得连声说："好，好……算我没说。"

（3）标示语意未尽。

示例①：在人迹罕至的深山密林里，假如突然看见一缕炊烟，……

示例②：你这样干，未免太……！

（4）标示说话时断断续续。

示例：她磕磕巴巴地说："可是……太太……我不知道……你一定是认错了。"

（5）标示对话中的沉默不语。

示例："还没结婚吧？""……"他飞红了脸，更加忸怩起来。

（6）标示特定的成分虚缺。

示例：只要……就……

（7）在标示诗行、段落的省略时，可连用两个省略号（即相当于十二连点）。

示例①：从隔壁房间传来缓缓而抑扬顿挫的吟咏声——

床前明月光，疑是地上霜。

…………

示例②：该刊根据工作质量、上稿数量、参与程度等方面的表现，评选出了高校十佳记者站。还根据发稿数量、提供新闻线索情况以及对刊物的关注度等，评选出了十佳通讯员。

…………

十二、着重号

1.定义

标号的一种，标示语段中某些重要的或需要指明的文字。

2.形式

着重号的形式是"．"，标注在相应的文字下方。

3.基本用法

（1）标示语段中重要的文字。

示例①：诗人需要表现，而不是证明。

示例②：下面对本文的理解，不正确的一项是……

（2）标示语段中需要指明的文字。

示例：下边加点的字，除了在词中的读法外，还有哪些读法？

着急　子弹　强调

十三、连接号

1.定义

标号的一种，标示某些相关联成分之间的连接。

2.形式

连接号的形式有短横线"-"（占半个字符位置）、一字线"—"（占一个字符位置）和浪纹线"～"（占一个字符位置）三种。

3.基本用法

（1）标示下列各种情况，均用短横线：

a）化合物的名称或表格、插图的编号。

示例①：3-戊酮为无色液体，对眼及皮肤有强烈的刺激性。

示例②：参见下页表2-8、表2-9。

b）连接号码，包括门牌号码、电话号码，以及用阿拉伯数字表示年月日等。

示例③：安宁里东路 26 号院 3-2-11 室

示例④：联系电话：010-88842603

示例⑤：2011-02-15

c）在复合名词中起连接作用。

示例⑥：吐鲁番 – 哈密盆地

d）某些产品的名称和型号。

示例⑦：WZ-10 直升机具有复杂天气和夜间作战的能力。

e）汉语拼音、外来语内部的分合。

示例⑧：shuō shuō –xiàoxiào（说说笑笑）

示例⑨：盎格鲁 – 撒克逊人

示例⑩：让 – 雅克•卢梭（"让 – 雅克"为双名）

示例⑪：皮埃尔•孟戴斯 – 弗朗斯（"孟戴斯 – 弗朗斯"为复姓）

（2）标示下列各种情况，一般用一字线，有时也可用浪纹线：

a）标示相关项目（如时间、地域等）的起止。

示例①：沈括（1031—1095），宋朝人

示例②：2011 年 2 月 3 日—10 日

示例③：北京—上海特别旅客快车

b）标示数值范围（由阿拉伯数字或汉字数字构成）的起止。

示例④：25 ～ 30 g

示例⑤：第五～八课

十四、间隔号

1. 定义

标号的一种，标示某些相关联成分之间的分界。

2. 形式

间隔号的形式是"•"。

3. 基本用法

（1）标示外国人名或少数民族人名内部的分界。

示例①：克里斯蒂娜•罗塞蒂

示例②：阿依古丽•买买提

（2）标示书名与篇（章、卷）名之间的分界。

示例：《淮南子•本经训》

（3）标示词牌、曲牌、诗体名等和题名之间的分界。

示例①：《沁园春·雪》

示例②：《天净沙·秋思》

示例③：《七律·冬云》

（4）用在构成标题或栏目名称的并列词语之间。

示例：《天·地·人》

（5）以月、日为标志的事件或节日，用汉字数字表示时，只在一月、十一月和十二月后用间隔号；当直接用阿拉伯数字表示时，月、日之间均用间隔号（半角字符）。

示例①："九一八"事变　　"五四"运动

示例②："一·二八"事变　　"一二·九"运动

示例③："3·15"消费者权益日　　"9·11"恐怖袭击事件

十五、书名号

1. 定义

标号的一种，标示语段中出现的各种作品的名称。

2. 形式

书名号的形式有双书名号"《》"和单书名号"〈〉"两种。

3. 基本用法

（1）标示书名、卷名、篇名、刊物名、报纸名、文件名等。

示例①：《红楼梦》（书名）

示例②：《史记·项羽本纪》（卷名）

示例③：《论雷峰塔的倒掉》（篇名）

示例④：《每周关注》（刊物名）

示例⑤：《人民日报》（报纸名）

示例⑥：《全国农村工作会议纪要》（文件名）

（2）标示电影、电视、音乐、诗歌、雕塑等各类用文字、声音、图像等表现的作品的名称。

示例①：《渔光曲》（电影名）

示例②：《追梦录》（电视剧名）

示例③：《勿忘我》（歌曲名）

示例④：《沁园春·雪》（诗词名）

示例⑤：《东方欲晓》（雕塑名）

示例⑥：《光与影》（电视节目名）

示例⑦：《社会广角镜》（栏目名）

示例⑧：《庄子研究文献数据库》（光盘名）

示例⑨：《植物生理学系列挂图》（图片名）

（3）标示全中文或中文在名称中占主导地位的软件名。

示例：科研人员正在研制《电脑卫士》杀毒软件。

（4）标示作品名的简称。

示例：我读了《念青唐古拉山脉纪行》一文（以下简称《念》），收获很大。

（5）当书名号中还需要书名号时，里面一层用单书名号，外面一层用双书名号。

示例：《教育部关于提请审议〈高等教育自学考试试行办法〉的报告》

十六、专名号

1. 定义

标号的一种，标示古籍和某些文史类著作中出现的特定类专有名词。

2. 形式

专名号的形式是一条直线"___"，标注在相应文字的下方。

3. 基本用法

（1）标示古籍、古籍引文或某些文史类著作中出现的专有名词，主要包括人名、地名、国名、民族名、朝代名、年号、宗教名、官署名、组织名等。

示例①：孙坚人马被刘表率军围得水泄不通。（人名）

示例②：于是聚集冀、青、幽、并四州兵马七十多万准备决一死战。（地名）

示例③：当时乌孙及西域各国都向汉派遣了使节。（国名、朝代名）

示例④：从咸宁二年到太康十年，匈奴、鲜卑、乌桓等族人徙居塞内。（年号、民族名）

（2）现代汉语文本中的上述专有名词，以及古籍和现代文本中的单位名、官职名、事件名、会议名、书名等不应使用专名号。必须使用标号标示时，宜使用其他相应标号（如引号、书名号等）。

十七、分隔号

1. 定义

标号的一种，标示诗行、节拍及某些相关文字的分隔。

2. 形式

分隔号的形式是"/"。

3. 基本用法

（1）诗歌接排时分隔诗行（也可使用逗号和分号）。

示例：春眠不觉晓／处处闻啼鸟／夜来风雨声／花落知多少。

（2）标示诗文中的音节节拍。

示例：横眉／冷对／千夫指，俯首／甘为／孺子牛。

（3）分隔供选择或可转换的两项，表示"或"。

示例：动词短语中除了作为主体成分的述语动词之外，还包括述语动词所带的宾语和／或补语。

（4）分隔组成一对的两项，表示"和"。

示例①：13/14 次特别快车

示例②：羽毛球女双决赛中国组合杜婧／于洋两局完胜韩国名将李孝贞／李敬元。

（5）分隔层级或类别。

示例：我国的行政区划分为：省（直辖市、自治区）／省辖市（地级市）／县（县级市、区、自治州）／乡（镇）／村（居委会）。

▲标点符号的位置和书写形式

一、横排文稿标点符号的位置和书写形式

1. 句号、逗号、顿号、分号、冒号均置于相应文字之后，占一个字位置，居左下，不出现在一行之首。

2. 问号、叹号均置于相应文字之后，占一个字位置，居左，不出现在一行之首。两个问号（或叹号）叠用时，占一个字位置；三个问号（或叹号）叠用时，占两个字位置；问号和叹号连用时，占一个字位置。

3. 引号、括号、书名号中的两部分标在相应项目的两端，各占一个字位置。其中前一半不出现在一行之末，后一半不出现在一行之首。

4. 破折号标在相应项目之间，占两个字位置，上下居中，不能中间断开分处上行之末和下行之首。

5. 省略号占两个字位置，两个省略号连用时占四个字位置并须单独占一行。省略号不能中间断开分处上行之末和下行之首。

6. 连接号中的短横线比汉字"一"略短，占半个字位置；一字线比汉字"一"略长，占一个字位置；浪纹线占一个字位置。连接号上下居中，不出现在一行之首。

7. 间隔号标在需要隔开的项目之间，占半个字位置，上下居中，不出现在一行之首。

8. 着重号和专名号标在相应文字的下边。

9. 分隔号占半个字位置，不出现在一行之首或一行之末。

10. 标点符号排在一行末尾时，若为全角字符则应占半角字符的宽度（即半个字位置），以使视觉效果更美观。

11. 在实际编辑出版工作中，为排版美观、方便阅读等需要，或为避免某一小节最后一个汉字转行或出现在另外一页开头等情况（浪费版面及视觉效果差），可适当压缩标点符号所占用的空间。

二、竖排文稿标点符号的位置和书写形式

1. 句号、问号、叹号、逗号、顿号、分号和冒号均置于相应文字之下偏右。

2. 破折号、省略号、连接号、间隔号和分隔号置于相应文字之下居中，上下方向排列。

3. 引号改用双引号"﹃""﹄"和单引号"﹁""﹂"，括号改用"︵""︶"，标在相应项目的上下。

4. 竖排文稿中使用浪线式书名号"﹏﹏"，标在相应文字的左侧。

5. 着重号标在相应文字的右侧，专名号标在相应文字的左侧。

6. 横排文稿中关于某些标点不能居行首或行末的要求，同样适用于竖排文稿。

附录 A （规范性附录）

标点符号用法的补充规则

一、句号用法补充规则

图或表的短语式说明文字，中间可用逗号，但末尾不用句号。即使有时说明文字较长，前面的语段已出现句号，最后结尾处仍不用句号。

示例①：行进中的学生方队

示例②：经过治理，本市市容市貌焕然一新。这是某区街道一景

二、问号用法补充规则

使用问号应以句子表示疑问语气为依据，而并不根据句子中包含有疑问词。当含有疑问词的语段充当某种句子成分，而句子并不表示疑问语气时，句末不用问号。

示例①：他们的行为举止、审美趣味，甚至读什么书，坐什么车，都在媒体掌握之中。

示例②：谁也不见，什么也不吃，哪儿也不去。

示例③：我也不知道他究竟躲到什么地方去了。

三、逗号用法补充规则

用顿号表示较长、较多或较复杂的并列成分之间的停顿时，最后一个成分前可用"以及（及）"进行连接，"以及（及）"之前应用逗号。

示例：压力过大、工作时间过长、作息不规律，以及忽视营养均衡等，均会导致健康状况的下降。

四、顿号用法补充规则

1.表示含有顺序关系的并列各项间的停顿，用顿号，不用逗号。下例解释"对于"一词用法，"人""事物""行为"之间有顺序关系（即人和人、人和事物、

人和行为、事物和事物、事物和行为、行为和行为等六种对待关系），各项之间应用顿号。

示例：〔对于〕表示人，事物，行为之间的相互对待关系。（误）

　　　　〔对于〕表示人、事物、行为之间的相互对待关系。（正）

2.用阿拉伯数字表示年月日的简写形式时，用短横线连接号，不用顿号。

示例：2010、03、02（误）　　2010-03-02 （正）

五、分号用法补充规则

分项列举的各项有一项或多项已包含句号时，各项的末尾不能再用分号。

示例：本市先后建立起三大农业生产体系：一是建立甘蔗生产服务体系。成立糖业服务公司，主要给农民提供机耕等服务；二是建立蚕桑生产服务体系。……；三是建立热作服务体系。……。（误）

　　　　本市先后建立起三大农业生产体系：一是建立甘蔗生产服务体系。成立糖业服务公司，主要给农民提供机耕等服务。二是建立蚕桑生产服务体系。……。三是建立热作服务体系。……。（正）

六、冒号用法补充规则

1.冒号用在提示性话语之后引起下文。表面上类似但实际不是提示性话语的，其后用逗号。

示例①：郦道元《水经注》记载："沼西际山枕水，有唐叔虞祠。"（提示性话语）

示例②：据《苏州府志》载，苏州城内大小园林有150多座，可算名副其实的园林之城。（非提示性话语）

2.冒号提示范围无论大小（一句话、几句话甚至几段话），都应与提示性话语保持一致（即在该范围的末尾要用句号点断）。应避免冒号涵盖范围过窄或过宽。

示例：艾滋病有三个传播途径：血液传播、性传播和母婴传播，日常接触是不会传播艾滋病的。（误）

　　　　艾滋病有三个传播途径：血液传播、性传播和母婴传播。日常接触是不会传播艾滋病的。（正）

3. 冒号应用在有停顿处，无停顿处不应用冒号。

示例①：他头也不抬，冷冷地问："你叫什么名字？"（有停顿）

示例②：这事你得拿主意，光说"不知道"怎么行？（无停顿）

七、引号用法补充规则

"丛刊""文库""系列""书系"等作为系列著作的选题名，宜用引号标引。当"丛刊"等为选题名的一部分时，放在引号之内，反之则放在引号之外。

示例①："汉译世界学术名著丛书"

示例②："中国哲学典籍文库"

示例③："20世纪心理学通览"丛书

八、括号用法补充规则

括号可分为句内括号和句外括号。句内括号用于注释句子里的某些词语，即本身就是句子的一部分，应紧跟在被注释的词语之后。句外括号则用于注释句子、句群或段落，即本身结构独立，不属于前面的句子、句群或段落，应位于所注释语段的句末点号之后。

示例：标点符号是辅助文字记录语言的符号，是书面语的有机组成部分，用来表示语句的停顿、语气以及某些成分（主要是词语）的特定性质和作用。（数学符号、货币符号、校勘符号等特殊领域的专门符号不属于标点符号。）

九、省略号用法补充规则

1. 不能用多于两个省略号（多于12点）连在一起表示省略。省略号须与多点连续的连珠号相区别（后者主要是用于表示目录中标题和页码对应和连接的专门符号）。

2. 省略号和"等""等等""什么的"等词语不能同时使用。在需要读出来的地方用"等""等等""什么的"等词语，不用省略号。

示例：含有铁质的食物有猪肝、大豆、油菜、菠菜……等。（误）

含有铁质的食物有猪肝、大豆、油菜、菠菜等。（正）

十、着重号用法补充规则

不应使用文字下加直线或波浪线等形式表示着重。文字下加直线为专名号形式；文字下加波浪线是特殊书名号。着重号的形式统一为相应项目下加小圆点。

示例：下面对本文的理解，<u>不正确</u>的一项是（误）

下面对本文的理解，不正确的一项是（正）

十一、连接号用法补充规则

浪纹线连接号用于表示数值范围时，在不引起歧义的情况下，前一数值附加符号或计量单位可省略。

示例：5公斤～100公斤（正）

5～100公斤（正）

十二、间隔号用法补充规则

当并列短语构成的标题中已用间隔号隔开时，不应再用"和"类连词。

示例：《水星·火星和金星》（误）

《水星·火星·金星》（正）

十三、书名号用法补充规则

1.不能视为作品的课程、课题、奖品奖状、商标、证照、组织机构、会议、活动等名称，不应用书名号。下面均为书名号误用的示例：

示例①：下学期本中心将开设《现代企业财务管理》《市场营销》两门课程。

示例②：明天将召开《关于"两保两挂"的多视觉理论思考》课题立项会。

示例③：本市将向70岁以上（含70岁）老年人颁发《敬老证》。

示例④：本校共获得《最佳印象》《自我审美》《卡拉OK》等六个奖杯。

示例⑤：《闪光》牌电池经久耐用。

示例⑥：《文史杂志社》编辑力量比较雄厚。

示例⑦：本市将召开《全国食用天然色素应用研讨会》。

示例⑧：本报将于今年暑假举行《墨宝杯》书法大赛。

2. 有的名称应根据指称意义的不同确定是否用书名号。如文艺晚会指一项活动时，不用书名号；而特指一种节目名称时，可用书名号。再如展览作为一种文化传播的组织形式时，不用书名号；特定情况下将某项展览作为一种创作的作品时，可用书名号。

示例①：2008 年重阳联欢晚会受到观众的称赞和好评。

示例②：本台将重播《2008 年重阳联欢晚会》。

示例③："雪域明珠——中国西藏文化展"今天隆重开幕。

示例④：《大地飞歌艺术展》是一部大型现代艺术作品。

3. 书名后面表示该作品所属类别的普通名词不标在书名号内。

示例：《我们》杂志

4. 书名有时带有括注。如果括注是书名、篇名等的一部分，应放在书名号之内，反之则应放在书名号之外。

示例①：《琵琶行（并序）》

示例②：《中华人民共和国民事诉讼法（试行）》

示例③：《新政治协商会议筹备会组织条例（草案）》

示例④：《百科知识》（彩图本）

示例⑤：《人民日报》（海外版）

5. 书名、篇名末尾如有叹号或问号，应放在书名号之内。

示例①：《日记何罪！》

示例②：《如何做到同工又同酬？》

6. 在古籍或某些文史类著作中，为与专名号配合，书名号也可改用波浪线式"﹏﹏﹏"，标注在书名下方。这可以看作特殊的专名号或特殊的书名号。

十四、分隔号用法补充规则

分隔号又称正斜线号，须与反斜线号"\"相区别（后者主要是用于编写计算机程序的专门符号）。使用分隔号时，紧贴着分隔号的前后通常不用点号。

附录 B（资料性附录）

标点符号若干用法的说明

一、易混标点符号用法比较

1. 逗号、顿号表示并列词语之间停顿的区别

逗号和顿号都表示停顿，但逗号表示的停顿长，顿号表示的停顿短。并列词语之间的停顿一般用顿号，但当并列词语较长或其后有语气词时，为了表示稍长一点的停顿，也可用逗号。

示例①：我喜欢吃的水果有苹果、桃子、香蕉和菠萝。

示例②：我们需要了解全局和局部的统一，必然和偶然的统一，本质和现象的统一。

示例③：看游记最难弄清位置和方向，前啊，后啊，左啊，右啊，看了半天，还是不明白。

2. 逗号、顿号在表示列举省略的"等""等等"之类词语前的使用

并列成分之间用顿号，末尾的并列成分之后用"等""等等"之类词语时，"等"类词前不用顿号或其他点号；并列成分之间用逗号，末尾的并列成分之后用"等等"类词时，"等等"类词前应用逗号。

示例①：现代生物学、物理学、化学、数学等基础科学的发展，带动了医学科学的进步。

示例②：写文章前要想好：文章的主题是什么，用哪些材料，哪些详写，哪些略写，等等。

3. 逗号、分号表示分句之间停顿的区别

当复句的表达不复杂、层次不多，相连的分句语气比较紧凑、分句内部也没有使用逗号表示停顿时，分句之间的停顿多用逗号。当用逗号不易分清多重复句内部的层次（如分句内部已有逗号），而用句号又可能割裂前后关系的地方，应用分号表示停顿。

示例①：她拿起钥匙，开了箱子上的锁，又开了首饰盒上的锁，往老地方放钱。

示例②：纵比，即以一事物的各个发展阶段作比；横比，则以此事物与彼事物相比。

4. 顿号、逗号、分号在标示层次关系时的区别

句内点号中，顿号表示的停顿最短、层次最低，通常只能表示并列词语之间的停顿；分号表示的停顿最长、层次最高，可以用来表示复句的第一层分句之间的停顿；逗号介于两者之间，既可以表示并列词语之间的停顿，也可以表示复句中分句之间的停顿。若分句内部已用逗号，分句之间就应用分号。用分号隔开的几个并列分句不能由逗号统领或总结。

示例①：有的学会烤烟，自己做挺讲究的纸烟和雪茄；有的学会蔬菜加工，做的番茄酱能吃到冬天；有的学会蔬菜腌渍、窖藏，使秋菜接上春菜。

示例②：动物吃植物的方式多种多样，有的是把整个植物吃掉，如原生动物；有的是把植物的大部分吃掉，如鼠类；有的是吃掉植物的要害部位，如鸟类吃掉植物的嫩芽。（误）

动物吃植物的方式多种多样：有的是把整个植物吃掉，如原生动物；有的是把植物的大部分吃掉，如鼠类；有的是吃掉植物的要害部位，如鸟类吃掉植物的嫩芽。（正）

5. 冒号、逗号用于"说""道"之类词语后的区别

位于引文之前的"说""道"后用冒号。位于引文之后的"说""道"分两种情况：处于句末时，其后用句号；"说""道"后还有其他成分时，其后用逗号。插在话语中间的"说""道"类词语后只能用逗号表示停顿。

示例①：他说："晚上就来家里吃饭吧。"

示例②："我真的很期待。"他说。

示例③："我有件事忘了说……"他说，表情有点为难。

示例④："现在请皇上脱下衣服，"两个骗子说，"好让我们为您换上新衣。"

6. 不同点号表示停顿长短的排序

各种点号都表示说话时的停顿。句号、问号、叹号都表示句子完结，停顿最长。分号用于复句的分句之间，停顿长度介于句末点号和逗号之间，而短于冒号。逗号表示一句话中间的停顿，又短于分号。顿号用于并列词语之间，停顿最短。通常情况下，各种点号表示的停顿由长到短为：句号＝问号＝叹号＞冒号（指涵盖范围为一句话的冒号）＞分号＞逗号＞顿号。

7. 破折号与括号表示注释或补充说明时的区别

破折号用于表示比较重要的解释说明，这种补充是正文的一部分，可与前后文连读；而括号表示比较一般的解释说明，只是注释而非正文，可不与前后文连读。

示例①：在今年——农历虎年，必须取得比去年更大的成绩。

示例②：哈雷在牛顿思想的启发下，终于认出了他所关注的彗星（该星后人称为哈雷彗星）。

8. 书名号、引号在"题为……""以……为题"格式中的使用

"题为……""以……为题"中的"题"，如果是诗文、图书、报告或其他作品可作为篇名、书名看待时，可用书名号；如果是写作、科研、辩论、谈话的主题，非特定作品的标题，应用引号。即"题为……""以……为题"中的"题"应根据其类别分别按书名号和引号的用法处理。

示例①：有篇题为《柳宗元的诗》的文章，全文才 2000 字，引文不实却达 11 处之多。

示例②：今天一个以"地球·人口·资源·环境"为题的大型宣传活动在此间举行。

示例③：《我的老师》写于 1956 年 9 月，是作者应《教师报》之约而写的。

示例④："我的老师"这类题目，同学们也许都写过。

二、两个标点符号连用的说明

1. 行文中表示引用的引号内外的标点用法

当引文完整且独立使用，或虽不独立使用但带有问号或叹号时，引号内句末点号应保留。除此之外，引号内不用句末点号。当引文处于句子停顿处（包括句子末尾）且引号内未使用点号时，引号外应使用点号；当引文位于非停顿处或者引号内已使用句末点号时，引号外不用点号。

示例①："沉舟侧畔千帆过，病树前头万木春。"他最喜这两句诗。

示例②：书价上涨令许多读者难以接受，有些人甚至发出"还买得起书吗？"的疑问。

示例③：他以"条件还不成熟，准备还不充分"为由，否决了我们的提议。

示例④：你这样"明日复明日"地要拖到什么时候？

示例⑤：司马迁为了完成《史记》的写作，使之"藏之名山"，忍受了人间最大的侮辱。

示例⑥：在施工中要始终坚持"把质量当生命"。

示例⑦："言之无文，行而不远"这句话，说明了文采的重要性。

示例⑧：俗话说："墙头一根草，风吹两边倒。"用这句话来形容此辈再恰

当不过。

2. 行文中括号内外的标点用法

括号内行文末尾需要时可用问号、叹号和省略号。除此之外，句内括号行文末尾通常不用标点符号。句外括号行文末尾是否用句号由括号内的语段结构决定：若语段较长、内容复杂，应用句号。句内括号外是否用点号取决于括号所处位置：若句内括号处于句子停顿处，应用点号。句外括号外通常不用点号。

示例①：如果不采取（但应如何采取呢？）十分具体的控制措施，事态将进一步扩大。

示例②：3分钟过去了（仅仅3分钟！），从眼前穿梭而过的出租车竟达32辆！

示例③：她介绍时用了一连串比喻（有的状如树枝，有的貌似星海……），非常形象。

示例④：科技协作合同（包括科研、试制、成果推广等）根据上级主管部门或有关部门的计划签订。

示例⑤：应把夏朝看作原始公社向奴隶制国家过渡时期。（龙山文化遗址里，也有俯身葬。俯身者很可能就是奴隶。）

示例⑥：问：你对你不喜欢的上司是什么态度？

答：感情上疏远，组织上服从。（掌声，笑声）

示例⑦：古汉语（特别是上古汉语），对于我来说，有着常人无法想象的吸引力。

示例⑧：由于这种推断尚未经过实践的考验，我们只能把它作为假设（或假说）提出来。

示例⑨：人际交往过程就是使用语词传达意义的过程。（严格地说，这里的"语词"应为语词指号。）

3. 破折号前后的标点用法

破折号之前通常不用点号；但根据句子结构和行文需要，有时也可分别使用句内点号或句末点号。破折号之后通常不会紧跟着使用其他点号；但当破折号表示语音的停顿或延长时，根据语气表达的需要，其后可紧接问号或叹号。

示例①：小妹说："我现在工作得挺好，老板对我不错，工资也挺高。——我能抽支烟吗？"（表示话题的转折）

示例②：我不是自然主义者，我主张文学高于现实，能够稍稍居高临下地去看现实，因为文学的任务不仅在于反映现实。光描写现存的事物还不够，还必须记住我们所希望的和可能产生的事物。必须使现象典型化。应该把微

小而有代表性的事物写成重大的和典型的事物。——这就是文学的任务。（表示对前几句话的总结）

示例③：“是他——？”石一川简直不敢相信自己的耳朵。

示例④：“我终于考上大学啦！我终于考上啦——！”金石开兴奋得快要晕过去了。

4.省略号前后的标点用法

省略号之前通常不用点号。以下两种情况例外：省略号前的句子表示强烈语气、句末使用问号或叹号时；省略号前不用点号就无法标示停顿或表明结构关系时。省略号之后通常也不用点号，但当句末表达强烈的语气或感情时，可在省略号后用问号或叹号；当省略号后还有别的话、省略的文字和后面的话不连续且有停顿时，应在省略号后用点号；当表示特定格式的成分虚缺时，省略号后可用点号。

示例①：想起这些，我就觉得一辈子都对不起你。你对梁家的好，我感激不尽！……

示例②：他进来了，……一身军装，一张朴实的脸，站在我们面前显得很高大，很年轻。

示例③：这，这是……？

示例④：动物界的规矩比人类还多，野骆驼、野猪、黄羊……，直至塔里木兔、跳鼠，都是各行其路，决不混淆。

示例⑤：大火被渐渐扑灭，但一片片油污又旋即出现在遇难船旁……。清污船迅速赶来，并施放围栏以控制油污。

示例⑥：如果……，那么……。

三、序次语之后的标点用法

1.“第”“其”字头序次语，或“首先”“其次”“最后”等做序次语时，后用逗号。

2.不带括号的汉字数字或“天干地支”做序次语时，后用顿号。

3.不带括号的阿拉伯数字、拉丁字母或罗马数字做序次语时，后面用下脚点（该符号属于外文的标点符号）。

示例①：总之，语言的社会功能有三点：1.传递信息，交流思想；2.确定关系，调节关系；3.组织生活，组织生产。

示例②：本课一共讲解三个要点：A.生理停顿；B.逻辑停顿；C.语法停顿。

4.加括号的序次语后面不用任何点号。

示例①：受教育者应履行以下义务：（一）遵守法律、法规；（二）努力学习，完成规定的学习任务；（三）遵守所在学校或其他教育机构的制度。

示例②：科学家很重视下面几种才能：（1）想象力；（2）直觉的理解力；（3）数学能力。

5.阿拉伯数字与下脚点结合表示章节关系的序次语末尾不用任何点号。

示例：3　停顿

　　　　3.1　生理停顿

　　　　3.2　逻辑停顿

6.用于章节、条款的序次语后宜用空格表示停顿。

示例：第一课　春天来了

7.序次简单、叙述性较强的序次语后不用标点符号。

示例：语言的社会功能共有三点：一是传递信息；二是确定关系；三是组织生活。

8.同类数字形式的序次语，带括号的通常位于不带括号的下一层。通常第一层是带有顿号的汉字数字；第二层是带括号的汉字数字；第三层是带下脚点的阿拉伯数字；第四层是带括号的阿拉伯数字；再往下可以是带圈的阿拉伯数字或小写拉丁字母。一般可根据文章特点选择从某一层序次语开始行文，选定之后应顺着序次语的层次向下行文，但使用层次较低的序次语之后不宜反过来再使用层次更高的序次语。

示例：一、……

　　　　（一）……

　　　　1.……

　　　　（1）……

　　　　①/a.……

四、文章标题的标点用法

文章标题的末尾通常不用标点符号，但有时根据需要可用问号、叹号或省略号。

示例①：看看电脑会有多聪明，让它下盘围棋吧

示例②：猛龙过江：本店特色名菜

示例③：严防"电脑黄毒"危害少年

示例④：回家的感觉真好——访大赛归来的本市运动员

示例⑤：里海是湖，还是海？

示例⑥：人体也是污染源！

示例⑦：和平协议签署之后……